つながる図書館・博物館・文書館
デジタル化時代の知の基盤づくりへ

도서관,
박물관,
기록관의
연계·협력

라키비움과
지식기반 만들기

—

이시카와 데쓰야
네모토 아키라
요시미 순야
엮음

조혜린
서유진
김소영
옮김

한울
아카데미

들어가며

이 책은 도쿄대학 창립 130주년 기념사업의 일환으로 2007년 2월 17일 도쿄대학 야요이(弥生) 강당에서 개최된 심포지엄 「지식의 구조화와 도서관, 박물관, 미술관, 기록관: 연계에 기여하는 대학의 역할」을 계기로 기획한 것이다. 이 심포지엄은 도서관, 박물관, 미술관, 기록관의 문화 보존 및 재생, 지식의 조직화에 초점을 맞추어 진행되었다. 지금까지 이러한 기관은 도서, 사물, 미술품, 문서를 '자료'로 수집하고 조직화하여 공개이용의 기회를 제공해왔다. 그러나 최근 디지털 정보가 공통의 '자료'로 취급되기 시작했으며, 네트워크를 통해 혹은 지식 데이터베이스로서 동일한 지식기반 속에서 인식되고 있다. 심포지엄에서는 각 기관이 지식을 제공하는 방법의 공통점과 차이점을 확인하고, 지금까지 미비했던 제도 마련에 박차를 가하기 위해 제도 및 정책적인 과제를 제시했다.

심포지엄은 2005년 말부터 도쿄대학대학원의 인문사회계연구과(문화자원학 전공), 교육학연구과(도서관정보학), 정보학환(학제정보학)의 세 조직이 문헌정보학, 박물관학, 학제정보학을 잇는 통합형 교육 프로그램에 대한 논의를 시작한 것에서 비롯되었다. 각 대학원 조직을 연결하고, 네모토 아키라(根本彰), 기노시타 나오유키(木下直之), 요시미 순야(吉

見俊哉) 등 분야가 다른 연구자들이 논의를 거듭했다. 새로운 대학원 조직을 신설하는 것은 어려웠으나 어떤 형태로든 도쿄대학에 교육과 연구의 통합적인 장을 형성하기 위해 노력했다.

논의의 주된 내용은 기록문서에서 문화재에 이르기까지 문화자료에 대한 새로운 지식관리를 목표로 도서관, 기록관, 박물관, 행정 및 기업의 정보관리부문의 더욱 고도화된 전문가 양성을 위한 교육 커리큘럼에 관한 것이었다. 구체적으로는 디지털 기술과 정보에 관한 법 지식을 갖추고, 복잡한 대량의 학술, 문화, 행정, 경영에 관한 정보를 체계적으로 관리하며 효율적으로 활용할 수 있는 인재 육성 커리큘럼을 검토했다. 기존의 사서와 학예사 양성과정의 고도화는 물론, 행정과 기업 현장에서 정보관리 전문가로서 활약할 수 있는 인재 육성을 목표로 문헌정보학, 문화자원학, 학제정보학 등 분야가 다른 교육의 연계방법을 모색했다.

이러한 새로운 교육체제가 필요한 것은 디지털 기술의 발전과 더불어 정보처리 및 축적능력의 확대, 개인정보보호와 정보공개, 지적소유권에 관한 법제도의 급속한 정비에 따라 도서관, 기록관, 박물관은 물론, 행정과 기업의 정보관리부문에서도 권리관계가 복잡한 대량의 다양한 정보관리능력이 매우 중요해졌기 때문이다. 기밀성이 높은 정보를 적정하게 관리하면서도 공공의 이익을 위한 정보는 널리 공개하고 학술·문화 및 교육의 자원으로 활용하는 고도의 능력과 식견을 겸비한 전문가를 육성하는 것이 오늘날 대학이 직면한 시급한 과제이다. 따라서 문헌정보학, 문화자원학, 기록관리학 등 학술문화정보에 관한 지식과 지적소유권에 관한 법학, 행정과 기업의 정보관리를 통합한 교육이 필요하다고 판단했다.

심포지엄을 전후로 진행된 논의 속에서 연계 범위는 도쿄대학 사료편찬소와 종합연구박물관까지 확대되었다. 도쿄대학은 역사적 경위로 인해 문화자료의 보존과 관리, 공개, 재이용, 연구교육 담당기관이 문학부와 교육학부에서 정보학환, 사료편찬소, 종합연구박물관, 종합도서관, 대학사 사료실 등 다수의 기관과 부국으로 분산되었다. 이렇게 분산된 조직을 통합하여 종합적인 교육·연구체제를 만드는 것은 쉽지 않다. 대학 전체를 통합하는 메타 레벨의 장치로서 학내 관계자를 참여시켜서 지식관리를 주제로 한 '연계유닛'을 설치했다. 그러나 현재 연계유닛은 MLA(박물관, 도서관, 기록관)[1]의 통합형 프로그램을 운영하지는 못하고 있다.

연계유닛이 아직 발전단계에 머물러 있는 동안, MLA의 연계 필요성이 세간에 널리 인식되었다. 이 책의 준비 작업이 진행되는 가운데 미술관, 박물관, 디지털 아카이브의 연계, 국립국회도서관 중심의 장서 디지털화 추진, 여러 대학의 사서와 아키비스트, 큐레이터의 새로운 인재육성 프로그램 실시 등이 이미 전개되기 시작했다. 도쿄대학은 매우 분권적인 조직이므로 교내 다른 조직에 소속된 사람들과의 연계는 어려운 일이다. 그러나 이미 사회는 변화하고 있고, MLA 연계와 디지털 콘텐츠의 공유, 공공 지식 인프라 정비, 그리고 그 기반이 되는 인재육성이 점점 더 중요해지고 있다. 이 책은 이러한 시대의 요청에 응답하고자 하는 대학의 작은 노력의 결실이다.

책 한 권으로 상황이 간단히 바뀔 것이라 생각하지는 않는다. 그러

---

1 MLA는 Museum, Library, Archives의 두문자를 딴 약어로, 영국의 '박물관·도서관·기록관 위원회'(MLA, pp.48~49)를 제외한 모든 곳에서 도서관, 박물관, 기록관을 의미하는 용어로 사용했다. _옮긴이

나 서장에서 제시하는 바와 같이, 특히 교육 및 인재육성 분야에서 도쿄대학과 같은 종합대학이 제공하는 박물관, 미술관 관련교육과 도서관 관련교육, 문화정책과 사회교육, 기존의 자료보존 및 관리에 대한 지식과 디지털화 기술이 연계하여 새로운 종합분야를 만들어낼 필요성이 있다고 본다. 도쿄대학을 시작으로 하는 이러한 흐름은 디지털 아카이브와 MLA 연계에 관심을 가지고 있는 게이오(慶應義塾)대학과 리쓰메이칸(立命館)대학, 교토(京都)대학, 규슈(九州)대학 등 다른 대학의 움직임과 결부되고, 나아가 한국, 중국, 타이완의 대학과도 연계되어 큰 시류가 될 것이다. 현재는 이를 위한 첫 발을 내딛고 있는 것이다.

이 책에서 반복적으로 언급하고 있듯이 도서관, 박물관 및 미술관, 기록관, 즉 Library, Museum, Archives는 모두 역사적 또는 문화적 자료를 수집, 보존, 공개, 활용하는 사명을 가졌다는 점에서 공통점이 많음에도 불구하고, 지금까지 행정, 운영, 인재육성 측면에서 단절되어 있었다. 그뿐만 아니라 일본에서는 자료의 보존과 활용의 사회적인 가치가 경시되고 각 기관의 법 정비가 지연되었으며 정책 또한 충분하지 못했다. 일본은 메이지 시대 이후 오로지 부국강병의 길만을 달리며 문화는 시민의 역량에 맡겼고, 제2차 세계대전 이후에야 점령군의 민주화 정책과 관련하여 사회교육과 문화행정에 나섰다. 그러나 그마저도 공립도서관과 공민관을 지역에 설립하고 지자체가 자진해서 박물관과 미술관을 설립한 것에 그쳤다. 사회가 문화 전반을 지원하고 공공의 역사를 기억하려면 어떠한 체제가 필요한지에 대한 근본적인 질문은 잊힌 채였다.

이런 상황 속에서 디지털화는 현재 도서관에 디지털 도서관, 박물관과 미술관에 디지털 뮤지엄, 기록관에 디지털 아카이브와 같이 큰 변화를 일으키고 있다. 디지털화가 가져온 새로운 지식과 문화의 형성 속에서

망각하고 있던 이들 '기관'의 공통성이 새로운 모습으로 부상하고 있다. 상호관련성이 높은 자료가 각지의 '기관'에 분산 소장된 경우, 자료의 소장위치를 한 곳에 모으는 것은 쉽지 않으나, 각 '기관'에서 구축한 디지털 아카이브의 연계를 통해 관련 자료에 통합적으로 접근할 수 있도록 하는 것은 가능하다. 또한 도서관이 취급하는 문헌자료, 박물관이 취급하는 사물로서의 자료, 필름 아카이브 등이 취급하는 영상자료는 형태와 보존방법에 큰 차이가 있지만, 디지털 문화자료로서 통합 아카이브 구축을 구상할 수 있다. 디지털 기술은 지금까지 독자적으로 운영되어온 여러 '기관'을 하나로 묶고 연계시키는 큰 잠재력을 지니고 있다.

이 책은 이러한 잠재력을 구현시켜 구체적인 연계를 위한 출발점으로 삼는 것을 목표로 한다. 구성은 총론인 서장에 이어 크게 세 부분으로 이뤄져 있다. 제1부에서는 도서관, 박물관, 기록관의 현장을 역사적으로 개관하고 MLA 연계를 위해 각 '기관'의 과제를 규명했다. 제2부에서는 역사학, 정보학, 문헌정보학, 문화자원학 등 서로 다른 분야에서 역사자료의 디지털화와 MLA 연계에 관한 구체적인 사례를 소개했다. 제3부에서는 제1부와 제2부의 연구를 기반으로 MLA 연계를 위한 과제를 제언했다.

이 책은 심포지엄이 개최된 후 간행되었으므로 내용에 약간의 시차가 있다. 그러나 과제에 대한 기본적 인식에는 큰 차이가 없다. 일본에서는 디지털 아카이브와 MLA 연계에 대한 여러 움직임이 동시에 진행되고 있다. 이 책의 시도가 이러한 움직임에 조금이나마 긍정적으로 도움이 되길 바란다.

이시카와 데쓰야, 네모토 아키라, 요시미 슌야

차례

제1부 MLA란 무엇인가

제2부 MLA 연계를 생각하다

제3부 과제와 제언: MLA의 공통기반 구축

일러두기

* 인명과 지명 등은 국립국어원 「외래어표기법」을 준수하되 관용적으로 굳어진 지명은 병기한 경우도 있다.
* 외국 기관명과 전문용어는 『문헌정보학용어사전』, 『기록학용어사전』 등과 같은 해당 분야의 사전에 따라 번역했다.
* 국립국어원 문장부호 표기에 따라 단행본 도서 및 전시회 제목은 『 』, 작품명은 「 」로 표기했다.
* 고유명사는 각 장의 처음 나오는 부분에 원어(일본식 한자)를 괄호 안에 병기했다.
* 옮긴이주는 각주로 쓰고 옮긴이 표기를 했다.
* 참고문헌 중 한국어 번역서가 있는 경우는 해당 번역서의 서지사항을 표기했다.
* 통계나 기관 조직, URL 등 원서 출판 이후 상황이 바뀐 경우는 본문 내용에 최대한 현재 상황을 반영하여 서술했다.

도서관, 박물관, 기록관[1]

공통기반과 차이

네모토 아키라

서장에서는 동종의 문화기반시설로서 도서관, 박물관, 기록관의 공통점과 차이점에 대해 그 역사적 기반과 법적 지위를 중심으로 규명하고자 한다. 특히 운영의 중심 역할을 수행하는 데 가장 중요한 과제라 할 수 있는 직원 및 직원양성 제도에 대해 살펴보며, 경영시스템과 디지털화 문제 등 공통과제 전반에 대해서도 고찰한다. 여기서는 세 기관의 차이점을 밝히는 것이 주목적은 아니다. 그보다는 역사적인 경위로 인해 별개로 다루어져 왔음에도 불구하고 오히려 공통점이 많다는 사

---

1 일본에서는 공공기록물 관리기관을 '공문서관'이라 하며, 공공 및 민간기록물 관리기관을 아우르는 용어로 '문서관'이라는 명칭을 사용한다. 이 책에서는 의미를 명확히 하기 위하여 '공문서관'이라는 명칭은 그대로 사용하고, '문서관'은 우리나라에서 일반적으로 사용되는 '기록관'으로 통일하여 표기했다. _ 옮긴이

실을 확인하고, 향후 연계 및 통합시스템 구축의 가능성을 모색하기 위한 것이다. 세 기관의 역사적 기원을 거슬러 올라가면 별 차이가 없으며, 디지털 환경에서는 새로운 공통점이 나타나기 때문이다.

도서관, 박물관, 기록관이라는 명칭에는 모두 '관(館)'이라는 글자가 있다. 그러나 영어의 library, museum, archives에는 건물이라는 의미는 없는 것으로 보이며, 기능적으로 파악되는 것이 일반적이다. 하지만 library는 책이 있는 장소를 의미하는 라틴어 librarie에서 나온 말이다. 도서관은 독일어로 bibliothek, 프랑스어로 bibliothéque라고 한다. biblio는 '책'을 의미하며, thek 또는 théque는 라틴어 theca에서 유래한 말로 '물건을 담는 그릇'이라는 뜻이다. 영어 및 독일어 museum은 고대 그리스어 '무세이온'에서 유래한 말로, 무세이온은 미의 신 무사이(영어로 뮤즈)를 모시는 신전을 뜻한다. archives의 어원 역시 고대 그리스어이며, 행정관의 집무소를 뜻하는 '아케이온'에서 유래한다. 이 기관들 모두 동서양을 불문하고 문화적 가치가 있는 것을 두는 장소라는 의미를 가진다.[2]

오늘날 이 세 기관의 차이는 뚜렷하다. 그러나 자료를 관리한다는 공통점이 있으며, 처음부터 엄밀히 분리되어 있던 것은 아니다. 예를

---

2 아카이브의 'arch'는 archaic(고풍의), archeology(고고학), architecture(건축) 등에 공통되는 어관이다. 프랑스 철학자 자크 데리다(Jacques Derrida, 1930~2004)는 '아카이브'라는 개념의 기원 찾기에 따르는 정신분석적인 '병'을 지적하고 있다. MLA가 아카이브를 법제화한 것이라고 본다면, 아카이브의 역사적 소급성과 권력의 관계는 MLA의 기초이론을 만들 때 피할 수 없는 문제를 제기할 것이다. ジャック・デリダ, 『アーカイヴの病』, 福本修訳, 法政大学出版局, 2010.

들면, 고대 알렉산드리아도서관은 고대 지중해 문명의 학술적인 성과를 집대성한 도서관이었지만, 자료를 찾으러온 사람들의 교류 장소인 무세이온의 부속시설이기도 했다. 뮤지엄의 어원인 무세이온은 현재의 대학 또는 연구소 같은 학술기관이었다. 알렉산드리아도서관은 이집트 정부가 2003년 유네스코와 아랍 국가들의 지원을 받아 재건했다. 재건된 알렉산드리아도서관(Bibliotheca Alexandria) 역시 도서관을 중심으로 전시와 학술교류를 할 수 있는 시설이다.[3]

널리 알려진 또 다른 사례를 들어보자. 영국 국립박물관(British Museum)은 박물관으로 불리었으나, 실은 내부에 도서관이 포함된 종합적인 문화보존제공기관이었다. 영국 국립박물관은 1759년 의학자 한스 슬론(Sir Hans Sloan)이 수집한 박물학 컬렉션을 토대로 창설된 이후 왕실 컬렉션이 더해진 것이다. 고대 그리스, 로마, 이집트 등 미술품의 보고인 영국 국립박물관은 당시 대영제국의 세력과 판도를 암시하는 존재였다. 19세기 중반에는 도서관 이용자를 위한 대열람실이 만들어졌다. 카를 마르크스가 이 열람실을 이용하면서『자본론』을 썼다는 에피소드는 자본주의의 선봉에 선 국가 내부에 자본주의를 뒤흔드는 장치를 갖추고 있었다는 점에서 매우 흥미롭다. 영국 국립박물관에 속해 있던 도서관은 1973년 도서관 기능을 분리하여 영국 국립도서관(British Library)이 되었다. 이후 재정문제로 인해 블룸즈버리 근처의 새 건물로 완전히 이전한 것은 1997년의 일이었다.[4]

---

3 デレク・フラワー,『知識の灯台: 古代アレクサンドリア図書館の物語』, 柴田和雄訳, 柏書房, 2003.
4 山口保夫,『物語大英博物館: 二五〇年の軌跡』, 中央公論社, 2005.

또 다른 예를 들어보자. 미국에는 프랭클린 루스벨트 이래 대통령 퇴임 이후에 대통령도서관(Presidential Library)을 만드는 관례가 있다. 건물은 민간 기금으로 충당하지만 설립 후의 운영, 특히 대통령기록의 관리는 연방정부의 미국 국립기록관리처(National Archives and Record Agency, NARA)가 담당하는 공적 기관이다. 도서관이라고 부르기는 하지만 중심 기능은 대통령 집무자료인 공문서를 보존·관리하는 기록관이며, 동시에 대통령 관련 자료를 전시하는 박물관 기능도 있다. '도서관'이라는 호칭을 부여한 것은 최초의 제안자이자 실행자였던 루스벨트 대통령이었다. 그 이유는 당시 아직 새로운 개념이었던 기록관(archives)이 연구자를 위한 시설이라는 이미지가 강한 탓에 일반대중에게 익숙하지 않다고 생각했기 때문이라고 한다.[5] 물론 대통령의 장서와 대통령에 대한 연구자료가 포함되어 있으므로 도서관적인 요소도 있고, 그야말로 한 인물을 주제로 한 종합 자료시설이라고 할 수 있다.

일본에서는 도서관이 도서, 신문, 잡지 등 근대적 출판물을 관리하는 장(場)이라는 개념이 강하다. 그렇지만 일반적으로 도서관의 수집대상에는 인쇄물과 사진, 시청각자료 등의 복제물뿐만 아니라 기록, 문서류도 포함되므로 기록관, 박물관, 미술관과 선을 긋기는 어렵다. 또한 박물관은 연구기능이 있기 때문에 연구지원 혹은 학습용 도서실을 갖추

---

5 Benjamin Hufbauer, "The Roosevelt Presidential Library: A Shift in Commemoration", Thomas Augst and Wayne Wiegand(eds.), *Libraries as Agencies of Culture* (Print Culture History in Modern America), University of Wisconsin Press, 2002, pp.173~193. 최근에는 Presidential Library and Museum이라는 호칭으로 변경되고 있다. http://www.archives.gov/presidential-libraries 참조.

고 있는 경우가 많다. 기록관은 일반적으로 전시기능이 있으므로 역사박물관으로서의 기능도 있다. 미국의 대통령도서관과 같은 전문적인 자료제공보존기관에는 '기념관'이나 '자료관', 특히 문학가에게는 '문학관'이라는 명칭을 부여하는 경우가 많다. 이와 같이 이 기관들은 도서관, 박물관, 기록관의 기능을 복합적으로 갖고 있다.

1. 도서관, 박물관, 기록관이란 무엇인가

도서관과 박물관은 고대 그리스 또는 그 이전의 고대문명에서 존재를 확인할 수 있다. 고대 메소포타미아문명 유적에서 출토된 점토판의 쐐기문자는 서책과 문서기록의 성격을 동시에 갖고 있으므로 기록관의 역사도 고대로 거슬러 올라감을 알 수 있다.

이 기관들은 근대적인 조직에 필수불가결하다. 도서관은 책을 수집, 보존, 제공하는 시설이다. 책이란 글쓴이의 사고, 상상, 연구 등 지적 행위의 결과를 종이에 쓴 것이다. 특히 구텐베르크 이후 인쇄술에 의한 대량 복제물이 생산되고 상업적인 출판유통 시스템과 매스커뮤니케이션을 통해 널리 배포되면서 지적 커뮤니케이션의 매개체가 되었다. 도서관은 이 복제물을 체계적으로 수집, 보존, 제공하는 기관으로서 지식 공유를 위한 사회적 장치가 되었다. 근대적인 조직은 도서관을 조직의 지식수준 유지 수단으로 삼았다. 20세기에 들어서면서 학교, 기업, 의료시설 등은 도서관을 구성원의 지식정보 공유수단으로 자리매김했다.

박물관은 왕후와 귀족의 개인 컬렉션에서 출발했으며 이 컬렉션이 시민에게 공개되고 공공 재산화하는 과정 속에서 성립되었다. 컬렉션은 미술품과 역사적인 유품, 전리품, 박물학적인 표본 등으로 구성되어 있었다. 근대적인 박물관은 이러한 컬렉션을 수집·보존하고 일관된 시점에 따라 표본을 전시, 해설함으로써 관람자에게 메시지를 전달하는 기관이다. 20세기에는 비디오 및 모형을 사용한 전시와 체험형 전시활동을 통해 박물관은 교육기관으로서도 중요해지고 있다. 박물관 컬렉션은 개별 자료 자체에 경제적, 문화적 가치가 있으며, 고고학 출토물, 전쟁 유품, 민예품, 산업제품 등도 체계적인 수집, 정리, 제공을 통해 가치를 표현하는 경우가 많다.[6]

역사적으로 볼 때 기록관의 존재는 고대로 거슬러 올라간다. 하지만 문서기록을 조직적으로 보존하고 이용하기 위한 제도가 시작된 것은 근대에 들어서면서부터였다. 최초의 기록관은 프랑스혁명 발발 후 구체제의 왕가와 정부, 귀족영주, 교회의 문서기록을 일괄적으로 보관하고 공개하기 위한 프랑스 국립보존기록관(Archives nationales)으로, 기록관의 기본적인 성격을 잘 보여준다. 즉, 기록관이란 한 조직의 내부 문서를 일정한 평가기준에 따라 선별, 보관하여 공개함으로써 조직의 역사적 성격을 밝히기 위한 소재를 제공하는 것이다. 이것은 현재의 정보공개 사상과도 연결된다. 일본에서는 기록관 중에서 이처럼 특정 조직(특히 공적인 조직)의 문서와 기록을 대상으로 하는 곳을 공문서관이라고 부르며, 조직과는 관계없이 다양한 역사자료를 모으는 일반적인 기록관과 구별하기도 한다.[7]

세 기관의 공통된 특징은 자료를 수집, 보존, 공개하는 기능이 있다

6   高橋雄造, 『博物館の歷史』, 法政大学出版局, 2008.

7   大濱徹也, 『アーカイブズへの眼: 記録の管理と保存の哲学』, 刀水書房, 2007.

는 것이다. 이러한 기능은 상업적으로 운영할 수 없는 경우가 많기 때문에 공공의 성격을 갖는다. 민간시설이라 해도 예산의 일부는 공적 기관의 보조금이나 기부금으로 운영된다. 서양에서는 이러한 기관들이 국가, 도시, 대학 등에 꼭 필요한 시설로 여겨지고 있다.[8]

2. 일본에서의 제도적 위상

일본에서는 도서관, 박물관, 기록관이 중요한 공공기관임에도 불구하고 '관'이 붙기 때문에 시설관리를 중심으로 하는 하코모노(箱物)[9]의 일종으로 간주하여 행정적으로 경시되는 경향이 있었다. 시설을 만드는 데에만 관심이 있고 건물을 지은 후에는 더 이상 그 안을 채우는 일은 하지 않았다는 것이다. 이것은 메이지 시대에 서구문화를 모방하여 형식만 받아들이고 내용은 늘 뒷전이었던 것과 마찬가지다. 법 정비도 늦어졌다. 일본에서는 도서관법이 1950년, 박물관법이 1951년에 제정되었다. 제2차 세계대전 이후 교육개혁의 마지막 단계에 도서관과 박물관을 법체계에 끼워 넣는 정도에 지나지 않았다. 전문직원에 대한 규정도 대학에서 양성하는 것으로 가까스로 만들어졌다. 공문서관법은

---

8 최근 역사학에서 '기록'이나 '기념물'에 대한 착안, 사료 확보에 대한 계속적인 움직임 등이 있으며, 지식과 정보를 공동 관리하기 위한 도서관이나 기록관의 중요성에 착안하는 움직임이 있다. 『図書館・アーカイブズとは何か』 別冊環, no.15, 藤原書店, 2008 참조.

9 상자모양의 것이라는 뜻으로 건조물을 말하며, 기능을 충분히 활용하지 않는 경우를 빗대어 비판적으로 사용한다. _옮긴이

<표 0-1> 도서관, 박물관, 기록관의 법제도적 지위(2019년)

	종류	법	담당부서	관리자	기관 수	직원
도서관	공공도서관	도서관법	문부과학성 종합교육 정책국	지방공공단체(지정 관리자, PFI사업자 포함), 민법제34조 법인	3,303	사서, 사서보
	도서관 동종시설(전 문도서관)	도서관법 제29조	(도도부현 교육위원회)	국가, 지방공공단체, 민법법인, 상법법인, NPO, 기타	약 1,500	
	대학도서관	대학설치기준 ·단기대학 설치기준	문부과학성 연구진흥국	국공립 및 사립대학	1,604	전문적 직원
	학교도서관	학교도서관법	문부과학성 종합교육 정책국	국공립 및 사립학교	37,979 ('17년)	사서 교사, ·사서
	국립국회 도서관	국립국회 도서관법	국립국회 도서관	국립국회도서관	1	
박물관	등록 박물관	박물관법	문부과학성 종합교육 정책국 * 박물관 정책은 문화청 소관	독립행정법인, 지방공공단체(지정 관리자, PFI사업자 포함), 민법34조법인, 종교법인	914	학예사, 학예사 보*
	박물관 상당시설			국가, 독립행정법인, 지방공공단체, 민법34조법인, 대학, 회사, 기타 조직	372	
	박물관 유사시설			국가, 독립행정법인, 지방공공단체, 민법34조법인, 대학, 회사, 기타 조직	4,452	
	국립박물관	독립행정법인 국립문화재 기구법	문화청	독립행정법인	4	
	국립미술관	독립행정법인 국립미술관법		독립행정법인	5	
기록관	공문서관	공문서관법	내각부 대신 관방장관	국가, 지방공공단체 (지방관리자 포함)	80	전문 직원
	국립 공문서관	국립 공문서관법		독립행정법인	1	

* 일본의 학예사는 학예원(学芸員)이라고 하며, 문부과학성이 인정하는 자격증은 학예원, 학예 원보(補)로 구성되어 있다. _옮긴이

1977년에야 제정되었다. 이 법률들은 시설로서 해야 할 일을 법적인 큰 틀에서만 규정했을 뿐, 설립과 재정 조치, 전문직 배치에 대한 법적인 규제는 이루어지지 않았다. 〈표 0-1〉은 도서관, 박물관, 기록관의 일본 법제도상의 지위를 정리한 것이다. 일본의 도서관법은 공공도서관만을 대상으로 규정된 법률이며, 학교도서관은 학교도서관법(1953년), 국립국회도서관은 국립국회도서관법(1984년)에 규정되어 있다. 대학도서관은 문부과학성령 대학설치기준에 따른다.

공공도서관은 지방공공단체가 설립하는 공립도서관과 민간이 설립하는 사립도서관이 있다. 사립도서관은 20곳 정도에 불과하며 약 3,000곳의 공공도서관 대부분이 공립도서관이다. 도서관법에 규정되어 있는 공공도서관 전문직원의 자격은 사서와 사서보이다. 도서관자료는 "향토자료, 지방행정자료, 미술품, 레코드, 필름"을 포함하는 "도서, 기록, 시청각 교육자료"(도서관법 제3조 제1항 제1호)로 범위가 상당히 넓다. 박물관법의 박물관과 공문서관법의 공문서관이 취급하는 자료와 중복 부분이 있다는 것에 주의해야 한다.

대학은 학술연구와 고등교육을 위한 기관으로 도서관은 반드시 필요하다. 따라서 대학도서관의 설립은 대학 설치기준과 단기대학 설치기준에 의무화되어 있다(1장 참조). 설치기준에는 "필요한 전문적 직원 기타 전임직원"을 두도록 규정되어 있다. 대학도서관에는 대학의 중앙도서관 이외에 학부, 대학원, 연구소 도서관도 포함된다.

학교도서관은 학교도서관법에 의거하여 모든 학교에 설치해야 한다. 법 개정에 따라 2003년부터는 12학급 이상 규모의 모든 학교에 사서교사[10] 배치가 의무화되었다. 국립국회도서관은 국립국회도서관법에 의거하여 설립된 입법부 소속 국가도서관이다. 입법부 대상 서비스는 물론이며 행정부, 사법부 및 국민에 대한 서비스가 규정되어 있다. 이밖에 국가 및 지방공공단체, 민간기업, 비영리법인, 법인격이 없는 NPO 등이 설립하는 도서관이 있다. 이러한 곳들은 누구든지 설치할수 있는 "도서관 동종시설"(도서관법 제29조)에 해당한다. 그러나 일반적으로는 특정 목적을 위해 설치되므로 전문도서관이라고 부른다.

도서관이 설립주체에 따라 다른 법률이 적용되는 데 비해, 모든 박물관의 기본법은 박물관법이었다. 박물관법에 규정된 박물관 설립주체는 지방공공단체, 민법법인, 종교법인이다. 등록 박물관은 도도부현(都道府縣)[11] 교육위원회에 정식으로 등록절차를 마친 박물관이며, 박물관 동종시설은 등록은 하지 않아도 이에 준하는 일정 기준을 충족한 박물관이다. 국가, 대학 혹은 기업이 설립하는 박물관은 박물관법에 포함되지 않으므로 법적인 규정은 없지만 관례적으로 '박물관 유사시설'로 취급되었다. 박물관 유사시설은 문부과학성 통계에도 포함된다. 2001년에는 행정개혁의 일환으로 국립박물관과 국립미술관의 독립행정법인화를 추진하여 설치근거가 되는 법률이 정비되었다.

이처럼 박물관은 설립주체와 도도부현 교육위원회의 등록여부에 따라 세 가지 종류로 나눌 수 있다.[12] 박물관법의 박물관자료는 "실물, 표

---

10 일본의 사서교사는 사서교유(司書敎諭)라고 하며, 우리나라 사서교사와 달리 사서교사 강습을 받은 일반교사가 교무분장상의 직책으로 학교도서관 업무를 담당하는 경우가 많다. _옮긴이

11 일본의 47개 광역자치단체를 묶어 일컫는 말로 우리나라의 17개 광역 지방자치단체(시·도)에 해당한다. _옮긴이

12 이 분류는 적절치 않다고 하여, 2006~2007년도에 걸쳐 문부과학성 생애학습정책국에 설치된 협력자회의 보고서에서는 등록제도를 재검토하여 박물관

본, 모사, 모형, 문헌, 도표, 사진, 필름, 레코드 등"으로 다양하며, 도서관법의 도서관자료와 겹치는 부분이 있다. 박물관은 일반적으로 취급하는 자료의 종류와 주제에 따라 종합박물관, 역사박물관, 미술관, 과학박물관, 문학관 등의 범주로 나뉜다. 또한 동물원, 식물원, 수족관 등이 포함되는 것이 일본 박물관법의 특징이다. '실물' 전시를 통해 교육과 레크리에이션에 이바지한다는 생각이 기저에 깔려 있다. 뮤지엄이 미의 신 뮤즈가 있는 곳에서 시작되었다고 하면 약간 과장된 느낌도 있지만 박물관이 그만큼 미와 지식의 관계 속에서 다양해지고 있다는 것을 의미한다.

대학박물관은 법적으로 박물관 유사시설에 해당하지만 이미 독립된 영역을 형성해왔다. '대학박물관등협의회'에는 2021년 4월 기준 41개 기관이 가입되어 있다. 대학박물관은 연구교육의 장인 대학이 모체이며 학술연구와 밀접한 관련을 맺고 있다. 연구 성과와 교육의 과정을 시각적으로 전시하거나 연구 성과물과 연구과정에서 만들어진 부산물을 보관하여 전시한다. 이는 박물관이 대학교육의 일부이자 대학의 사회공헌이라 할 수 있으며, 또한 전시활동이 새로운 연구의 출발점이 된다는 효과를 낳는다.

마지막으로 기록관 중 공문서관은 공문서관법에 규정되어 있다. 공문서관이란 역사자료로서의 "국가 또는 지방공공단체가 보관하는 공문

서비스의 질적인 측면에 따라 심사기관이 평가할 수 있도록 바꿀 것을 제안했다. 「新しい時代の博物館制度の在り方について」, 文部科学省生涯学習政策局 これからの博物館の在り方に関する検討協力者会議, 2007. 그러나 2008년 박물관법 일부개정에는 반영되지 않았다.

서 기타 기록(현재 사용 중인 것을 제외)"인 "공문서 등"을 "보존하고, 열람 제공하며, 이와 관련되는 조사연구 수행을 목적으로 하는 시설"이다. 공문서관법에는 국립공문서관법에 규정된 독립행정법인 국립공문서관 및 국가, 지방공공단체가 설치하는 시설이 포함된다. 기업, 대학, 비영리법인 등이 기록관과 자료관을 설립하는 경우도 있으나 이것은 공문서관이 아니며 법적인 범주에 포함되지 않는다.

일반 기록관은 역사자료의 보존시설이지만, 공문서관은 보존뿐 아니라 보존하는 자료의 선별이 법적으로 규제되어 있다는 점이 특징이다. 예를 들면, 앞서 말한 미국 대통령도서관의 대통령기록은 관계자가 자의적으로 선택하여 보존 또는 전시하는 것이 아니라 미국 국립기록관리처(NARA)가 공문서관의 기능으로서 수행하는 것이다. 일본은 2011년부터 공문서관리법이 시행되어 국가기관의 기록관리가 엄격해졌다. 특히 역사적 가치가 있는 공문서를 공문서관에 이관하는 것이 의무화되었다. 이처럼 공문서관은 역사를 어떻게 만들어갈 것인가에 관련되는 시설이다.

국립공문서관 이외에 국가가 설립한 공문서관으로 외무성 외교사료관, 방위성 방위연구소 도서관 사료실, 궁내청 서릉부 등이 있다. 지방공공단체 공문서관은 조례로 설립하게 되어 있으며, 2021년 4월 기준 도도부현에 40곳, 정령 지정도시[13]에 11곳, 시정촌[14]에 40곳이 설치되어

---

13 법정인구 50만 명 이상의 시 중에서 일본 내각의 정령(政令)으로 지정된 시. 도도부현에 준하는 권한을 행사하며 2021년 4월 기준 20개로, 우리나라의 광역시와 비슷하다. _옮긴이

14 일본의 기초자치단체를 말하며, 우리나라의 시군구에 해당한다. _옮긴이

있다. 그러나 향토자료관, 역사자료관 등의 명칭으로 역사자료가 소장되어 있는 지방공공단체는 매우 많다. 또 박물관이나 도서관에도 문서와 기록이 상당히 많이 축적되어 있다.[15]

최근 국립대학에는 대학기록관 설립이 활발하다. 2000년 교토(京都)대학에 설치된 이후 규슈(九州)대학, 히로시마(広島)대학, 홋카이도(北海道)대학, 나고야(名古屋)대학, 도호쿠(東北)대학 등 많은 대학에 설치되었다. 국립대학 법인화를 계기로 대학의 역사에 대한 관심이 고조되면서 역사자료를 수집 및 보존하여 대학사 편찬과 전시에 일조하기 위한 것이다. 즉, 대학의 정체성 형성을 통해 대학경영 수단의 하나로 대학기록관을 중요시하는 것을 알 수 있다. 이와 동시에 국립대학법인도 국가기관이므로 공문서관리법이 요구하는 기록관리와 이관에 대응하는 것이 목적이기도 하다.

3. 도서관, 박물관, 기록관의 자료관리

일본의 도서관, 박물관, 기록관은 법적, 행정적으로 그다지 중요한 위치에 있지 않았기 때문에 법제도가 체계적으로 일원화되지 못했다. 도서관은 관종별로 세 개의 법률이 존재한다. 국가도서관인 국립국회도서관은 입법부 기관이며, 공공도서관, 대학도서관, 학교도서관은 문부과학성 내 각각 다른 국의 관할하에 놓여 있다. 전문도서관은 소관

---

15 『地域資料に関する調査研究』, 国立国会図書館, 2007.

〈표 0-2〉 도서관법, 박물관법, 공문서관법에서의 자료관리

구분	도서관	박물관	공문서관
자료	도서, 기록, 기타	역사, 예술, 민속, 산업, 자연과학 등의 자료	역사자료로서 중요한 공문서 등
목적	이용자의 교양, 조사연구, 레크리에이션	수집, 보관, 전시, 교육적 배려하에서 일반 공중의 이용, 교양·조사연구·레크리에이션 등에 이바지하기 위해 필요한 사업, 조사연구	보존, 열람
자료관리 방법	수집, 정리, 보존, 일반 공중의 이용		

행정부처가 불분명하다.[16] 박물관도 비슷한 문제를 안고 있다. 박물관법은 지방공공단체, 민법법인, 종교법인이 설치하는 박물관 외에는 적용할 수 없다. 국립박물관은 문화청 소관이며, 박물관법은 문부과학성 소관이다. 그러나 대학이나 기업 등이 설치하는 박물관은 어느 행정부처에도 속해 있지 않다. 기록관의 경우 공문서관법이 관할하는 것은 공문서 등을 보존하는 기록관이며, 그 밖의 기록을 다루는 기록관의 소관은 확실치 않다. 요컨대, 각 기관의 근대적인 정의에 대응하는 종합적인 법체계가 존재하지 않는다는 문제가 있다.

따라서 여기서는 먼저 종합적인 도서관법, 박물관법, 기록관법의 제정에 대한 필요성을 주장하고자 한다. 그다음 단계로 세 기관을 함께 논하는 의미를 생각해본다.

---

16 한국의 '도서관법'(2006년 개정)은 모든 관종의 도서관을 대상으로 한 법률이다. 행정적인 개혁 추진으로 대통령 소속 도서관정보정책위원회가 탄생했다. 金容媛, 「韓国の図書館関連法規の最新動向」, 『カレントアウェアネス』 no. 193, 2007, pp.4~6.

이상과 같이 세 기관은 '자료'를 모으고, 보존하고, 공개한다는 역할을 공통적으로 수행한다. 따라서 세 기관이 수집하는 자료가 중복되는 경우도 있다. 어떤 자료를 수집할지는 설치기관의 성격과 설치목적에 따른다. 하지만 반드시 명확하다고는 할 수 없다. 〈표 0-2〉에 도서관법, 박물관법, 공문서관법에서의 자료관리를 정리해보았다.

같은 자료라 해도 기관마다 취급목적이나 취급방법에 차이가 있다. 도서관은 자료의 범위에 거의 제한을 두지 않고 도서, 기록 및 기타 자료와 인쇄자료를 중심으로 광범위하게 다룬다. 이용자는 일반 공중인 만큼 자료의 취급방법과 이용목적도 상당히 일반적이다. 이에 비해, 박물관의 자료는 역사자료, 미술품, 생물 표본과 같이 지극히 다양하며 특정 주제 분야에 대응한다. 그리고 법의 목적에 조사연구가 명시되어 있듯이, 기본적으로는 학술적인 취급을 전제로 하되 교육적 배려 차원에서 일반 공중의 이용이 규정되어 있다. 공문서관은 박물관과 비슷하다. 역사자료로서의 공문서 등으로 한정되어 있으며, 취급은 보존과 열람으로 역시 조사연구를 수행한다고 되어 있다.

도서관, 박물관, 기록관(공문서관)의 차이는 바로 여기에 있다. 도서관법의 공공도서관은 물론 대학도서관과 전문도서관도 일반적으로 주제내용의 조사연구 수행을 목적으로 하지는 않는다. 도서관이 조사연구를 하는 것은 국립국회도서관의 조사 및 입법고사국에서 국회의원의 요청에 따라 조사서비스를 제공하는 경우이다. 일반적으로 도서관에서 이루어지는 참고서비스는 모기관에 따라 조사연구에 상당히 가까운 내용을 다루기도 한다. 이에 반해, 박물관과 기록관은 조사연구가 업무로 부여된 경우가 많다. 자료의 수집, 관리, 전시 기획을 하려면 해당 분야 전체에 정통한 지식과 자료를 다루는 기술이 필요하다. 그러므로 연구는 매우 중요한 기능이다.

　다음은 자료의 취급방법에 관한 문제이다. 박물관의 자료는 사물 또는 물건이다. 사물에는 그것 하나밖에 없다는 유일성의 가치가 있는 것, 역사나 특정 사건 및 인물과의 관계에서 가치가 있는 것, 생물의 개체나 산업제품처럼 동일한 종류에서 전형성을 나타내는 표본으로서의 가치가 있는 것 등이 있다. 미술관의 미술품은 유일성뿐만 아니라 미술품 자체가 지니고 있는 미적 가치로 인해 시장가치가 발생한다. 최근에는 방문자가 체험하는 공간이나 환경, 또는 가상체험 자체가 박물관자료인 경우도 있다. 이 경우에도 공간과 환경 체험이 문화적 가치를 갖는 것으로 여겨진다. 또 기록관의 문서와 기록은 그 자체가 어떤 정보를 전달하는 유일한 기록으로서 가치가 있다. 특히 공문서관의 자료는 공적인 조직의 활동기록으로서 역사적 가치를 갖고 있다. 박물관과 기록관은 이러한 유일성, 희소성, 경제성, 역사성, 표본성 등의 가치가 있는 자료를 중심으로 다룬다. 자료 자체에 높은 가치가 있으므로 보존환경 정비에 노력하게 되고, 자료 공개는 특별한 연구목적이 있는 이용자와 전시 등 특별한 경우에만 제한적으로 허용된다.

　이에 비해, 도서관이 다루는 복제자료는 자료 자체의 가치보다 자료에 포함된 내용을 이용함으로써 발생하는 가치를 지향하고 있다. 그러므로 도서관은 가능하면 자료를 공개하여 열람 또는 대출을 중시한다. 물론 중간 영역은 있다. 도서관자료라 해도 오래되었거나 희소성이 높은 자료는 서고에 보관하여 이용할 때 별도의 절차가 필요하다. 박물관과 기록관도 필요에 따라 서책 형태의 자료를 수집하기도 한다.

　이와 관련하여 두 가지만 부연해두고자 한다. 첫째, 자료의 관리 방법이다. 도서관자료는 자료마다 분류기호를 부여하고 청구기호 레이블을 붙여 서가에 배치하고, 각 자료의 서지정보를 데이터베이스화하여 검색할 수 있도록 처리하는 것이 일반적이다. 이러한 분류와 목록은 이용자의 이용이 중요하기 때문에 범용성과 용이성이 요구된다. 표준적인 분류법(일본십진분류법, Nippon Decimal Classification, NDC)과 목록법(일본목록규칙, Nippon Cataloging Rules, NCR)이 만들어진 것은 이 때문이다.

한편, 박물관과 기록관에도 자료의 목록을 만들거나 분류하는 절차는 있다. 하지만 자료관리의 목적으로 이루어지므로 도서관에서 볼 수 있는 범용성 있는 목록법이나 분류법은 존재하지 않는다. 각 기관이 관용적으로 작성하는 것이 일반적이다. 또 박물관에서는 전시물 이외의 소장자료 목록은 거의 공개하지 않는다. 기록관은 원질서 존중의 원칙에 따라 자료정리 시의 단위가 제각기 달라 목록의 표준화가 지연되고 있다.[17]

둘째는 자료의 공개 방법이다. 도서관은 자료를 공개된 서가에서 개가식으로 이용시키거나 목록을 검색하여 자료를 요청한 이용자에게 서고에서 대출하여 제공한다. 자료의 관외 대출도 적극적이다. 도서관은 기본적으로 이용자 주도의 자료이용을 장려하면서 자료와 이용자를 연결하는 활동을 한다. 특히, 분류, 목록의 작성과 참고서비스는 자료와 이용자를 연결하기 위한 중요한 활동이다. 학교, 관공서 및 NPO 등의

---

17 박물관과 기록관은 국제기관에서 대상자료의 기술정보 표준화 작업을 진행하고 있다. 다음 문헌을 참조. 安沢秀一 監修, E. Orna and Ch. Pettitt(eds.), 『博物館情報学入門』, 水嶋英治訳, 勉誠出版, 2003. 国文学研究資料館アーカイブズ研究系編, 『アーカイブズ情報の共有化に向けて』, 岩田書院, 2010.

단체에 적극적으로 자료를 제공하기도 한다.

　이에 비해 박물관의 자료이용은 앞에서 말한 것처럼 전시를 통한 제
공이 중심이다. 소장품 혹은 다른 박물관의 소장자료 중에서 전시물을
선정하고 체계적으로 배치하여 해설을 한다. 경우에 따라서는 복제품
이나 모형, 음성 및 영상자료, 의사체험 등으로 전시 효과를 높이는 방
안을 강구한다. 특별전 기획을 통해 자료에 대한 조사연구, 타관과의
연계, 전시 기획, 도록 집필을 하는 것도 박물관의 중요한 활동이다. 또
강연회, 체험교실 및 출장 강연과 같은 교육활동도 한다.

　기록관은 자료열람 서비스를 제공하는 점에서 도서관과 비슷하나,
대부분의 문서와 기록은 서고에 보관한다. 도서관이 원칙적으로 공개
를 전제로 하는 것과 달리, 기록관은 자료의 선별 원칙과 공개 원칙을
기록관마다 별도로 만들어 열람시키고 있다. 소장자료를 중심으로 전
시활동과 교육활동을 한다는 점에서 박물관과 비슷하다고 할 수 있다.

4. 전문직원 문제

　〈표 0-3〉은 일본, 미국, 영국, 프랑스, 한국 등 5개국의 전문직원 양
성 실태를 정리한 것이다. 맨 왼쪽이 일본의 사례이며, 도서관법과 박
물관법에는 각 기관의 '전문적 직원'으로서 사서 및 사서보와 학예사 및
학예사보의 자격요건이 규정되어 있다. 공문서관법 제4조 제2항에는
"역사자료로서 중요한 공문서 등에 대한 조사연구를 수행하는 전문직
원"이라고 규정되어 있으나 자격에 대한 언급은 없다.

　각 자격요건은 기관의 기능에 대응한다. 도서관과 박물관의 전문적

〈표 0-3〉 5개국의 전문직원 양성 비교

		일본	미국	영국	프랑스	한국
도서관	자격	사서	librarian	librarian	conservateur	사서
	인정기관	문부과학성 또는 대학	미국도서관 협회(ALA)	도서관·정보 전문직협회 (CILIP)	-	문화체육 관광부
	등급	사서, 사서보	없음	없음	-	1급정사서, 2급정사서, 준사서
	최저학력	사서: 전문대학 사서보: 고등학교	석사	학사	-	1급정사서: 박사, 석사, 2급정사서: 학사, 준사서: 전문대학
	양성	사서강습 혹은 대학의 사서과정· 부전공, 도서관정보학 전문과정· 대학원 (게이오대학, 쓰쿠바대학, 아이치슈쿠 토쿠대학, 스루가다이 대학 등)	문헌정보학 대학원	문헌정보학 대학원+실무+ 자격인정	국립고문서 학교(ENC), 문헌정보과학 고등국립학교 (ENSSIB)에서 공적 기관의 자료관리자 양성, 대학 및 전문직단체 에서도 양성 (디플로마, 석사)	전문대학, 4년제대학, 대학원
박물관	자격	학예사	통일적으로는 없음	curator(문화 재관리자) 외	conservatuer 외	학예사
	인정기관	문부과학성 또는 대학	-	영국박물관 협회(MA)	-	문화체육 관광부
	등급	학예사, 학예사보	-	없음	-	1급학예사, 2급학예사, 3급학예사, 준학예사

서장 도서관, 박물관, 기록관 **31**

	최저학력	학예사: 학사 학예사보: 고교	최저 석사 이상, 박사가 바람직	석사 이상	-	학사

	구분					
	최저학력	학예사: 학사 학예사보: 고교	최저 석사 이상, 박사가 바람직	석사 이상	-	학사
	양성	대학의 학예사과정, 문부과학성의 시험인정·무시험인정, 도키와대학 등에 석사과정이 개설되어 있음	박물관학 대학원	박물관학 대학원+실무+자격인정	국립문화재학교(Institut national du Patrimoine, INP)의 양성 외에 대학이나 박물관 부속 교육기관에도 양성과정 있음	1급학예사: 2급학예사+실무 7년, 2급학예사: 3급학예사+실무 5년, 3급학예사: 준학예사+실무 7년, 준학예사: 학사+국가시험+실무 1년
기록관	자격	없음	(archivist)	archivist, records managers, archive conservator	(conservateur, archiviste)	기록물관리 전문요원
	인정기관	-	없음 * 미국아키비스트협회(SAA)의 가이드라인 있음	영국아키비스트협회(SoA)	-	행정안전부
	등급	-	없음	없음	-	-
	최저학력	-	석사	학사	-	학사
	양성	4년제대학의 전공이나 대학원에 양성과정 있음(스루가다이대학, 가큐슈인대학 등)	문헌정보학 대학원, 역사학 대학원에 부설된 아키비스트 양성 프로그램	아카이브학 프로그램(학사, 석사, 디플로마), 기타 SoA의 양성프로그램도 있음	국립고문서학교(ENC)의 양성 외에 대학 프로그램도 있음	기록관리학 대학원, 학사 취득 후 기록관리학 교육과정(1년)+국가시험

직원의 자격은 제2차 세계대전 이후에 규정된 자격으로, 현재 국제적으로 통용되고 있는 자격요건과는 상당한 차이가 있다. 그뿐만 아니라 대학에서 양성되는 사서와 학예사는 전문적 직원으로서 높이 평가받고 있다고 할 수 없다. 사서는 일부 지방자치단체에서 정규직으로 채용하기는 하나, 연간 1만 명 이상의 새로운 자격증 소지자가 배출되는 가운데 현역 대학졸업자가 취직하기란 극히 어렵다. 국립국회도서관과 국립대학도서관의 채용조건은 사서자격이 필수가 아니며 독자적인 채용시험을 실시하고 있다. 박물관의 전문직원도 학예사 자격을 보유하고 있다고 해서 채용되지는 않는다. 일반적인 채용 요건은 해당분야의 연구자 혹은 자료 전문가이다.

이러한 상황을 개선하기 위해 문부과학성은 2007~2009년에 협력자 회의를 개최하고 양성과 연수에 관해 논의했다. 그러나 2008년 일부 개정된 도서관법과 박물관법에서 직원양성에 대한 제도적 개선은 거의 이루어지지 않았다. 2009년 두 법률의 시행규칙이 개정되면서 사서는 4학점, 학예사는 7학점씩 취득학점 수가 늘었고 과목이 재검토되는 데 그쳤을 뿐이다. 기록관은 법적인 자격 자체가 규정되어 있지 않고 고등교육기관 양성교육도 충분치 않은 상황이다.

국제적으로 보면 이러한 분야의 전문직 양성은 국가별로 상당한 차이가 있는데, 이는 각국의 문화 및 문화행정의 본질과 밀접한 관련이 있다. 역사적으로 권위 있는 전문직 단체가 자격을 인정해온 영국에서는 지금도 이 단체가 전문직 인정에 관여하는 경향이 강하다. 단, 대학교육을 중시하는 미국의 제도적 영향을 받아 대학 및 대학원에서의 양성과정을 전문직 단체가 인정하는 방향으로 이행하고 있다. 미국의 사서 양성은 전문직 단체가 인정하는 대학원 프로그램이 전문직 기준이

된다. 박물관과 기록관은 대학원 석사과정이 표준이지만, 전문직 단체에 의한 통일적인 양성제도는 존재하지 않는다.

이처럼 영미 양성체제가 전문직 단체 중심인 데 비해, 프랑스는 행정시스템에 양성기관을 두고 도서관, 박물관, 기록관의 전문직원 양성도 국가적인 행정관료 양성시스템인 그랑제콜[18]이 담당해온 전통이 있다. 독일은 주마다 이러한 제도를 갖고 있다. 그러나 유럽에서는 1999년 볼로냐 선언에 따라 비준국의 고등교육과 학위시스템을 통일하려는 움직임이 있다. 대학이나 그랑제콜이 학사, 석사, 박사 과정을 갖추고, 전문직 자격도 학위에 따라 학사 또는 학사에 직업훈련을 추가한 디플로마, 석사로 통일하는 방향을 검토하고 있는 중이다.

일본의 전문직 양성은 제2차 세계대전 이전에는 유럽대륙의 관료제를, 제2차 세계대전 이후에는 미국의 제도를 모델로 삼았다. 그러나 관료제도의 주변에 있는 문화기관의 전문가 양성제도는 제2차 세계대전 이후의 개혁 속에서도 외곽에 자리하여 지금까지도 충분한 법제도를 갖추었다고 할 수 없다.[19] 이것은 제3부에서 다시 언급하기로 한다. 이에 반해, 한국은 경제성장 과정에서 도서관, 박물관, 기록관에 대해 서양의 제도에 필적하거나 그것을 뛰어넘는 국가적인 제도를 구축하려는

---

18 프랑스의 고등교육기관은 대학교와 그랑제콜(Grandes écoles)이 있다. 그랑제콜은 각 분야 최고 수준의 교육을 통해 엘리트를 양성하는 고등교육연구기관으로, '대학 위의 대학'이라고 지칭되기도 한다. _옮긴이

19 제2차 세계대전 이전 직원양성에 국가가 관여한 것은 제국도서관 부속기관으로 존재했던 도서관직원강습소뿐이다. 이 강습소는 제2차 세계대전 이후 국립도서관 단기대학, 이후 도서관정보대학이 되었다. 2004년 쓰쿠바(筑波)대학과 합병했으며 실질적으로는 동 대학에 편입되었다.

움직임을 보여왔다.

한편, 도서관, 박물관, 기록관 직원의 공통성을 인정하고 연계하면서 전문직 양성을 실시하고 있는 사례도 있다. 프랑스 그랑제콜 중의 하나인 국립고문서학교(École nationale des chartes, ENC)는 고문서 등 역사적인 문헌에 해박한 직원으로 자료보호 전문직원(conservateur)을 양성하여 기록관이나 도서관의 근간이 되는 직원을 배출하는 교육기관이다. 사서 양성제도가 먼저 만들어진 미국에서는 문헌정보학 대학원(또는 대학원 문헌정보학과)에 아키비스트 양성 프로그램이 있는 경우가 많다. 최근에는 세계적으로 사서, 아키비스트, 기록관리직원 등 정보 콘텐츠를 다루는 전문가 양성을 위해 정보전문직(information professionals)을 양성하는 정보대학원(information school, 약칭 i-school)이 설립되고 있다.

박물관의 큐레이터(curator)는 일반적으로 학예사라고 한다. 하지만 통상적으로는 문화재로서 가치가 있는 자료를 수집·보존하고 이를 전시나 교육활동에 활용하기 위한 전문직원에게 사용되는 말이다. 미술관의 큐레이터는 전시를 기획하고 해설서를 집필하는 책임자로서 각광을 받는 경우도 많다. 오해하기 쉽지만, 큐레이터는 대학에서 양성되는 학사 수준의 법적 자격인 학예사와는 다르다. 도서관이나 기록관에 배치되는 경우도 있다.

최근 일본에서는 학예사와 사서 등 법적인 자격을 초월한 전문 인재 육성 움직임이 일고 있다. 예를 들면, 미술관 관련 영역에서는 예술경영 전문가 육성이 시작되었다. 이는 예술 영역에서 전문지식을 쌓은 사람이 학문·지식을 시민과 연결시키기 위한 것이며, 대학이 이러한 전문가를 양성하는 것이 일반적이라고 여겨져 왔다. 그러나 학문과 사회를 중개하는 것은 대학이나 연구기관만이 아니며 미술관과 박물관이 적극적으로 역할을 수행해야 한다는 견해도 있다. 즉, 박물관 경영은 예술경영의 한 분야로 간주되는 활동이다. 마찬가지로 과학박물관 영역에서 과학 커뮤니케이터를 육성하는 사례를 들 수 있다.

또한, 대학도서관 영역에서는 주제영역의 학술정보 전문가 육성에 대한 필요성이 줄곧 주장되고 있었다. 이것을 주제전문사서(subject librarian)라고 한다. 미국의 대학에서는 교수 신분의 주제전문사서를 두는 경우가 적지 않다. 그들은 대학원에서 사서자격을 취득하고 특정 전문영역의 학위도 취득한 복수 학위의 전문가이다. 담당업무는 특정 주제영역(법학, 의학, 경영학, 사회과학 등)이나 유럽, 아시아권 언어영역의 학술문헌 수집, 조직, 참고서비스 등이다. 이러한 도서관 전문가는 지금까지 박물관이나 기록관의 전문가와 구별되는 경향이 있었다. 그러나 프랑스의 국립고문서학교에서 고문헌 및 고문서 전문가를 양성하여 도서관, 기록관, 박물관에 배치하듯이 구별은 편의적인 것이며 필요에 따라 서로 경계를 넘나들 수 있다. 특히 일본에서 사서나 학예사와 같은 법적 자격이 주제 전문성을 충분히 반영한 자격교육을 전제로 하지 않는 상황에 대해서는 재검토가 필요하다.

5. MLA 연계에 대하여

세 기관의 공통성과 이질성을 살리기 위한 협력체제를 만들고자 하는 움직임이 있다. 박물관, 도서관, 기록관(이하, MLA)의 연계가 바로 그것이다. 외국에서는 이들의 상호 연계가 꾸준히 논의되고 있다. 일본도 거의 모든 박물관에 연구용 도서실 또는 열람용 도서실이 설치되어 있다. 아키타(秋田)현 공문서관과 아키타(秋田)현립도서관, 야마구치(山口)현 문서관과 야마구치(山口)현립도서관처럼 도서관에 기록관이 병설되어 있는 경우도 있고, 나라(奈良)현립도서정보관처럼 도서관이 기록관의 기능을 겸하는 경우도 있다. 후쿠오카(福岡)시 종합도서관은 기록관, 문학관, 영상홀(영화관)을 포함한 복합 문화시설이다. 일본에서 MLA 연계를 검토하게 된 것은 특필할 만하지만 아직 크게 진전된 단계라고는 할 수 없다.[20]

MLA의 상호관계에 대한 필자의 생각은 다음과 같다. 먼저, 이 기관들이 다루는 자료의 성격을 토대로 각 활동영역을 2차원으로 매핑해보았다(〈그림 0-1〉 참조). '기호-사물'과 '유일성-복수성'의 두 축에서 박물관은 '사물'의 성격이 강한 반면에 도서관과 기록관은 '기호'의 성격이 강하다. 박물관의 사물성은 공간성 혹은 신체성과도 연결되는 개념이며, 사물적인 환경을 제공한다고 할 수 있다. 가상 박물관도 사물의 이미지 표현이나 음성적인 해설을 통해 질감이나 기능을 시각화하며, 사물에의 회귀를 전제로 하는 것이다. 그에 비해 기록관자료나 도서관자료는 기호로서의 표현이 중심이다. 거기서 매개되는 언어, 이미지, 음성 등은 원래의 사물로 회귀하는 것이 아니라 그 자체가 가치를 갖고 존재한다.

또 다른 축인 '유일성-복수성'에서는 기록관자료와 도서관자료의 차이가 확연히 드러난다. 기록관이 다루는 기록과 문서는 하나밖에 없는

---

20 水谷長志編, 『MLA連携の現状·課題·将来』, 勉誠出版, 2010. 日本図書館情報学会研究委員会編, 『図書館·博物館·文書館の連携』, 勉誠出版, 2010.

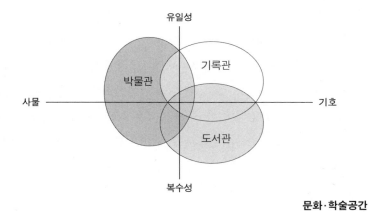

문화·학술공간

〈그림 0-1〉 MLA 자료의 상호관계

유일성을 갖는다. 이에 비해 도서관자료는 일반적으로 인쇄물이며 복수로 존재한다. 박물관에서 다루는 사물은 미술품이나 역사적 유품 등의 경우에는 유일성이 높지만, 생물 표본이나 민속학의 민예품일 경우 해당 종을 대표하는 전형적인 것이므로 유일한 것이라고 할 수는 없다.

〈그림 0-1〉과 같이 MLA가 다루는 것은 서로 중복된다. 각 기관은 역사적으로 어느 특정 부분을 중심으로 다루고 있기는 하지만, 사물과 기호, 유일성과 복수성이 형성하는 광범위한 영역을 담당해왔다.

이것을 기능적으로 파악한 것이 〈그림 0-2〉이며, 소장자료의 성질과의 관계에서 생기는 MLA의 기능을 도식화한 것이다. 유일성이 높은 사물이나 문서를 소장한 박물관과 기록관은 자료의 보존과 함께 자료를 대상으로 한 연구가 중심인 데 비해, 복수성이 높은 자료를 갖는 도서관과 박물관은 자료를 개방하여 이용 및 제공하거나 교육의 수단으로 삼는 경향이 크다. 박물관과 기록관은 전문가 주도로 전시 및 교육

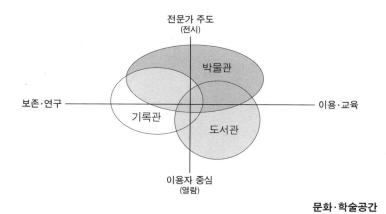

〈그림 0-2〉 MLA 기능의 상호관계

활동을 하는 경향이 큰 데 비해, 도서관은 이용자의 자료열람이나 대출 지원이 업무의 중심이다. 단, 개별 기관의 설립 목적이나 모기관 등의 성격에 따라 달라질 수 있다.

이처럼 문화·학술공간에서 자료가 갖는 가치와 자료를 모아 평가하고 조직화하여 제공하는 업무에 따라 MLA의 기능이 발휘된다. 업무에는 자료에 대한 연구, 연구결과에 근거한 사회적인 메시지 구성 또는 직접 이용하는 사람에 대한 조언, 자료를 토대로 한 전시 기획 등이 포함될 수 있다. 사물자료는 디지털화하여 네트워크를 통해 접근 가능한 기호로 변환할 수 있다. 이 경우에도 자료에 내포된 사물로서의 성질을 가능한 한 표현하려고 한다. 이것이 MLA가 실현하고자 하는 공통적인 기능이다.

예를 들어, 음악자료에 대해 생각해보자. 음악 관련 자료는 〈그림 0-3〉처럼 적어도 다섯 가지 종류의 자료 공간을 생각할 수 있다. 첫째,

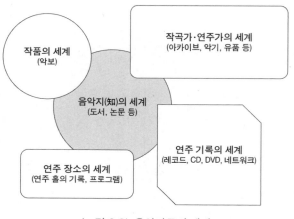

작곡가·연주가의 세계
(아카이브, 악기, 유품 등)

작품의 세계
(악보)

음악지(知)의 세계
(도서, 논문 등)

연주 기록의 세계
(레코드, CD, DVD, 네트워크)

연주 장소의 세계
(연주 홀의 기록, 프로그램)

〈그림 0-3〉 음악자료의 세계

작곡가나 연주가의 생활세계이다. 특히 작품제작이나 연주활동과 관련되는 아카이브(문서·기록류), 연주가가 사용한 악기, 작곡가와 연주가의 유품 등의 사물 자료가 있다. 이것은 해당 인물에 연고가 있는 것으로 유일성을 가진다. 둘째, 작품의 세계이다. 일반적으로 악보 형태로 만들어지며, 필사자료(자필악보, 필사악보)에서 출판된 악보집까지 여러 종류가 있다. 악보가 없는 작품은 연주 자체의 기록으로 네 번째 범주에 해당한다. 셋째, 음악이 연주되는 공연장이다. 일반적으로 공연예술은 일회성으로 연주기록이 남지 않는 한 자료화되지 않는다. 그러나 연주에 관한 기록으로 연주가, 주최자, 공연장소, 청중이 남기는 기록이나 비평, 포스터, 프로그램 등이 있다. 넷째, 연주기록으로 녹음물과 녹화물이 있다. 이것들은 기록으로 남기도 하며 상업적으로 배포되는 공연실황판도 있다. 상업적인 녹음물과 녹화물 중에는 스튜디오에서 녹음·녹화만 하고 오리지널 연주는 공개되지 않는 것이 더 많다. 다섯째,

음악과 관련한 지적 활동(학문, 역사, 평론 등)을 기록한 도서와 논문이 있다.

음악도서관은 도서와 논문, 녹음물과 녹화물을 중심으로 한 복제자료를 소장하는 곳이며, 음악박물관은 특정 음악가의 유품과 악기, 아카이브, 악보를 중심으로 도서와 논문 등을 보존하는 곳이라고 여겨져 왔다. 국립음악대학도서관과 도쿄(東京)문화회관 음악자료실은 일본의 대표적인 음악도서관이다. 국립음악대학에는 악기학 자료관이라는 박물관이 있고, 도쿄문화회관의 음악자료실은 홀에서 열리는 연주회 프로그램 등 아카이브 자료를 수집하고 있다. 그 밖에 민온(民音)음악박물관과 오사카(大阪)음악대학 음악박물관 등 일본의 대표적인 음악박물관에는 상당히 큰 규모의 도서실이 병설되어 있으며 음악도서와 악보 등을 관리하고 있다. 이처럼 특정 주제에 대한 이용자 요구에 대응하면서 자연스럽게 MLA의 경계를 초월한 기능을 수행하고 있는 것이다. 자료가 디지털화되면 공통되는 부분이 더 많아질 것이다.

6. 신공공경영과 디지털 아카이브

여기서는 세 기관을 함께 논하게 된 배경에 대해 설명한다. 세 기관은 역사적으로 상호 밀접한 관계를 맺고 있으며 최근 공통적으로 언급되는 일이 많아졌다. 그 배경을 설명하는 키워드는 NPM(New Public Management: 신공공경영)과 디지털화이다.

먼저, NPM이란 대처리즘(Thatcherism) 이후 영국에 도입된 것으로 공공부문에 기업경영 방법을 적용하는 것을 말하며, 특히 정부와 지방자치단체의 현장업무에 적극적으로 도입되고 있다. 어느 시대나 효율적인 행정서비스에 대한 요구는 있다. 그러나 NPM의 다른 점은 기존의 행정 틀 안에서가 아니라 공공서비스에 시장원리를 도입하는 시장주의, 공공서비스 이용자를 시장 고객으로 여기는 고객주의, 수치목표를 명확히 하여 달성도를 토대로 평가하는 업적주의 등 새로운 요소를 포함한다는 점이다. 시장주의에 대한 의견은 다양하지만, 특히 관리운영을 민간에 맡기는 것으로서 업무의 아웃소싱과 민영화, 서비스조직을 민간조직과 경쟁시키는 시장화 테스트, 관리시스템을 민영화하는 지정관리자제도, 공공시설의 건설과 경영 일체를 민간과 계약하는 PFI (Private Finance Initiative) 등이 도입되고 있다.

일본에서는 지금까지 지방자치법에 규정된 공적 시설은 주민서비스의 권리와 공평성을 보장하기 위해 자치단체의 직영을 전제로 해왔다. 그러나 NPM의 영향을 받은 법 개정으로 인해 지정관리자가 운영할 수 있게 된 것이다.[21] 공적 시설에는 공립박물관과 공립도서관, 공문서관이 포함된다. 특히, 공립박물관 및 도서관은 사회교육시설이며 교육기관으로서 정치적, 종교적 중립성을 가지므로 기존에는 지방자치단체의 출자법인으로 일정 기준을 충족하는 단체에 관리위탁을 맡겼다. 그런데 법 개정에 따라 2006년부터는 사회교육시설도 지정관리자와 계약하여 운영을 맡길 수 있게 된 것이다. 이로 인해 향후 공설 민영시설은 증가할 것으로 보인다.

지금까지 지방자치단체가 직접 운영했던 공립의 도서관, 박물관, 기

---

21 小林真理編著, 『指定管理者制度: 文化的公共性を支えるのは誰か』, 時事通信出版局, 2006.

록관은 역사적, 문화적, 교육적 가치가 있는 자료를 수집, 보존 및 보관, 전시, 제공하는 역할을 수행해왔다. 공립이 아니라도 최소한 비영리조직이 운영해야 하는 기관을 시장원리에 바탕을 둔 민간 경영에 맡기는 것이 적절한지에 대한 의문은 계속되고 있다. 예를 들면, 방문자 수나 자료 이용자 수, 프로그램 참가자 수 등 계량적인 평가로 인해 수치상 직접 드러나지 않는 자료연구나 자료보존 업무가 소홀해지는 것이 아니냐는 의견도 있다. 혹은 입장료 수입이 제한되는 시설, 예를 들면 박물관과 미술관의 상설전시 운영이나 도서관, 기록관의 무료 서비스 운영을 위해서는 결국 인건비 삭감을 통해 경영의 효율화를 도모할 수밖에 없으므로 전문직원의 채용과 대우에도 영향이 미칠 것이라는 우려가 많다. 국가가 설립한 국립국회도서관, 국립박물관, 국립미술관은 탄탄한 재정 기반과 오랜 시간에 걸쳐 축적된 컬렉션, 그리고 무엇보다도 풍부하고 안정된 대우가 보장되는 인적자원을 바탕으로 NPM과 같은 상황에 대처할 수 있을지도 모른다. 그러나 중소 규모의 비영리적인 MLA 시설은 구조적인 문제, 즉 좋은 대우를 받지 못하는 비정규직에 의해 유지되는 경우가 많아 상황 대처가 어려울 것이다.[22]

하지만 NPM이 일본의 MLA 영역에 미치는 긍정적인 영향도 있다. 우선 이 기관들은 공적 기관에 소속되어 있고 공무원이 운영하는데, 경영의 자발성이나 창조성 면에서는 한계가 있다는 지적이다. 민간경영의 도입이 도서관, 박물관, 미술관의 기존 형태에 구애받지 않는 새로운 경영기법 개발을 촉진하는 계기가 될 수 있다.

---

22 石原真理,「図書館員の研修とキャリアパス: 公共図書館を中心に」,『情報の科学と技術』, no. 59, vol. 2, 2009, pp. 74~79.

2001년 설립된 센다이(仙台) 미디어테크는 센다이 시민도서관을 핵심으로 하면서 미술과 영상문화 활동의 거점으로 스튜디오, 영화관, 갤러리를 배치한 새로운 개념의 시설이다. 설립 당시 시민의 자주적인 문화활동의 거점으로서 다양한 미디어 아트를 적극 도입하는 장을 표방하며 개관했다.[23] 유리를 사용한 건물이나 내부구조는 '관'의 폐쇄성을 부정하고, 개방적이면서도 각각의 기능이 상호 경계 초월성을 지향하고 있다. 도서관은 시에서 직영으로 운영하되, 시설관리와 영상 및 미디어 프로그램의 제공, 시민활동 지원업무는 지정관리자가 운영한다.

2004년에 개관한 가나자와(金沢) 21세기 미술관은 현대미술을 중심으로 하는 지방 미술관이며 지정관리자가 운영하고 있다. 미술관은 마을의 오래된 거리와는 이질적으로 느껴지지만 방문자 참가형 전시 및 학습공간이 있는 개방적인 형태의 건물이다. 선뜻 가까이 하기 어려운 현대 미술관으로는 이례적일 만큼 많은 사람들이 방문하여 마을 만들기와 관광에 기여했다는 점에서 성공적이었다. 또한, 니가타(新潟) 현에서 개최된 아트 페스티벌도 지정관리자가 수행한 성공사례의 하나로 꼽힌다. 도오카마치(十日町) 시와 쓰난마치(津南町)에서 개최한 '대지의 예술제 에치고 쓰마리(越後妻有) 아트 트리엔날레'는 넓은 지역에 대형 미술작품을 설치하고 연극과 음악회를 개최하는 필드 뮤지엄으로 성황을 이루었다.[24]

이들의 특징은 기존의 도서관, 박물관, 미술관의 틀을 벗어나 다양한

23 せんだいメディアテークプロジェクトチーム編, 『せんだいメディアテーク コンセプトブック』, 増補新版, NTT出版, 2005.

24 高階秀爾·衰豊編, 『ミュージアム·パワー』, 慶應義塾大学出版会, 2006.

도전을 하면서도 도서와 미디어, 미술품자료를 중심으로 활동을 전개하고 있다는 점에서 도서관과 박물관의 기본 성질과 겹친다. 기존 시설의 한계를 초월하여 새로운 도서관 혹은 박물관을 제안하는 것이다. 또한 일본 특유의 지역성에 뿌리내리고 있으면서도 국제적인 주목을 받을 만큼 국제성이 있어 마을 만들기와 관광객 유치로 이어지고 있다. 이 모두가 사회교육 행정을 뛰어넘어 자치단체 행정 속에서 통합적으로 자리매김하게 된 것도 특기할 만한 점이다.

아울러 자료의 디지털화에 대해 살펴보고자 한다. 디지털 아카이브라는 용어는 일본식 표현인 듯하다.[25] 여기서 아카이브는 보존된 기록이나 기록관이라는 의미가 아니라, 컴퓨터 용어인 아카이브(복수의 파일을 하나로 정리하여 효율적으로 관리하는 기술)에서 온 것이라고 생각된다. 디지털 아카이브는 일찍이 일본의 인터넷 원년인 1994년, 일본에도 하드웨어나 소프트웨어 기술뿐만 아니라 콘텐츠 개발이 필요하다는 인식 아래 문화재 보호 관점을 더하여, 다양한 문화유산(문화자원, 문화재)을 디지털화하여 보존, 교환하기 위한 비즈니스 영역과 기술로 자리매김했다. 다른 나라에서는 이러한 시도에 대해 디지털 도서관 또는 디지털 뮤지엄이라는 용어를 사용하고 있다.

이처럼 일본의 디지털 아카이브는 기록관, 박물관, 도서관과 같은 공공부문보다 콘텐츠 비즈니스, 콘텐츠 개발기술로서의 논의가 먼저 이루어졌다는 점이 특징이다. 이 배경에는 경제산업성을 비롯한 국가의

---

25 影山幸一, 「デジタルアーカイブという言葉を生んだ「月尾嘉男」」, artscape: DNP Museum Information Japan, http://artscape.jp/artscape/artreport/it/k_0401.html 참조.

정보산업 육성과 지역산업진흥이 있다. 이후 도서관, 박물관, 기록관은 국가 보조금 등의 예산으로 소장자료의 디지털화를 추진했고, 2005년 활동의 중심축이었던 디지털 아카이브 추진협의회가 해산함으로써 일 단락되었다. 현재 공립도서관, 대학도서관, 국립국회도서관, 공립박물 관, 국립공문서관은 각각 소장자료의 디지털화를 추진하고 있다.

자료의 디지털화에서는 평면적인 자료(문서, 서적, 지도 등)를 스캔하여 파일로 만드는 방법과 입체적인 자료를 사진촬영하여 디지털 정보로 만드는 방법이 일반적이다. 이외에도 영상이나 음성을 그대로 디지털화하는 방법도 있다. 또한 공연예술이나 세계유산과 같은 유적, 풍경, 거리의 모습 등을 촬영하거나 녹음하여 디지털화하는 것도 포함된다. 또 애니메이션이나 게임과 같이 완전히 독창적으로 표현하여 전시에 사용하거나 소재로 활용하는 방법도 많이 사용된다. 디지털 아카이브라고 하면 단순히 디지털 데이터를 제공하는 것뿐만 아니라 이것을 하나의 작품이나 소재, 전시물 컬렉션으로 편집하여 제공하는 것까지 의미하는 경우가 많다.

세 기관의 소장자료는 디지털화된 콘텐츠 데이터로서 동일한 수준에서 관리된다. 메타데이터를 부여하여 통일된 기준으로 조직화하고 콘텐츠 데이터를 통합 검색하여 이용할 수 있도록 하고 있다(5장 참조). 데이터와 정보의 지식화라는 용어가 사용되는 가운데 자료를 지식자원으로 이용할 수 있게 하는 것이 세 기관의 역할이며, 디지털 세계에서는 공통 기반 위에서 실현할 수가 있다.

7. 문화행정의 추진방향

마지막으로 도서관, 박물관, 기록관을 종합적으로 다루기 위한 행정에 대해 살펴본다. 이 기관들은 문화행정 분야와 관련된다. 대상자료는 문화재, 문화유산 혹은 문화자원이라고 불리는 것들이었다. 문화라는 개념은 지극히 포괄적이기 때문에 행정대상의 범위에 문제는 있지만, 적어도 이들 세 기관은 문화의 중요한 부분을 계승, 향상, 보급하는 데 관여하고 있다.

먼저 외국의 행정이나 정책의 대표사례를 살펴보자. 특히, 유럽연합 (EU)이 이 방면에 주력하고 있다. 이는 경제적인 통합에서 비롯된 이 공동체가 민족, 언어, 문화의 차이를 넘어 강력한 협력관계를 구축하기 위해서는 공통 인프라의 강화가 필요하다고 인식하고 있기 때문이다. 공통 인프라 중에서도 1999년부터 시작된 볼로냐 프로세스는 고등교육에서의 학위와 이수학점 호환을 중심으로 한 공통의 틀을 구축한 것으로 잘 알려져 있다. 문화정책에서도 공통 인프라를 구축하기 위한 많은 시도가 이루어졌고, 그중에는 문화유산의 디지털화 프로그램으로 MINERVA 프로젝트(MInisterial NEtwoRk for Valorising Activities indigitization, 2002~2008년), Michael 프로젝트(Multilingual Inventory of Cultural Heritage in Europe, 2004~2008년) 등이 각국 정부와의 협력하에 추진되었다. 예를 들면, Michael 프로젝트에서 제공하는 디지털 컬렉션은 2,500개 기관에서 수집한 것인데, 그중 도서관이 500여 곳, 박물관이 900여 곳, 기록관이 500여 곳 참여했다.

또한 유럽위원회는 2007년 유럽디지털도서관기금을 설립하고 네덜란드 국립도서관에 사무국을 설치했다. 여기서 개발된 것이 2008년에 공개된 디지털 포털 유로피아나(Europeana)이다.[26] 2021년 현재 5,000만 건 이상에 달하는 다언어 서적, 지도, 사진, 고문서, 회화, 영상의 디지털 콘텐츠를 제공하고 있다. 미국의 민간기업인 구글에 대항하는 공적 기관 중심의 유럽판 디지털 아카이브라고 이해할 수 있다.[27]

영국은 문화미디어스포츠부[28]의 외부 정부기관으로서 박물관·도서관·기록관 위원회(Museums, Libraries and Archives Council, MLA)를 설치했다. 원래 박물관과 도서관 관련 민간단체가 설치되어 있었는데, 노동당 정권으로 교체된 2000년 'Resource: the Council for Museums, Libraries and Archives'에 통합되었고 2004년에는 MLA로 개칭되었다. 행정기관의 외부에 전문적인 활동을 하는 정부조직(Non-Departmental Public Body)을 만들어 자금을 유연하게 사용하고 이 분야에 대한 지원활동을 했다. MLA는 국가, 복권운용기금, 민간 기금에서 재정 지원을 받아 지지활동(advocacy), 홍보, 신규 프로그램 및 조사연구 지원, 직원연수 지원 등을 실시했다.

MLA는 박물관·미술관 위원회와 도서관 위원회를 통합하고 여기에 기록관을 합한 것이다. 각 기관의 고유 프로그램도 있지만, 이 기관들의 중요 컬렉션을 MLA가 포괄적으로 지정하여 특별 서비스를 제공할 수 있도록 한 지정 프로그램(designation programme)과 디지털 컬렉션

---

26 http://www.europeana.eu/portal/ 참조.

27 ジャン・ノエル・ジャンヌネー, 『Googleとの戦い: 文化の多様性を守るために』, 佐々木勉訳, 岩波書店, 2007.

28 2017년 7월 테레사 메이 내각에서 디지털·문화·미디어·스포츠부(Department for Digital, Culture, Media and Sport, DCMS)로 개칭. _옮긴이

```
정책과
기획조정과
문화경제·국제과
국어과
저작권과
문화자원활용과
문화재 제1, 제2과
종무과
```

〈그림 0-4〉 문화청의 주요 조직[30]

프로그램(digital initiative)을 실시했다. 이와 같이 세 기관이 별도로 실시하던 것을 공통 기반에서 활성화했던 것이다.

영국정부는 2010년 보수당 정권으로 교체된 후 재정 재건을 명목으로 MLA를 폐지하고, 그 역할의 일부를 다른 정부기관에 이관했다.[29] 어느 나라든 문화행정은 가장 먼저 삭감 대상이 되기 쉽다. 그러나 MLA가 문화행정의 틀에 통합된 것은 중요하며 앞으로도 변화는 없을 것이라 생각한다.

일본의 문화행정기관은 문화청이다. 문화청은 문부과학성의 외청으로 문화청의 문화행정 조직은 〈그림 0-4〉와 같다.

---

29 2011년 10월, 도서관과 박물관 기능은 문화미디어스포츠부 산하 공공기관인 영국예술위원회(Arts Council England)로, 기록관은 영국 국립보존기록관(National Archives)으로 이관했다. _옮긴이

30 2018년 및 2020년 조직개편을 통해 2021년 5월 현재, 9과 4참사관, 정원 294명으로 확대되었다. _옮긴이

문화청에서 정의하는 문화행정의 범위는 저작권, 국제문화교류, 공연예술, 일본어, 종교, 전통문화, 미술, 문화재와 유적, 기념물 등이다. 이들은 문화를 구성하는 요소이기는 하지만 상호관련성이 없는 기묘한 조합처럼 느껴진다.

문화행정은 명확한 이해관계자가 있기 때문에 행정의 조정이 필요하며 정부의 관심이 높은 분야라고 할 수 있다. 예를 들면, 헌법에 보장된 종교의 자유에 의해 누구든지 종교단체를 만들 수 있으며, 종무과는 세제 면에서 우대받는 종교법인의 인가 주무관청이다. 그리고 20년 전만 해도 행정의 관심사항이 아니었던 저작권이 중요한 행정 분야가 된 것은 디지털 정보사회에서 지적재산권에 대한 관심이 급격히 높아졌기 때문이다. 그리고 최근의 고고유적과 세계유산에 대한 높은 관심은 행정기구가 보호해야 할 것이 무엇인가에 대해 다시금 생각하게 한다.

일본에서 전통문화, 미술, 음악은 행정의 대상인데 출판문화가 행정의 대상이 아닌 것은 새 헌법에 명시된 언론출판의 자유와 관계가 없지 않다. 제2차 세계대전 이후 출판물의 사전 검열은 내무성 경보국(警保局) 도서과에서 담당하고 있었다. 이때는 국가가 출판에 개입하지 않는다는 원칙 아래 문화행정의 범주에서도 최소한으로만 관여했다고 할 수 있다. 하지만 2005년 의원입법으로 문자·활자문화진흥법이 제정되었고, 공립도서관의 대출서비스를 둘러싸고 일부 작가들의 공공대출권(대출로 인한 판매 감소에 대한 권리자 보상청구권) 입법화를 요구하는 목소리가 높아졌다. 이는 출판, 신문 등의 활자 미디어가 상대적으로 위축되고 있는 데 따른 위기감에서 법제도적인 보장을 요구하는 것이었다.

문화청이 다루는 문화의 범주는 상당히 넓어서 눈으로 보고, 손으로 만지고, 연기하는 것 모두가 포함된다. 예를 들면, 음악, 연극, 전통예

능, 미술품의 보호나 감상 공간 제공, 문화재의 발굴보호 등이다. 문화행정은 이들을 직접 지원한다. 이런 활동이나 작품을 생산하는 사회적 조건을 만들기 위한 일련의 행정활동이 저작권 보호, 국어정책, 문화의 국제교류와 같은 것이다. 문화 창작자들이 자신의 활동 성과인 작품을 시장에 내보내 수익을 얻는 것이 활동의 인센티브가 되기 때문에 저작권이 있고, 언어활동을 하기 때문에 표준 일본어의 보호 유지라는 행정적 과제가 발생한다.

도서관, 박물관, 기록관은 이렇게 해서 생산된 문화를 문화재 혹은 문화자원으로 조직적으로 수집하여 보존하고 연구, 교육, 레크리에이션 등의 목적을 위해 제공하고 다음의 문화 생산으로 연결하는 기능을 한다. 문화의 재생산 기능이라고도 할 수 있다. 이 중 도서관과 박물관은 사회교육이라는 행정영역과 밀접한 관계를 맺고 있다. 원래 문화행정은 사회교육 행정과 관계가 깊다. 제2차 세계대전 이후 일시적으로 문부성 사회교육국 아래 문화과를 둔 적이 있으나 이후 문화재보호과, 저작권과, 예술과로 분리되었다. 1966년 문화청이 발족하면서 원래 문부성에 있던 국어과, 종무과를 흡수하여 현재의 문화청이 된 것이다.

사회교육 행정은 제2차 세계대전 이후 교육문화 행정의 경계 영역이 되었다. 학교행정을 중심으로 하는 문부성에서는 사회교육, 사회체육, 문화행정을 주변 영역으로 다루었기 때문에 국가 시책이 매우 미약했다. 이는 제2차 세계대전 이후 사회교육 및 문화 관계자가 과거처럼 국가의 통제를 받기 싫어한 것도 이유 중의 하나일 것이다. 하지만 언젠가부터 그 관계자들도 국가가 교육내용을 통제하고 보조금이나 전문직 제도에도 관여하기를 바라는 상황이다.

제2차 세계대전 이전의 국가통제적인 교육행정에서 새 헌법체제, 즉 교육기본법상의 민주주의와 지방자치를 전제로 하는 교육행정으로 이행되었다. 그러나 직선제 방식의 교육위원회 제도 및 통제 없는 자유로운 교육과정을 특징으로 하는 제2차 세계대전 이후의 새 교육은 곧 후퇴하여 '역코스'[31]에 의해 국가 통제가 강해졌다. 여기서 상대적으로 통제가 약했던 분야가 사회교육 영역이다.

제2차 세계대전 이후의 사회교육은 연합국 최고사령부(GHQ)가 주도한 헌법교육의 요소가 강하다. 문부성은 공민관이라는 새로운 기관을 만들어 확장해 나갔다. 공민관은 지역사회를 토대로 제2차 세계대전 이후 계몽사상에 의해 만들어진 새로운 성인교육의 장이다. 제2차 세계대전 이후 문부성의 사회교육 행정은 공민관을 중심으로 실시되었다. 도서관과 박물관은 법적으로 인지되기는 했으나 문부성이 적극적인 행정을 추진하려고 한 적은 거의 없었다. 1990년대 이후 문부성은 평생학습 정책을 표방하여 사회교육국을 생애학습정책국으로 바꾸고 주무부서로 배치했다. 지역에는 집회시설과 공민관을 겸한 생애학습센터라 불리는 시설을 만들어 도서관 및 박물관과는 다른 별도의 정책을 추진했다. 그러나 이 정책이 제대로 추진되었다고 하기는 어렵다. 평생학습은 각자 개별적으로 선택하는 영역이기 때문이다.[32]

앞에서 말한 바와 같이 국립국회도서관과 학교도서관은 별개의 법으로 제정되어 있고, 법적 근거가 명확하지 않은 대학도서관을 포함하여 행정적인 관할부서가 서로 다르다. 그동안 국립박물관과 국립미술관은

---

31 제2차 세계대전 후의 민주화 정책을 재검토하면서 개혁에 역행하려고 한 정책노선. _옮긴이

32 佐藤一子, 『現代社会教育学: 生涯学習社会への道程』, 東洋館出版社, 2006.

문부과학성 소관의 박물관법에 포함되지 않았으며, 문화재행정의 일환으로 문화청이 관할해온 까닭에 박물관행정의 일원화에 저해 요인으로 작용했었다.[33]

기록관은 1977년의 공문서관법이 의원입법으로 제정된 사실에서 알 수 있듯이 행정적인 관심이 낮다. 이러한 사실은 국립공문서관이 독립 행정법인이 된 현재에도 지속되고 있다. 그러나 2009년에 제정된 공문서관리법이 모든 공문서관을 "건전한 민주주의 근간을 지키는 국민 공유의 지적 자원"으로 자리매김하고, 내각 총리대신에게 관리 책임이 있다고 명시하면서 전환점을 맞이했다. 특히 역사적으로 중요한 공문서는 국립공문서관 또는 그에 준하는 시설인 공문서관에서 영구보존하게 되었기 때문이다. 그러나 공문서행정은 내각부 소관으로 도서관이나 박물관 행정부서와의 거리는 멀기만 하다.

이처럼 문화의 근간에 있어야 할 기관들의 활동이 국가행정에서는 별개의 상태에 놓여 있다. 마찬가지로 지방자치단체에서도 별개인 경우가 대부분이다. 일부 지방자치단체에서는 문화행정 부분을 주무부서에 두고, 문화홀이나 경관 보존 등과 함께 박물관, 미술관, 도서관 시설을 동시에 관할하고 있다.

2010년 3월에는 총무성, 문부과학성, 경제산업성 공동개최로 '디지털 네트워크 사회의 출판물 이용 및 활용 추진에 관한 간담회'가 개최되었다.[34] 디지털 정보통신은 총무성, 콘텐츠의 공공 이용은 문부과학

---

33 2018년 10월 단행된 조직 개편으로 인해 박물관 정책을 담당하는 행정부처가 문화청으로 일원화되었다. _옮긴이

34 http://www.soumu.go.jp/main_sosiki/kenkyu/shuppan/ 참조. 2011년 2

성, 콘텐츠 산업 육성은 경제산업성으로 업무가 구분되어 있던 상황에서 부처를 초월한 새로운 움직임이었다. 그러나 이 움직임은 '출판물'이라는 지적 영역의 일부만을 대상으로 한 것이었다. 유럽에서는 멀티미디어 전반 디지털정보 유통이 국가를 초월하여 실현되고, 전 유럽의 교육문화 혹은 산업 인프라 구축을 목표로 한다. 이 시점에서 향후 일본의 문화행정 전반에 대한 추진방향에 전면적인 재검토가 필요하다.

월 이 간담회를 토대로 '지식의 디지털 아카이브에 관한 연구회'가 설치되어 '도서·출판물, 미술품·박물품, 역사자료 등 공공적인 지적 자산의 디지털화를 추진하고, 인터넷에서 전자정보로 공유·이용할 수 있는 디지털 아카이브 구축에 의한 지식의 지역 만들기'를 추진했다.

제1부

MLA란
무엇인가

도서관, 박물관, 기록관의 각 입장에서 현재의 기능과 과제를 소개한다. 먼저 1장에서는 일본의 도서관과 독일의 도서관을 비교하면서 관종 및 전문직원 관련 문제점을 중심으로 개략적으로 설명한다. 2장에서는 박물관 사례로 도쿄대학 종합연구박물관을 소개하고 박물관공학과 복합교육 프로그램이라는 획기적인 시도를 소개한다. 3장에서는 기록관과 대학 아카이브의 동향, 목록과 검색시스템 등 이용자 입장에서 본 기록관의 현황에 대해 개관한다.

1장

도서관은 무엇을 지키려고 해왔는가

네모토 아키라

　문헌정보학 또는 도서관정보학은 기존에 도서관학이라 불리었던 분야가 정보기술을 적극적으로 도입, 영역을 확장함으로써 생긴 분야이다. 국립대학의 법인화 과정에서 쓰쿠바대학에 통합되기는 했으나 국립 도서관정보대학이 있었다는 사실을 기억하는 사람도 많을 것이다. 도서관정보대학이라는 명칭과 그 기능에서 보듯이, 도서관정보학(문헌정보학)이란 도서관 전문직원인 사서의 양성과 그 지식기술을 개발하는 연구를 수행하는 분야이다.[1]

　필자가 도쿄대학에서 문헌정보학을 가르친다고 하면 '문학부' 소속이냐고 묻는 사람이 많다. 아마도 '도서관' → '문헌자료' → '문학'이라는 연상 작용에서 나온 질문이라 생각된다. 그러나 도쿄대학의 경우 문

1　根本彰,「図書館情報学の領域と特性」,『図書館情報学ハンドブック』第2版, 丸善, 1999, pp.1~2.

학부가 아니라 교육학부에 소속되어 있다. 그 경위는 다음과 같다. 1950년 도서관법 제정 이후 대학에서 사서양성교육이 실시되었을 때, 도쿄대학은 당시 지도자 양성의 거점으로서 도서관학 강좌 개설에 대한 문부성의 제안을 받았다. 그래서 처음에는 문학부 소속으로 설치하기로 했으나 결국 문학부의 반대로 인해 당시 신생 단과대학인 교육학부 소속이 되었던 것이다.[2]

철학, 역사, 문학을 중심으로 심리학과 사회학이 개설된 문학부의 아카데미즘 속에서 미국식 프래그머티즘의 실천영역인 도서관학은 관계가 먼 학문으로 받아들여졌을 것이다. 또 교육학부는 제2차 세계대전 이후의 교육개혁 과정에서 문학부 소속이었던 교육학과가 분리되어 생긴 것으로, 같은 시기에 탄생한 교양학부와 함께 '포츠담 학부'라고 불리면서 열등감을 느낀 시기도 있었던 것 같다.

도서관학 강좌가 교육학부에 개설된 것이 큰 틀에서 잘못된 것은 아니라고 생각한다. 그것은 '교육'이라는 행위가 인간의 발달을 기초로 사람에서 사람으로, 조직에서 조직으로, 지역에서 지역으로, 나아가 세대에서 세대로, '지(知)'를 매개하고 발전시키는 행위이며, 도서관은 그러한 교육을 뒷받침해주는 장치라는 측면이 있기 때문이다.

제2차 세계대전 이전 문학부 소속이었던 교육학과는 제2차 세계대전 이후 학부로 승격되어 교육학부가 되었다. 그런데 이와 비슷한 과정을 거친 조직이 또 있다. 제2차 세계대전 이전 문학부 소속이었던 신문

2　根本彰,「まぼろしの東大ライブラリー・スクール再考: 占領期におけるアメリカ図書館学の導入過程解明の手がかりとして」, 吉田政幸・山本順一編, 『図書館情報学の創造的再構築』, 勉誠出版, 2001, pp. 237~250.

연구실도 1949년 신문연구소로 독립하고 1992년에는 사회정보학연구소로 명칭을 바꾸었으며, 그 후 2004년에는 대학의 전폭적인 지원으로 만들어진 대학원 정보학환·학제정보학부[3]에 합병되었다. 교육학과 정보학의 공통점은 인간의 지(知)와 정(情)을 전달하는 시스템을 대상으로 한다는 데에 있다. 교육학부와 학제정보학부는 마치 문학부에서 태어난 형제와 같으며 학문의 성격이 학제적이고 실천적이라는 면에서 공통점이 많다.

1. 자료의 취급과 문헌정보학

다음은 문헌정보학의 방법론적 측면을 살펴보자. 도서관에서 자료 정리라고 하면 곧 분류법과 목록법을 떠올린다. 지금은 많이 달라졌다 해도 기본적인 생각은 다르지 않을 것이다.

분류법이란 어떤 문헌을 정해진 분류체계 속에 위치시킴으로써 그 문헌의 영속적인 소재를 정하고 접근을 용이하게 하는 것이다. 이러한 생각은 근대 도서관학의 몇 가지 가정과 연관된다. 먼저, 앞에서 말했듯이 문헌은 인간의 지식을 외재화한 패키지라고 할 수 있으며, 도서관

---

3   2000년 도쿄대학에 설립된 대학원의 명칭. 정보학환(情報学環, Interfaculty Initiative in Information Studies)은 교수가 소속된 연구조직이며, 학제정보학부(学際情報学府, Graduate School of Interdisciplinary Information Studies)는 학생이 소속된 교육조직이다. 정보를 둘러싼 모든 영역을 유동적으로 연계시키는 네트워크 조직으로서 구상되었다. _옮긴이

은 그 지식 패키지의 패키지라는 것이 가정되어 있다. 즉, 도서관을 사용하는 첫째 목적은 지식에 대한 접근에 있으며, 도서관이란 도서를 모아놓은 시설로서만이 아니라 지식에 대한 접근 장소가 된다.

두 번째 가정은 도서관이 사회적 기관으로 존재함으로써 문헌이 사회적 공유재산으로 인정받는다는 것이다. 이때 지식은 사회적인 존재라는 것이 전제가 되며 도서관은 사회적 책임을 지는 존재가 된다. 한번 수집된 문헌은 도서관 장서로 반영구적으로 존재하고, 한 번 정해진 문헌의 위치(분류기호)는 변경되지 않는다는 가정이다.

셋째, 그런 의미에서 분류체계는 공통된 것이 바람직하다는 가정이다. 이에 따라 19세기 후반에서 20세기 초에 걸쳐 많은 주제 분류법이 나타났다. 도서관에서의 접근이 일반적으로 공개 서가에서 이루어짐에 따라 학문과 그 대상을 중심으로 하는 주제 지식체계에 기반을 두면 접근이 용이해진다고 믿었기 때문이다. 일본에서 일반적으로 사용하는 일본십진분류법(NDC) 역시 이런 내력에 따라 만들어진 것이다. 물론 지식은 늘 변화하고 있고 주제 지식에 대응한 만인 공통의 분류표를 만드는 것은 어려운 일이다. 그러나 최대공약수적인 것을 만들어 일정 기간마다 개정함으로써 지식을 관리하는 도서관에서는 접근의 편리성을 보증하고 있다.

분류법이란 문헌을 '지식'으로 받아들여 만인의 접근을 보증하기 위한 것이다. 접근은 물리적으로 직접 접근할 수 있도록 해야 하며, 동시에 주제분류표를 만들어 유사한 내용의 자료를 근접한 위치에 둠으로써 브라우징 효과를 높이려는 의도를 갖고 있다.

이러한 지적인 접근 방법은 목록법 개발로 더욱 발전했다. 목록의 기원은 어떤 자료를 재산으로 소유하고 있는지 기록하는 재산목록에서 유래한다. 재산목록은 모든 조직에 필요하지만, 도서관이 관리하는 문헌은 경제적 가치만이 아닌 지적 가치를 갖는다. 그러므로 일반적인 재산목록에 없는 정보를 기록하는 것이 도서관 목록의 역할이다. 또한 지적 가치를 잘 활용하기 위해서 그저 기록만 하는 것이 아니라 문헌에 대한 검색방법을 일찍이 도입했다. 지적인 검색을 가능케 하는 목록의 첫걸음으로 채택된 것이 기본기입이다. 검색을 하기 위해서는 해당 문헌을 기술한 항목(이것을 기입(entry)이라고 한다) 중에서 검색어로 가장 적절한 것을 표준적으로 결정하는 일, 검색어의 배열순서(보통 알파벳순)를 결정하는 일, 이 두 가지 표준화 작업이 필요하다.

기본기입은 해당 문헌의 제작에 가장 크게 공헌한 항목을 원칙으로 기입하는데, 서양에서는 보통 저자명을 기본기입으로 한다. 그러므로 도서관 목록은 원칙적으로는 저자명 기본기입 아래 개개의 저작, 저작의 다른 판, 각각의 해설서, 번역서 등을 기술하게 된다. 그러나 문헌이 개인 저작이 아니라 공동 저작이라면 기본기입을 무엇으로 할 것인가 하는 판단이 필요해진다.

예를 들면, 19세기 중반 영국 국립박물관 목록규칙에서는 런던의 Royal Society(왕립협회)에서 매년 출판되는 학술 논문집의 배열위치를 정할 때 기본기입을 'London-Royal Society'라고 했다. 영미목록규칙 제2판(AACR 2)에서는 발행자인 'Royal Society (London)'을 기본기입으로 한다. 그런데 당시의 목록규칙에서 도시 명을 앞세워 먼저 접근하게 한 것은 Royal Society의 정식명칭 'Royal Society of London for Improving Natural Knowledge'에서 볼 수 있듯이 왕실이 인가한 런던의 특정 학술단체를 지칭하는 것이며, 당시 유럽의 학술정보 유통이 정치나 산업과 대응하여 발전한 도시가 단위가 되므로 도시 다음에 대학이나 학회를 기술하는 것이 당연하다고 여겼기 때문이다. 이처럼 기본기입에 대한 생각은 지적 생산 및 유통의 본질과 밀접한 관계가 있다.

이후 기본기입에 대한 생각이 변화하기 시작했다. 목록이 저자를 중심으로 문헌을 한 곳으로 집중시키고자 하는 도구에서, 저자 이외에도 서명이나 주제 등 다양한 항목으로 검색을 가능케 하는 도구로 변화했기 때문이다. 일본에서는 카드목록 시대에 기본기입을 유지하면서도 기술(記述) 유닛 방식이라 불리는 검색중심의 발상이 도입되었다.

데이터베이스 기술로 인해 임의의 문자열을 단위로 한 전문(全文) 검색이 가능해지면서 검색중심 방향으로 목록 발전이 추진되었다. 기본기입을 만들기 위해서는 서지학적인 지식을 전제로 문헌의 내용을 깊이 파악해야 하기 때문에 목록작성에는 자료의 내용과 관련되는 전문적인 지식이 요구되었다. 그러나 현재는 이러한 서양적 인문주의가 농후한 기본기입에 대해 비판적인 시각도 있다. 또한 컴퓨터 네트워크에 의한 목록작성 시스템(서지 유틸리티)이 개발됨으로써 하나의 문헌에 대해 한 번 목록을 작성하면 다른 도서관은 그것을 복제해서 쓸 수 있기 때문에 사서직의 전문성에도 변화가 나타났다.

이상과 같이 분류법과 목록법은 도서관에 있어서 지식의 조직 원리이자 문헌정보학의 기반 지식을 형성하고 있다.[4] 문헌정보학의 장은 도서관뿐만이 아니라 도서관제도의 배경에 있는 지식의 생산에서 유통까지를 포함한 전반에 걸친다. 도서관은 그 속에서 문헌의 축적과 조직

---

4 다음을 참조. 根本彰, 『文献世界の構造: 書誌コントロール論序説』, 勁草書房, 1998(네모토 아키라, 『문헌세계의 구조: 서지통정론 서설』, 조재순 옮김, 한국도서관협회, 2002).

화, 제공을 담당하는 공적인 장치로 존재해왔다. 대학, 학회, 출판 및 유통, 매스미디어, 방송, 학교, 비영리단체(NPO), 인터넷도 지식의 매개체이지만, 문헌정보학은 패키지화된 지식의 유통에 관한 부분(이것이 도서관이다)에 착안하여 그 사회적 조직화 방법에 대해 연구개발을 하는 분야이다.

다음은 이러한 방법이 일본에서는 사회적 제도로서 어떻게 구축되어왔는지 서양의 도서관, 특히 독일의 도서관을 비교·참조하면서 고찰해보고자 한다.

2. 서양의 도서관: 독일을 중심으로

도서관은 인간의 표현활동을 고정시킨 자료를 수집, 보관, 제공하는 시설이라고 정의할 수 있다. 인간의 표현활동은 예술, 학술, 발명, 보도, 교육, 오락, 상호교류, 마케팅 등 다양한 측면이 있다. 여기에는 활동 결과가 작품이나 저서, 논문, 특허 등으로 고정되어 남겨진 것과 공연예술과 같은 일회성 표현활동이 기록되어 남겨지는 것이 있다. 표현활동을 기록 또는 고정하는 방법으로 문자에 의한 저술활동, 사진 및 동영상 촬영, 음성 녹음, 영상화(동영상과 음성의 동기화), 그러한 것들을 복합한 편집작업 등이 있다. 활동이 고정된 것이라면 모두 자료라고 부른다.

이 세상에 오로지 하나밖에 존재하지 않는 오리지널 기록물도 적지 않다. 복제기술이 보급되기 이전의 작품은 손으로 직접 쓴 것이 일반적이다. 오랜 역사를 갖는 서양의 대규모 도서관은 통상적으로 인쇄본,

잡지, 신문, 시청각자료 등의 자료 이외에 필사본, 지도, 초기 인쇄본, 도판, 악보 등을 소장하고 있는데, 이러한 것들은 필사든 인쇄든 매우 중요한 표현형식이며 도서관이 복제자료의 종합적인 보존시설이라는 사실을 보여준다.

자료가 개인이나 집 또는 특정 조직에 남겨져 있다고 해서 도서관이라고 하지는 않는다. 도서관의 기원은 자료의 보존과 공개가 어떤 구조로 이루어지는지에 따라 결정된다. 구조가 만들어지려면 행정, 종교, 사회계급상의 권력적인 기반이 필요했다. 그리고 좋든 싫든 학술과 문화에 대한 국가의 관여를 반영해왔다.[5]

독일 국립도서관의 입장에서 구체적으로 살펴보도록 하자. 독일은 일본의 근대화 모델 중의 하나이므로 독일과 비교하여 고찰하는 것도 좋을 것이다.

▌국립도서관

많은 나라의 국립도서관(national library)은 절대왕정 시대의 왕실이나 귀족 소유의 장서가 시민혁명을 거치면서 계몽군주의 뜻에 따라 시민에게 개방됨으로써 성립되었다. 하지만 독일이 다른 나라와 양상을

---

5 서양의 도서관이 어떻게 서양 사회에 뿌리내리고 있는지에 대해 다음의 두 책을 소개한다. マシュー・バトルズ, 『図書館の興亡: 古代アレクサンドリアから現代まで』, 白須英子訳, 草思社, 2004(매튜 배틀스, 『도서관, 그 소란스러운 역사: 지식의 생성과 소멸의 은밀한 기록』, 강미경 옮김, 지식의숲, 2016). アルベルト・マングェル, 『図書館　愛書家の楽園』, 野中邦子訳, 白水社, 2008(알베르토 망겔, 『밤의 도서관: 책과 영혼이 만나는 마법 같은 공간』, 강주헌 옮김, 세종서적, 2019).

달리하고 있는 까닭은 근대사에서 국가 통합이 늦어진 점, 냉전체제에서 두 개의 국가로 분단된 점, 분권적인 체제 속에서 연방정부를 새로 구성해야 했던 점 등으로 인해 국립도서관의 성립 과정이 복잡하기 때문이다.[6]

현대의 국립도서관은 국가가 설립 및 운영을 하고, 그 나라를 대표하는 장서를 소장하고 있는 도서관에 그치는 것이 아닌, 법적인 권한을 갖고 있는 것이 일반적이다. 대표적인 법적 권한으로 법정납본제도(legal deposit)를 들 수 있다. 이것은 출판자에게 출판물의 납본을 법적으로 의무화하는 제도이다. 제2차 세계대전 이전 일본에서는 내무성의 검열 수단으로 실시되었으며, 제2차 세계대전 이후에는 국립국회도서관법 제25조에 따라 "문화재의 축적 및 그 이용에 이바지하기 위해" 실시되고 있다.

독일에는 국립도서관(Nationalbibliothek)이 라이프치히와 프랑크푸르트 두 도시에 있다. 베를린에는 라이프치히에 위치한 국립도서관의 분관으로, 악보와 녹음물 등 음악자료 전문도서관을 표방한 독일 음악아카이브(Deutche Musikarchiv)가 설치되어 있다.[7] 이와는 별도로, 베를린 시내에는 프러시아 문화재단 베를린 국립도서관[8]이 두 군데로 나뉘

---

6 독일의 도서관 역사와 현황에 대해서는 ギーゼラ・フォン・ブッセ外, 『ドイツの図書館: 過去・現在・未来』, 都築正巳 監訳, 日本図書館協会, 2008 참조.

7 독일 음악아카이브는 1970년 설립되어 2010년에는 라이프치히에 위치한 국립도서관으로 통합되었다.

8 국가대표도서관으로서의 국립도서관(national library)과 구별하기 위하여 '베를린 주립도서관'으로 칭하는 것이 바람직하지만, 명칭의 유래를 설명하기 위한 저자의 의도를 반영하여 국립도서관으로 칭했다. _옮긴이

어 있다. 이 도서관들이 왜 국립도서관이라고 불리는지를 생각해보면 매우 흥미롭다.

우선 라이프치히에 위치한 국립도서관은 1912년 서적상 조합이 독일 어권의 출판물을 모두 수집하기 위해서 만든 독일 뷔허라이(Deutches Bücherei)가 기본 모체이다. 라이프치히 국립도서관은 1930년대에 법 정납본제도를 채택하여 독일의 출판문화를 망라적으로 수집하는 역할 을 수행해왔다. 이후 제2차 세계대전 후의 동서 분단으로 인해 라이프 치히 도서관은 동독의 국립도서관이 되었다. 이에 대응하여 서독은 프 랑크푸르트 암 마인에 납본제도를 갖는 독일도서관(Deutsche Biblio- thek)을 설립했다. 이후 1990년에 동서독이 통일되자, 두 도서관도 통 합하여 정관사 Die를 붙인 독일도서관(Die Deutsche Bibliothek)으로 개 칭했다. 이어서 2006년에는 '독일 국립도서관에 관한 법률' 개정에 의 해 독일 국립도서관(Deutsche Nationalbibliothek)으로 개칭하여 오늘에 이르고 있다.

한편, 프로이센 왕국의 수도였던 베를린에는 왕실도서관을 계승한 국립도서관이 제2차 세계대전 이후 동독의 국립도서관(Deutsche Staats- bibliothek)이 되었다. 1978년 서베를린에 설립된 국립도서관(Staats- bibliothek)은 연방정부와 주정부의 공동출자로 성립된 프로이센 문화 재단(Stiftung Preussischer Kulturbesitz)이 운영하는 것이었다. 두 도서관 은 동서독 통일 후인 1992년 베를린 국립도서관(Staatsbibliothek zu Berlin)으로 프로이센 문화재단의 운영하에 새롭게 출발했다.

이와 같은 움직임에는 근대 독일의 정치와 문화, 학술 등 복잡한 역 사적 관계가 반영되어 있다. 먼저 중세 신성로마제국 이래 영방국가 (Territorialstaat)가 분립하여 국민국가로의 통일이 지연된 적이 있다.

파리와 런던처럼 국가의 중심이 없고, 복수의 대규모 영방, 즉 주의 중심지에 국립도서관이 만들어진다. 또 영국이나 프랑스처럼 절대왕정 시대 왕실 및 귀족의 도서관과 장서가 시민혁명에 의해 국립도서관으로 전환하여 시민의 것이 되는 단선적인 역사를 갖고 있지 않다. 프로이센 왕립도서관은 서서히 개방되어 프로이센 국립도서관이 되었고, 동시에 서적상 조합에 의한 독일 뷔허라이와 같은 자발적인 움직임이 국가를 움직여 국립도서관이 생긴 것이다. 그러나 냉전기에는 둘 다 동독에 편입되었기 때문에 서독은 이에 대응하여 프랑크푸르트와 서베를린에 새로운 도서관을 만든다. 또 동서독 통일 후에는 라이프치히와 프랑크푸르트가 통합되어 연방정부 소속 국립도서관(Nationalbibliothek)이 되고, 베를린의 두 도서관은 문화재단이 운영하는 도서관(Staats-bibliothek)이 된다. 두 도서관의 명칭은 모두 국립도서관이라고 번역하는 것이 일반적이지만, 비교해보면 하나는 근대화 이후의 문화정책에 바탕을 두는 도서관이라는 점, 다른 하나는 중세 이래 영방의 왕실문화에 바탕을 두는 복수의 대규모 도서관이 동서 냉전기를 거치면서 재편성되어 현재의 도서관이 되었다는 점이 다르다는 것을 알 수 있다.

독일 국립도서관의 법정납본 대상자료는 다음과 같다.

- 독일 국내에서 간행된 모든 출판물
- 독일어로 저술된 외국 출판물
- 독일어 출판물에서 다른 나라 언어로 번역된 외국 출판물
- 독일에 대해 저술된 모든 언어로 된 출판물('게르마니카'라고 함)
- 1933~1945년 독일어권에서 외국으로 이주한 사람의 인쇄물

이 납본대상을 보는 것만으로도 납본제도가 문화, 곧 정치적인 성격을 강하게 띠고 있다는 사실을 알 수 있다. 출판이라는 방법으로 표출된 독일인의 지적 생산물을 모두 망라함으로써 독일문화 혹은 독일정신의 거점으로 삼는다는 것이다. 나치 시대에 외국으로 망명한 지식인의 지적 소산을 수집하는 것에도 학술과 문화의 해외유출에 대한 면밀한 조사를 통해 독일문화의 재구축을 꾀하려는 의도가 담겨 있다.

여기서 출판물이라는 것은 인쇄에 의한 출판뿐만 아니라 복제기술에 의해 지적·문화적인 콘텐츠를 복제하여 유통시킨 것을 말한다. 독일 음악아카이브는 악보나 음악서뿐만 아니라 레코드나 CD 등을 제작판매하는 회사에서 납본을 받고 있다. 또 출판물은 '실물'뿐만 아니라 디지털 네트워크 기술에 의해 유통되는 것도 포함한다. 독일의 법률에서는 대학 및 도서관에서 만든 학술자료와 출판물의 디지털 컬렉션도 납본 대상이 된다.

독일에서는 역사적으로 국가뿐만 아니라 주, 도시 및 대학에 지적 활동을 보증하기 위한 학술도서관을 설치해왔다. 독일의 도서관은 인쇄술 발명 이후의 출판산업에 따라 발전해왔기 때문에 일본의 도서관이 메이지 시대 이후 계몽주의적인 교육문화정책에 의해 만들어진 것에 비하면 상당히 많은 장서의 축적과 시설 규모를 갖추고 있다. 현재 이러한 것들을 기반으로 근대 독일어 자료를 망라하는 장서 네트워크 구축 계획인 '독일간행물 컬렉션 프로그램(Arbeitsgemeinschaft Sammlung Deutscher Drucke)'이 진행 중이다. 수집 자료의 분담범위는 다음과 같다.

● 바이에른 주립도서관(뮌헨): 필사본과 15, 16세기에 출판된 자료

- 아우구스트 대공 도서관(볼펜뷔텔): 17세기에 출판된 자료
- 니더작센 주립도서관 겸 괴팅겐대학 도서관: 18세기에 출판된 자료
- 프랑크푸르트 시립도서관 겸 대학도서관: 1801~1890년에 출판된 자료
- 베를린 국립도서관: 1870~1912년에 출판된 자료
- 독일 국립도서관: 1913년 이후의 자료

위 도서관들은 설립 경위나 장서구축 발전에 있어서 각 시대에 가장 강력한 국가장서를 구축했다. 처음에는 폴크스바겐 재단의 지원을 받았고, 이후 연방정부와 주정부의 지원을 받아 더욱 망라적으로 수집하고 있다.

▌ 대학도서관

독일의 학술체제 속에서 도서관의 위상을 알아보기 위해 니더작센 주립도서관 겸 괴팅겐대학 도서관(이하 괴팅겐대학 도서관이라 한다)을 살펴보기로 하자.[9] 〈표 1-1〉은 괴팅겐대학 도서관과 도쿄대학 도서관을 비교한 것이다. 공식 통계상의 장서는 인쇄자료를 중심으로 자세히 구분되어 있다. 그 대상은 대학의 전 연구 분야가 망라되어 있다.

도서관은 18세 이상 누구나 이용할 수 있으며, 대학 관계자 이외의 이용자는 5유로를 내고 등록해야 한다. 매년 갱신해야 하지만 갱신료는 무료이다. 등록을 하면 대부분의 자료를 대출할 수 있다. 중앙관 이

---

9 괴팅겐대학 도서관의 홈페이지에서 입수.

<표 1-1> 괴팅겐대학과 도쿄대학 도서관 비교

구분	괴팅겐대학	도쿄대학
대학도서관 시스템	6	3
시스템 등록 장서 수	414만 권	245만 권
부국도서관·실	-	52
합계	-	870만 권
지도류	31만 점	-
구입 잡지	14,000종	13,800종
구독 전자저널	23,000종	7,458종
디지털자료	25,000점	8,510점
필사본	13,300점	-
인큐나브라(Inqunabra, 초기 인쇄본)	3,100점	-
개인문고(컬렉션)	375	84
마이크로형태자료	150만 점	-
연간 자료비	20억 엔 (1유로=136엔으로 환산)	18억 엔
연간 관외대출 수	107만 점	48만 점
직원 수	210명(풀타임 환산)	193명+비상근 150명
시스템 외의 도서관·실	18부국 62개 도서관·실	-

외에 분관으로 화학, 물리학, 삼림학, 의학, 경제학·사회과학 등 5개 분야의 도서관이 있으며, 하나의 공통 등록증으로 이용할 수 있다.

　도서관 직원은 정규직이 210명이며, 이 중 대학의 문헌정보학 교육을 통해 디플로마 자격을 취득한 상급직 이상의 전문직원이 100명 정도 있다. 도서관장 노버트 롯소(Norbert Lossau) 박사는 영국 옥스퍼드대학과 독일 빌레펠트(Bielefeld)대학에서 디지털 도서관 개발과 도서관경영을 담당하고, 2006년 관장에 취임한 도서관 전문가이다.[10]

　독일 대학도서관의 특징은 전문직원 중 주제전문가를 배치하는 점이다. 이는 도서관학 교육 이외에 전문 연구를 해온 사람이 주제를 담당하여 자료수집과 보존, 목록작성, 서지작성, 참고서비스 등 전문적인 서비스를 제공하기 위한 것이다. 괴팅겐대학 도서관에서는 23명의 주제전문가가 73개의 주제 분야를 나누어 담당하고 있다. 전문가에게는 개별적인 방이 주어지며, 그중 16명은 박사학위를 갖고 있다. 대학의 학문 범위에 대응하여 장서를 구축하고 다양한 전문가를 배치한 점이 중요하다.

대학도서관에 있어 장서의 집중성과 분산성의 관계는 매우 중요한 문제이다. 비교 대상인 도쿄대학이 채택하고 있는 분산적인 도서관 배치는 원래 독일의 대학을 모델로 한 것이었다. 독일의 현황을 살펴보면, 괴팅겐대학의 경우 4개의 분관 이외에도 부국 및 연구실의 장서가 있다. 괴팅겐대학 종합목록(Göttinger Universtätkatalog)에 가입한 부국은 18개이며, 총 62개의 도서관 및 도서실로 나뉘어 있다.[11] 이 도서관 및 도서실은 각 부국이 관리하는 분산적인 체제하에 있으므로 종합목록에서는 자료가 소장되어 있다는 것을 알 정도로만 연계되어 있고 대학도서관 시스템에 통합되어 있지는 않다. 부국 도서관을 시스템에 통합한 도쿄대학과는 다르다.

이러한 분산적인 도서관 관리체제는 독일 대학의 역사적인 형성과

---

10 롯소는 현재 괴팅겐대학 부총장(디지털 전환 및 인프라 부문)이자 이사회 임원으로 재직 중이다. 현재 디지털 도서관 전문가인 울프램 호스트만(Wolfram Horstmann) 박사가 롯소의 뒤를 이어 2014년부터 관장 직을 수행하고 있다. _옮긴이

11 http://www.sub.uni-goettingen.de/ 참조.

정과 밀접한 관계가 있으며, 그동안 비효율적이라는 비판을 받아왔다. 그래서 1970년대 독일학술진흥재단(Deutsche Forschungsgemeinschaft, DFG)이 조정 및 감축 조치를 실시하고 학내 자료를 가능한 한 공개하라는 제언을 했으며, 1990년대 이후의 재정난 등으로 인해 변화가 진행되고 있다. 예를 들면, 베를린자유대학은 1948년에 발족한 비교적 신생 대학인데 한때 100개 이상의 도서관 및 도서실이 존재한 적도 있다.[12] 이것을 10~12개의 분야별 도서관으로 정리하는 방향으로 계획이 추진된 것이다. 다양한 논의를 통해 현재는 총 장서 800만 권 중 25%를 중앙도서관에서 집중적으로 관리하고, 나머지는 15개의 부국 도서관 및 도서실에 분산되어 있다. 그중 문헌학 도서관은 문학 및 철학 관계 연구실 14곳의 장서를 모아 2005년에 개관했는데, 노먼 포스터가 설계한 인간의 두뇌 모양을 본뜬 '베를린의 뇌'라고 불리는 건물은 커다란 화제가 되었다.

▌공공도서관

독일어 자료의 국가장서 구축 계획에 참여하고 있는 도서관 중 괴팅겐과 프랑크푸르트의 도서관은 대학도서관과 공공도서관을 겸한 것이다. 주 정부가 대학을 운영하며 대학의 부속도서관은 일반에 널리 공개된다. 하지만 공공도서관 역할을 겸한다는 것은 세계적으로도 매우 드문 사례이다. 대학도서관이 공공도서관을 겸하는 사례는 이 밖에도 쾰른(Köln), 본(Bonn), 다름슈타트(Darmstadt), 예나(Jena), 할레(Halle) 등

---

12 ブッセ 외, 앞의 책, p.174.

의 도시에도 있다. 독일의 도서관정책이 대학도서관과 공공도서관을 구별하지 않고 학술활동을 공공적으로 뒷받침하거나 공공에 개방된 체제를 유지해왔음을 알 수 있다.

통계에 의하면 독일의 공공도서관은 약 1만 곳이라고 한다. 도서관은 매우 많지만 그중 40%는 기독교 계통의 교회가 설치한 소규모 도서관이며, 나머지 60%도 평균 장서 1만 5,000권 정도의 작은 도서관이다. 공립도서관이 약 3,000곳이며 평균 장서 수가 10만 권 이상인 일본과는 매우 다르다. 독일어로 도서관을 의미하는 용어는 비블리오테크(Bibliothek)와 뷔허라이(Bücherei)가 있다. 비블리오테크는 학술계의 대규모 도서관을 의미하고, 뷔허라이는 일반인 대상의 읽을거리를 제공하는 도서관을 의미한다. 따라서 독일의 공공도서관은 주와 도시를 대표하는 소수의 비블리오테크와 대다수의 소규모 뷔허라이 두 종류로 구성되어 있다고 할 수 있다.

정부예산 운영 및 무료 공개를 채택한 공공도서관은 19세기 중엽 영미에서 탄생했다. 도서관의 무료 이용이 중요한 사항이었으나 1980년대 이후 신자유주의 경제정책의 여파로 인해 전 세계적으로 도서관 서비스에 대한 이용요금 도입이 검토되었다. 영미권에서는 서비스의 기본인 열람, 자료 대출, 참고서비스 등은 원칙상 무료로 하고, 그 밖의 자료예약, 비디오 및 CD 대출, DB 이용, 고도의 조사 등 부가가치적인 서비스에는 요금제를 도입하는 움직임이 나타났다.

유럽대륙의 몇몇 국가에서는 서비스의 유료제가 도입되었다. 독일은 1980년대 말 유료제를 검토하기 시작하여 1990년대에 도입이 추진되었다. 현재는 공립도서관 중 약 50%가 이용등록 요금제를 부과하고 있다.

괴팅겐대학 도서관과 같은 학술도서관은 처음에 5유로를 지불하면 그다음은 무료이다. 유료제를 도입한 대출 중심의 뷔허라이 대부분은 연간 20~40유로 정도의 요금을 부과하는 곳이 많다. 그러나 중학생 이하 어린이의 이용은 무료이다. 경제학적인 사고방식으로 생각하면 도서관을 통한 자료이용이 학술이나 교육 등 공공 목적을 위한 경우에는 정부예산을 사용하기 쉽지만, 오락이나 사적인 이익을 위한 이용일 경우에는 요금제를 도입하기 쉽다. 요금도 지자체의 재정상황과 함께 도서관의 기능과 설치목적에 따라 달라진다고 할 수 있다.

이상에서 살펴본 독일 도서관의 특징을 정리해보면 국가, 주, 도시, 대학이 도서관을 설치하고 있으며 법적인 종적 관계가 아니라 학술과 교육문화를 뒷받침한다는 점에서 하나의 시스템을 형성한다는 것, 학술도서관은 근대의 다양한 자료(도서, 잡지, 고전적, 필사본, 지도, 음악자료)로 이루어진 장서를 구축하여 공개한다는 것, 많은 소규모 공공도서관이 읽을거리나 일상적인 자료를 제공하고 있다는 것 등을 들 수 있다.

3. 일본의 도서관 현황

일본의 도서관은 기관의 부속시설에 불과한 것이 많고, 도서관의 자립성이 충분하지 않다. 서장에서는 법과 행정의 종적 구분에 의한 '관종'이라는 개념으로 얽혀 있는 사실을 지적했다. 현재의 도서관제도는 제2차 세계대전 이후의 점령기에 뼈대가 만들어졌다. 당시 국립국회도서관법, 도서관법, 학교도서관법 등 3개의 법률이 성립되었다. 도서관법에서 말하는 도서관에는 국립국회도서관, 학교도서관, 대학도서관이 포함되어 있지 않다.

대학도서관이 규정되어 있는 법률은 아예 존재하지 않으며, 대학설
치기준에 규정되어 있는 정도이다.

▍ 국립국회도서관

국립국회도서관은 단독법으로 규정된 유일한 국립도서관으로서 위
상이 다른 존재이다. 국립국회도서관의 역사적인 성격과 최근 동향에
대해서는 졸저를 참조하기 바란다.[13] 도쿄 나가타초(永田町)의 본관과
간사이관 그리고 도쿄 우에노(上野)의 국제어린이도서관 등 세 곳을 거
점으로 하여 국회에 대한 서비스, 행정부처에 대한 서비스, 국민에 대
한 서비스를 중심으로 도서관계 지원, 학술적인 정보제공, 디지털 콘텐
츠 제공 등 광범위한 업무를 수행하고 있다.

행정 개혁으로 인해 행정부의 현업부문은 대부분 법인이 되었다. 국
립대학, 국립연구소, 국립박물관, 국립미술관 등 국가의 고등교육, 연
구, 문화기관이 모두 독립법인이 되면서 국립국회도서관도 법인화를
검토한 적이 있다. 입법부에 속해 있어 법인화되지는 않았지만, 중의원
과 참의원의 사무국장이 퇴임 후 도서관장을 교대로 맡아오던 관습이
있었다. 그러나 2007년 민간 출신으로 전 교토대학 총장 나가오 마코
토(長尾真) 관장의 취임을 시작으로 한 변화는 눈여겨볼 만하다.[14]

---

13 根本彰, 「二一世紀の国立国会図書館: 二つの機能を評価する」, 『情報の科学
と技術』 vol. 57, no. 11, 2007, pp. 512~518.

14 이후 2012년에 국립국회도서관(NDL) 부관장 출신의 대학교수 오타키 노리
타다(大滝則忠), 2016년 대학도서관장 및 총장 출신의 하뉴 사와코(羽入佐

독일 국립도서관과 비교했을 때의 특징은 입법부 소속인 까닭에 국립국회도서관의 가장 전문적인 서비스로 국회의원을 대상으로 한 조사 및 입법고사국 서비스가 실시되는 것이다. 일본의 국립국회도서관은 미국의회도서관(Library of Congress)을 모델로 설립되었기 때문이다. 같은 이유로 행정부처의 도서관이 지부도서관이라는 특수한 위상을 갖고 있다. 이러한 부분을 제외하면 독일 국립도서관과 거의 같은 기능을 수행하는 국립도서관이라 할 수 있다. 장서 규모는 2019년도 기준 약 4,500만 책(점)으로 1945년 이후에 발행된 일본 출판물에 대해 법정납본제가 적용된다. 납본대상 자료는 인쇄물 중심이지만 음악자료도 포함된다. 하지만 독일처럼 국내 배포업자에게 국외에서 출판 유통되는 자료까지 납본을 요구하지는 않는다.

국립국회도서관의 동향 중 주목할 만한 것은 2002년부터 추진하기 시작한 '근대 디지털 라이브러리'의 구축이다. 이것은 국립국회도서관에 소장된 메이지 시대 이후의 출판물 중 저작권 문제가 해결된 것부터 디지털화하여 인터넷을 통해 공개하는 것이다. 2011년 1월 기준 17만 점의 도서를 스캔한 디지털화 자료가 공개되었다.[15] 국립국회도서관은 납본제도에 의해 출판물의 수집 권한을 가지고 있으며, 동시에 국가서지 작성과 보존을 통해 널리 알릴 의무가 부여되어 있다. 근대 디지털

和子), 2020년 NDL 부관장 출신의 대학교수 요시나가 모토노부(吉永元信) 등 도서관 전문가 관장의 취임으로 이어졌다. _옮긴이

15 2016년 6월 이후 '국립국회도서관 디지털 컬렉션(http://dl.ndl.go.jp/)'에 통합하여 서비스를 제공하고 있으며, 2021년 현재 350만 점 이상의 자료를 공개하고 있다. _옮긴이

라이브러리 또는 디지털 컬렉션은 이러한 권한과 의무를 갖는 디지털 도서관 서비스의 전형적인 모델이다.

그러나 디지털 라이브러리를 구현하기 위해서는 저작권 처리가 필요하다. 도서관에서의 자료열람과 복사는 저작권 제한으로 서비스 제공이 가능하지만, 디지털 콘텐츠를 인터넷으로 제공하려면 저작권자의 허락을 받거나 저작자 사후 50년이 지나 권리가 끝난 것인지 확인할 필요가 있다. 그래서 보통 저작권이 없는 것을 디지털화하게 되는데 문제는 저작권자 확인을 할 수 없는 고아출판물이다. 고아출판물을 이용하기 위해서는 관보 공고를 통해 일정 기간 이상 저작권자가 나타나지 않으면 문화청 장관의 재량으로 저작권 이용을 가능케 하는 방법을 채택했다. 2010년에는 국립국회도서관의 보존을 위해 저작물 복제가 가능하도록 저작권법을 개정했다. 2009년 추경예산으로 124억 엔(약 1,200억 원)을 확보한 덕택에 이 프로젝트는 메이지 및 다이쇼 시대의 출판물부터 쇼와 시대 제2차 세계대전 이후의 출판물까지 디지털화를 추진할 수 있게 되었다.[16]

이 프로젝트는 미국의 인터넷 검색서비스 기업인 구글이 전 세계 출판사 및 학술도서관과 연계하여 인터넷에서 출판물 콘텐츠를 판매하는 사업(구글 북스) 추진에 대응한 국가 정책으로서의 성격을 띤다. 왜냐하면 미국 이외의 다른 나라들은 글로벌 기업의 판매 네트워크에 종속되는 데 대한 '문화 국가주의' 또는 '문화 지역주의'적인 위기감으로 인해 자국의 콘텐츠 유출을 저지하고 각국 및 지역에서 독자적인 콘텐츠 아

---

16 이 프로젝트의 시대적 범위는 메이지 시대가 시작된 1868년부터 1945년 이후를 포함한다. _옮긴이

카이브를 구축하기 위한 문화전략을 검토하고 있었기 때문이다. 그러나 국립도서관이 정부예산을 확대하여 대량의 디지털화를 추진하게 되면 국내의 전자책 출판사와 관련기업을 위협하게 될지도 모른다. 국립국회도서관은 그동안 일본의 출판문화를 지원하는 중요한 역할을 해왔다. 하지만 앞으로 디지털 정보환경에서는 글로벌과 내셔널, 민과 관의 새로운 관계를 설정해야 할 것이다.

마지막으로 국립국회도서관 직원의 배치 현황을 살펴보자. 국립국회도서관에는 인사원의 국가공무원 채용시험에 준하여 1종, 2종, 3종의 채용시험이 있으며, 특히 1종과 2종은 학술적인 주제영역의 채용시험을 치르게 되어 있다. 그 이유는 국립국회도서관에는 일반적인 도서관업무 이외에 국회의원(중의원 및 참의원)에 대한 서비스를 제공하기 위해 주제별 조사실 및 주제별 장서를 갖추고, 학술 및 개별 주제와 관련된 심층적인 조사연구 지원 서비스를 제공하고 있기 때문이다. 일본의 대학도서관이나 공공도서관의 직원 현황에 비하면 비교적 좋은 조건이라 할 수 있다.

▋ 대학도서관

일본에서 학술도서관이라는 개념이 좀처럼 정착되지 못했던 이유는 법적 규정이 약해서 대학도서관은 대학의 부속시설에 불과하다고 여기고, 또 교수회 자치가 중시되어 대학교수가 도서관을 관리, 운영해온 데서 연유한다. 교수회의 특권이 강화된 나머지 도서관은 연구자와 학생의 이용, 연구성과의 사회 환원을 통해서만 사회와의 연결고리를 가질 수 있었다. 독일의 대학도서관이 대학 부속시설로서만이 아닌 학술기관으로서 독자성을 갖추고 있는 데 비해 일본의 대학도서관은 독자적인 예산권이 없고 교수가 운영책임자로서 관장을 겸직하는 경우가 일반적이기 때문에 독자적으로 경영하기가 어렵다.

그 이유는 무엇인지, 또 지금의 대학도서관이 학술자료를 제공하는 도서관이라고 할 수 있는지에 대해 생각해보자. 독일의 괴팅겐대학 도서관과 비교해보면 차이는 명확하다. 괴팅겐대학 도서관은 도서관 전문가가 관장으로 임명되어 있고 다수의 주제전문가가 배치되어 있다. 서양의 주요 학술도서관에 주제전문가가 배치된 것은 연구자의 학술연구 수행에 주제별 전문 훈련을 받은 사서의 공헌을 인정받고 있기 때문이다. 이에 비해 일본은 주제전문가가 배치된 대학도서관을 좀처럼 찾기 어렵다.[17] 이것은 일본에 있어 학문의 본령과 관련된 문제이다.

도서관 자료는 연구자에게 두 가지 방법으로 사용된다. 하나는 선행연구 확인이나 연구동향 확인 등 연구현황의 정보원으로 사용하는 방법이다. 학술서적이나 학술잡지는 최신 연구정보를 제공해주기 때문에 최첨단 연구를 지향하는 연구자는 항상 참조할 필요가 있다. 또 하나는 자료 그 자체를 연구 소재로 하는 연구이다. 자료에 기술 또는 묘사된 것이 인간의 감정이나 사상, 행동의 표현이라고 보고 이를 연구대상으로 하는 인문사회과학 연구 분야가 여기에 해당한다. 주제전문가의 임무로서 특히 중요한 것은 후자의 연구자료 수집이다.

---

17 일본의 예를 들면, 가나자와(金沢)공업대학의 주제전문사서를 들 수 있다. 이공계 대학이라는 점, 교수가 겸직한다는 점, 교육지원의 일환으로 도서관에 주제전문가를 배치했다는 점에서 서양 대학도서관의 주제전문제도와는 많이 다르다. 新坂恭士, 「金沢工業大学ライブラリーセンター(KIT-LC)における学習支援」, 『東海地区大学図書館協議会誌』通號 49, 2004.

인문사회과학 분야에서 1차 자료를 이용한 연구 수행을 위해서는 각 주제의 심층적 전문성에 바탕을 둔 자료가 필요하다. 또 외국어 자료, 고전적, 사본, 필사본, 공문서 등의 자료가 필요하다. 이러한 자료들이 도서관에 갖춰져 있는 것이 연구 수행의 조건이며 그 자료에 관한 전문가를 두어야 하는 것이다. 괴팅겐대학 도서관의 주제전문가들을 보면 다양한 학술주제의 전문가뿐 아니라 동양, 인도, 동아시아의 언어 전문가, 유럽의 언어권별 전문가, 초기 간본 전문가 등이 배치되어 있다. 즉, 대학도서관은 연구영역의 동향을 앞서 파악하여 장서를 구축하고 있다.

이에 비해 일본의 대학에서는 그러한 자료의 수집이 연구자 본인 또는 연구실이 해야 할 일로 간주되어 왔다. 아마도 일본의 많은 학술연구 분야가 수입 학문에서 비롯되어 일본에서는 독창적인 연구를 하지 않아도 되거나 최신 연구현황을 좇기만 해도 되기 때문에 연구자 개인 또는 연구실과 같이 좁은 범위에 자료를 두기만 해도 됐기 때문일 것이다. 또, 학술성과와 학술연구가 광범위한 공공 기반에 바탕을 두고 이루어져야 한다는 개념이 널리 인식되지 않은 것도 원인 중의 하나일 것이다.

그럼에도 제2차 세계대전 이전 제국대학에는 '사서관'이라는 명칭으로 연구자를 지향하는 사서직 배치제도가 있었다. 대부분 문과 계통의 대학을 졸업한 젊은 연구자가 배치되었는데 이는 독일 대학의 주제전문가를 모방한 것이었다. 그러나 한 대학에 많아야 몇 명 배치되었을 뿐 주제전문제도가 정착되었다고 하기는 어려웠고, 심지어 제2차 세계대전 후에는 폐지되었다. 이 사서관 제도는 1970년대 초 국립대학도서관협의회에서 다시 논의되었으나 끝내 시행되지는 못했다.

구체적인 예로 도쿄대학 부속도서관을 살펴보자. 앞에서 예시한 〈표 1-1〉에서 볼 수 있듯이 장서 수, 직원 수, 자료비 측면에서 보면 괴팅겐대학 도서관과 비교해도 손색이 없을 정도로 일본 최대 규모의 대학도서관이라고 할 수 있다. 하지만 관동대지진으로 소실된 뒤 미국의 록펠러재단 등 국제적인 지원으로 재탄생한 종합도서관조차 장서 120만 권, 정규직원 40명의 규모에 불과하며, 교내에서는 현재 '학습도서관'이라고 부른다. 연구 도서관으로서의 위상이 없는 것이다.

이를 설명하기에 앞서 괴팅겐대학 도서관이나 베를린자유대학과의 차이를 보면 일본과 독일 모두 분산적인 관리체제인 것은 공통점인데 독일에는 대규모 중앙도서관이 없다는 특징이 있다. 도쿄대학 전체의 총 장서는 많지만 장서는 30개의 부와 국, 52개의 도서관 및 도서실로 분산·배치되어 있다. 서양에서는 규모가 큰 종합대학의 경우 적어도 인문 계통의 연구 장서는 소수의 도서관에 수백만 권 수준의 장서를 집중 구축하는데 이와는 매우 다른 양상을 보인다. 도쿄대학의 전신은 메이지 시대 초기 에도막부의 학문소와 메이지 정부가 설립한 전문학교이며, 각각 학부와 연구소 같은 부국을 형성한 까닭에 강한 독자성을 갖는다. 지금의 종합도서관에 해당하는 도쿄대학도서관은 그와는 별도로 설립되었으나 종합도서관에 자원을 집중시키지 않고 각 학부에 설치된 학문영역의 자료는 각 부국에서 설치한 도서관이나 도서실에서 수집하고 있다.

역사적으로 볼 때, 서양의 대학은 지식 네트워크의 거점으로서 대학 캠퍼스의 중심에 대학도서관을 만들었다. 하지만 도쿄대학은 학술적인 지식세계와 유기적으로 연결된 장을 스스로 구축한 것이 아니라, 먼저 외국 선진국들의 학문이 있고 그 학문을 각 부국에 도입하면서 연구교육을 했기 때문에 지극히 종적인 조직이 생겼던 것이다. 도서관에 소장된 자료도 통합적으로 운영되어야 했으나 각 부국의 사정이 우선시되었다. 예를 들면, 문학부는 교육연구의 최소 단위인 연구실이 곧 자료 관리의 단위이므로, 지금도 각 연구실에 자료가 배치되어 있고 관리는 조교가 담당한다. 법학부는 도서자료를 중시하여 훌륭한 법학부도서관을 만들었으나, 지금도 도서관이 아닌 '연구실 도서관'이라고 부르며 법대 학생을 포함한 외부 이용자들은 이용에 불편한 폐가제로 접근해야 한다. 참고로 교과서와 육법을 기초로 실정법에 대한 법학 교육을 받고 있는 법대생은 법학부도서관에서 연구자료를 이용하기보다는 종합도서관에서 공부하는 것이 일반적인 도서관 이용 스타일이다.

물론, 농학부, 의학부, 경제학부와 같이 부국에 하나의 도서관을 설치하고 외부 이용자에게 적극 개방하는 곳도 있다. 하지만 괴팅겐대학도서관처럼 현재의 신축 도서관에 많은 도서자료가 집중되어 있고, 동시에 니더작센 주립도서관의 기능을 겸비하여 외부 이용자에게 개방하는 것과는 크게 다르다고 할 수 있다.

또한, 현재 도서관 서비스의 대부분은 학문 내용은 직접 다루지 않는 선에서 이루어지고 있다. 도서관 직원은 교양시험과 문헌정보학 전문시험 및 면접을 거쳐 임용되므로 어느 정도 전문직제도는 확립되어 있다고 할 수 있다. 그러나 일부 부국에서 조교에게 도서관을 담당시키는 예를 제외하면 주제전문제도는 확립되어 있지 않기 때문에 학문내용에 깊숙이 관여한 자료선정, 참고서비스, 주제서지 작성과 같은 일은 도서관 직원이 할 일이라고 여겨지고 있지 않다. 또 직원은 3년 정도의 순환보직으로 인사 이동하게 되어 있으므로 더더욱 주제전문제도를 실현하기 어려운 상황에 놓여 있다.

이것은 도쿄대학 부속도서관 장서의 특성과 밀접한 관계가 있다. 사서가 명확한 자료수집 방침에 의거하여 본인의 주제전문적인 지식을 활용한 장서를 구축하는 것이 괴팅겐대학이라면, 도쿄대학의 경우는 교수가 자기 연구비의 일부를 자료구입비로 지출하고 직접 자료를 선정함으로써 구성된 것이 현재의 장서라고 할 수 있다. 교수가 연구의 필요성에 따라 자료를 구입하는 것은 당연하지만 통일된 방침에 따라 선정하는 것은 아니므로 편향된 장서를 구축할 가능성이 높다. 도쿄대학의 자료비가 상당히 큰 금액이라 해도 도서관 직원에게 부여된 자료구입 권한은 크지 않기 때문에 종합도서관의 학습용 자료나 일부 부국의 체계적인 장서 구축을 제외하면 대부분 교수가 필요에 따라 구입한 자료를 모아놓은 것이다.

주제전문제도를 실시하지 않는 대부분의 도서관에서 직원의 일은 자료의 발주, 정리, 대출 등 도서관 관리시스템 운영을 통한 자료 관리, 전자저널이나 데이터베이스의 계약 및 관리, 자료와 정보이용에 관한 상담 및 조언과 같은 것이다. 또한 각종 학술 데이터베이스의 검색을 지원하고, 도서관의 독자적인 데이터베이스와 패스파인더를 개발하여 이용자에게 제공하며, 정보검색도구를 잘 사용하기 위한 정보활용교육 등을 제공한다.

국립대학은 정규직원을 신규 채용할 때 지역별로 채용시험을 치른다. 정규직 전임 사서를 채용했던 대학도서관에서는 현재 비상근, 촉탁, 파견 직원이 업무를 수행하는 사례가 증가하고 있다. 또 대출대나 자료정리와 같은 업무를 외부 전문업체에 위탁하는 사례도 많다. 도쿄대학도 정규 직원이 약 200명인데, 비상근 직원은 150명이나 된다. 그나마 직원을 고용할 때 국립대학은 법인화 이전부터 인사원 채용시험에 문헌정보학 시험이 들어있었고 이것이 승계되었기 때문에 일반 직원과는 다른 별도의 채용조건이 있어서 조건은 아직 나쁘지 않다고 할 수 있다. 사립 대학도서관은 주제전문사서를 두고 있는 일부 의과대학이나 예술대학을 제외하면 대부분 도서관 직원을 신규로 채용하지 않고, 서비스 부문의 일반직을 배치하고 있다. 도서관에 따라서는 외부업체에 의한 서비스를 도입하고 있으며 민간업체에 전면 위탁하고 있는 사례도 있다.

▌공공도서관

일본의 공공도서관은 일본 최대 규모인 오사카부립 중앙도서관과 도쿄도립 중앙도서관조차 장서 수는 160~170만 권에 불과하다. 일본에서는 독일과 같은 대규모 공공 학술도서관을 볼 수 없다고 해도 과언이 아니다. 근대 도서관제도 도입의 역사가 아직 100년에 불과하고, 장서도 기본적으로는 일본어 자료를 중심으로 구성되어 있기 때문이다. 최근 다국어 자료의 수집에 관심을 갖고 외국어 자료에 눈을 돌리고 있기는 하지만 축적된 장서는 빈약한 편이다.

또한 1970년대 이후 기초지자체(시정촌)가 주민의 생활편의를 위한 공공시설로 도서관을 많이 설립했다. 50여 년이 지난 현재 도서관 수는 3배로 증가했다. 당시의 방침은 '대출 서비스를 중심으로, 어린이 서비스를 내실화하면서, 지자체 전역에 골고루 닿는 서비스 포인트'를 만드는 것이었다.[18] 이러한 방침에 따라 공공도서관의 대중화와 양적

---

18 日本図書館協会編, 『市民の図書館』, 日本図書館協会, 1970.

확대가 추진되었으나 학술과의 관계는 상대적으로 저하되었다. 즉, 일상생활에 필요한 일반서 제공 활동이 중심이 되면서 학술서와 연구자료는 뒤로 밀려나게 되었다. 1990년 이후 경제 불황과 지자체의 재정축소, 행정 개혁의 움직임에 따라 자료구입 예산이 감소하는 등 서비스전반의 대중화는 한층 강화되었다.

1970년대부터 1980년대까지는 도서관이 설립될 때 사서 채용이 추진되었으나 그 후 사립 대학도서관처럼 임시직원 도입과 업무 위탁이추진되고, 2003년 법 개정에 따라 사회교육시설에 지정관리자제도를적용할 수 있게 되자 도서관을 지정관리회사가 운영하는 사례가 조금씩 증가하고 있는 상황이다.

공립도서관이 이용자를 위한 자료제공기관이라는 생각에 바탕을 둔운영은 베스트셀러의 복본 제공에 대한 작가 및 출판사의 비판, 서점과비디오 대여점 등과의 경쟁관계에 대한 지적으로 인해 수정될 조짐을보이고 있다. 새로운 움직임으로는 공립도서관을 지역의 정보 거점으로 하여 학교, 관공서, 비즈니스 기관 등 타깃이 명확한 자료 및 정보의제공, 법률 정보나 의료건강 정보, 비즈니스 정보 등 기존에는 그다지적극적이지 않았던 종류의 자료정보 제공, 인터넷을 사용한 지역정보알림 서비스 등이 있다.[19] 시민이 일상적으로 이용하는 도서관('시장바구니를 들고 도서관으로')으로 변화하고자 했던 도서관이 1970년대 이후조용한 열람실 이미지에서 안방에서도 이용할 수 있는 편리한 정보센터로 변모하려 하고 있다.

---

19 これからの図書館の在り方検討協力者会議, 『これからの図書館像: 地域を支える情報拠点をめざして』, 文部科学省, 2006.

4. 전문직원의 양성

▌사서의 지식과 기술

사서란 무슨 일을 하는 사람들인가? 사서가 하는 일의 중심은 시설과 자료를 관리하고 이용자에게 자료를 제공하는 것이다. 사서가 전문직으로서의 위상을 갖고 있었던 이유는 자료정리 기술이 중요했기 때문이다. 자료목록을 만들고 분류하여 서가에 배가하는 일은 자료와 이용자를 연결해주는 가장 기본적인 일이며, 이를 위해 필요한 목록규칙이나 분류법의 노하우는 상당히 복잡한 전문지식을 요구하므로 다른 부문의 직원은 개입할 수 없는 영역이었던 것이다. 다만, 이 전문지식은 주제 지식과는 다르다. 학술자료를 지식 체계에 위치시키고, 학술적인 윤리구조에 따라 접근 방법을 응축한 것이 정리 기술이었다. 여기서 서지와 색인, 초록 등과 같은 서지도구에 대한 노하우가 발전하고, 참고서비스의 기본적인 기술과 지식은 서지도구를 잘 사용하는 노하우에 바탕을 두고 있다. 이러한 전문지식은 이용자가 주제 지식이 충분치 않아도 자료에 접근할 수 있도록 하기 위해 구축한 장대한 구조이며, 19세기 후반부터 만들어진 도서관학과는 이와 같은 실천적인 지식체계에 확고한 바탕을 두고 있는 것이다.

그러나 1980년대 이후 상황이 크게 변화했다. 그동안 개별 도서관마다 처리하고 있던 자료정리 작업이 도서관 시스템과 출판물의 MARC (Machine Readable Catalog, 목록 데이터의 원형) DB의 개발로 줄어들었고, 자관의 오리지널 자료 정리에 한정될 수도 있기 때문이다. 공공도서관에는 도서관유통센터(Toshokan Ryutsu Center, TRC)를 비롯한 민간기업이 제공하는 자료정리 시스템이 있으며, 대학도서관에는 국립정보학연구소(National Institute of Information, NII)가 제공하는 온라인 자료 정리 종합목록시스템이 있으므로 이미 시스템에 등록된 자료는 전문지 식 없이 처리할 수 있다. 그러므로 사서의 전문성에서 중심에 있던 목록과 분류 지식의 필요성은 필연적으로 축소되었다고 생각된다.

현재 사서의 전문직으로서의 정체성은 과거에 비해 뚜렷하지 않다. 공공도서관의 경우 자료선정, 참고서비스 등에서 공통의 전문적 지식이 요구된다. 어린이 서비스는 이전부터 전문 연수가 실시되었으며 높은 전문성을 인정받았다. 그 밖에 장애인 서비스, 지역자료(향토자료) 등이 비교적 이전부터 실시되었고, 최근 디지털정보 제공, 비즈니스 지원 등의 영역이 추가되고 있다.

대학도서관의 경우 학술자료 선정과 장서개발 과정에 사서가 어느 정도 관여하는지는 대학과 분야에 따라 크게 다르다. 중앙도서관에서는 사서가, 부국도서관 및 도서실에서는 교수가 자료를 선정하는 것이 일반적이다. 이에 따라 그 대학이 집중적인지 분산적인지를 알 수 있게 된다. 자료 정리의 경우 NII 제공 시스템에서 커버되지 않는 자료를 많이 처리하는 도서관은 오리지널 목록작업이 필요하며 이를 위해서는 상당한 전문지식이 필요하다. 참고서비스는 일찍부터 중시되고 있었지만, 인터넷 보급 이후에는 이용자 스스로 정보를 찾는 것이 일반화되어 검색법을 지원하기 위한 이용자 대상 '정보활용교육' 실시에 주력하게 되었다. 도서관의 정보활용교육은, 검색엔진을 사용하면 인터넷에서 방대한 정보를 간단히 입수할 수 있다고 여겨지지만 실제로는 수많은 허점이 있으며, 인쇄자료와 병용할 때 우수한 정보 탐색자가 될 수 있다는 생각에 바탕을 두고 있다.

▌직원제도와 양성

사서는 도서관법에 규정되어 있는 명칭 독점 자격이다. 그러나 자격 요건은 다른 국가자격에 비해 높지 않다. 먼저 학력요건은 '대학 졸업'을 기준으로 하고 있다. 단기대학 졸업 또는 고등전문학교 졸업이라도 취득 가능하다. '학사'를 기준으로 4년제 대학에서의 학문 습득을 전제로 하는 학예사 자격에 비해 취득요건이 낮은 편이다. 도서관법은 공공도서관에 대한 것이므로 사서의 자격요건 또한 공공도서관을 대상으로 한 내용이다. 서장에서 살펴본 바와 같이, 공공도서관은 일반 공중의 교양, 조사연구, 레크리에이션을 지원할 것을 사명으로 하고, 박물관이나 공문서관과 같이 그 사명에 연구가 포함되지 않는다.

사서 자격은 제2차 세계대전 전후 교육 개혁기에 생긴 자격으로, 같은 시기에 탄생한 교원 자격, 학예사 자격과 함께 대학이 발급하는 자격이라는 성격이 강했다. 국가시험을 실시하지 않고 대학에서 학점을 취득함으로써 대학의 책임으로 자격이 인정되는 것이다. 이들 자격이 학술연구나 고등교육과 직결된 내용을 갖는 데에서 헌법에 보장된 학문의 자유와 대학의 자유가 중시된 것이라 할 수 있다. 또한 이들 자격은 대학에서 전공을 초월하여 취득할 수 있는 자격이라는 점도 빠질 수 없는 공통점이다. 전공이 무엇이든 교사, 학예사, 사서 자격을 딸 수 있도록 한 대학이 많다. 즉, 대학의 전공이 아니라, 학습성과를 살려 취직하는 직업적인 자격이다. 여기서는 이것을 범용 학지 전개(汎用學知展開)형 자격이라고 부르기로 한다.

사서 자격은 범용 학지 전개형 자격 중 학력 요건이 단기대학, 고등전문 수준이라는 점에서 어중간하다. 또, 대학에서 실시하는 강습과목밖에 공고되지 않았기 때문에 대학의 양성과정도 강습과목에 준하여 실시되어왔다. 2008년 도서관법이 개정되고 나서야 대학의 도서관 관련 과목이 성령으로 공시되고 2012년부터 실시하게 되었다. 법 성립 후 55년이 지나서야 드디어 대학 교과목이 인지된 것이다.

범용 학지 전개형 자격으로서의 교사자격에는 교직 과목과 함께 교과 과목이 있으며, 중학교나 고등학교와 같이 교과 교사는 물론 초등학교 교사도 교과과목에 대한 학점이수가 요구된다. 학예사 자격 취득에는 학문별 과목 이수는 요구되지 않지만 학사 취득 시에는 전공과정에 상당하는 학점이수가 필요하다.

사서의 경우에도 범용 학지 전개형 자격으로 고등교육기관에서의 전문적인 교육은 필요하다. 하지만 현행 사서양성 교육과정에는 전문지식을 배우는 것은 포함되어 있지 않다. 1997년 개정되기까지의 과목표에는 선택과목으로 '인문과학 및 사회과학의 서지 해제', '자연과학 및 기술의 서지 해제'가 있으며 습득한 지식과 도서관 서비스를 연결하는 교육과정이었으나, 개정 시 '전문자료론'이라고 명칭을 바꾸어 대학의 주제과목과의 관계가 애매해졌다. 사서양성 교육과정은 갈수록 도서관경영 및 서비스에 대한 지향성을 강화하여 아카데미즘 혹은 대학 커뮤니티와의 관계는 희박해지고 있다.

예전부터 문헌정보학 교육 담당자와 대학도서관 관계자들은 사서 자격이 다른 관종 사서직의 기초자격이 되는 측면이 있음에도 불구하고 이수 내용이 편중되어 있다고 비판해왔다. 독일 대학도서관의 주제전문사서는 주제에 대한 박사학위를 가지고 있으면서 사서양성 과정을 공부해야 채용된다. 미국의 도서관 전문직은 종합대학에 설치된 전문직 대학원에서 문헌정보학 석사학위(Master of Library and Information Science, MLIS)를 취득하는 것이 일반적이며, 주제전문사서는 해당 주제 분야의 석사학위나 박사학위를 취득한 사람이다. 외국 사례를 보면 일본의 사서양성이 초급 수준인 채로 크게 달라지지 않는 것이 매우 큰 문제라 할 수 있다. 이러한 문제의식을 갖고 일본도서관정보학회를 중심으로 한 연구 그룹이 사서양성제도 개선을 위한 연구 프로젝트를 추진한 바 있다.[20]

5. 지식정보 관리의 과제

이상과 같이 일본의 도서관에 관한 전반적 상황을 서양 국가들과 비교하면 그 수준이 낮다고 하지 않을 수 없다. 단적으로 말하자면 일본의 도서관은 양적인 보급 면에서는 어느 정도의 수준에 도달했지만, 시설이나 자료와 같은 물적인 측면이 정비되었을 뿐 인력 측면의 조치가 어려운 구조이므로 서비스의 질을 높이기 어려운 상황이다. 향후 아웃소싱 확대가 예상되는 가운데 질적인 평가를 지속적으로 실시할 필요가 있다.

필자는 이러한 것들이 도서관뿐만 아니라 박물관, 기록관을 포함한 자료축적을 하는 문화기관에 공통되는 과제라고 생각한다. 이 기관들은 시간을 거슬러 자료와 정보를 축적함으로써 사회적인 반성을 할 수 있게 하는 장치이다.

---

20 上田修一外, 「「情報専門職の養成に向けた図書館情報学教育体制の再構築に関する総合的研究」最終報告書」, 『日本図書館情報学会誌』vol. 52, no. 2, 2006. pp. 101~128.

일본의 근대화는 서양을 따라잡아 추월한다는 슬로건하에서 동시대의 서양 정보를 참조하는 데 그쳤고 자성 과정 없이 진행되어왔다. 21세기를 맞아 정보공개, 설명책임(accountability), 설명과 동의(informed consent) 등 국민 한 사람 한 사람이 정보를 공유하는 구조를 만들지 않으면 사회적인 발전은 있을 수 없다.[21] 그런 의미에서 지식정보 관리가 요구되며, 세 기관은 공통의 과제를 갖고 상호 의견을 교환할 필요가 있다.

---

21 根本彰, 「日本の知識情報管理はなぜ貧困なのか: 図書館・文書館の意義」, 『図書館・アーカイブズとは何か』別冊環 no.15, 藤原書店, 2008, pp.59~70.

2장

대학박물관

박물관공학과 복합교육 프로그램

니시노 요시아키

제2차 세계대전 이후 고도성장에 따라 각지에 수많은 문화시설이 탄생했다. 그중에서도 특히 박물관, 미술관, 과학관 등 넓은 의미에서 박물관을 표방하는 시설이 많이 설립되었다. 일본 문부과학성에 의하면, 2018년 말 기준 일본의 박물관 수는 박물관법의 요건을 충족한 등록박물관과 그에 준하는 박물관 상당시설, 박물관법의 적용을 받지 않는 박물관 유사시설을 포함하여 약 5,700곳에 달한다. 지금 일본은 문자 그대로 세계 유수의 박물관 대국이다. 박물관의 의의와 역할, 기능과 형태, 사업과 동향에 대하여 사회적 관심이 많아지는 것은 당연할지도 모른다.

국가는 물론 지방자치단체와 민간 기업의 기대가 높아지는 가운데 박물관에서도 이러한 사회적 관심에 부응하도록 노력해야 할 것이다. 그러나 현실은 어떠한가. 현장의 학예사와 직원은 잡다한 일상 업무에 쫓겨 박물관 사업의 방향과 미래에 대해 진지하게 생각할 여유가 없다. 그뿐만 아니라 전시사업과 교육에 대해서도 예산 문제를 비롯한 다양한 난관에 봉착해 있다. 침체된 상황을 타개할 아이디어를 고안해내기는커녕 시대를 앞서기 위한 실험적인 도전조차 어렵다. 이것은 부인할 수 없는 사실이다.

사회로부터 위임받은 사명을 완수할 수가 없는 것이다. 적극적인 대책을 강구하지 않으면 박물관은 머지않아 딜레마에 빠지게 될 것이다. 이것은 이미 20세기 말부터 예측해왔던 일이다. 새로운 박물관 상을 모색하게 된 것은 평생교육의 내실화와 사회공헌의 추진을 강력히 주장하려 했던 시대의 일이다. 1990년대에 들어서면서 공립도 아니고 사립도 아닌, 미술관도 아니고 박물관도 아닌, 말하자면 '제3종'에 속하는 박물관에 대한 검토가 시작되었고, 그 가능성의 하나로 대학박물관이 주목받게 되었다.

1. 대학박물관(University Museum, UM)

해외 선진국 중에는 대학박물관이 시민사회에 정착된 나라가 드물지 않다. 그러나 기존 대학박물관은 대부분 표본·역사자료의 보관창고로서의 색채가 강하고, 활동실태는 도서관이나 기록관이 사회교육에 기여하는 바와 별반 다르지 않다. 축적된 자료와 표본을 원자원으로 하여 이를 토대로 한 연구 추진 또는 예술 창조의 모태가 되는, 즉 창조적, 생산적인 거점이라는 위상을 갖고 있지 않다. 사실, 소장 컬렉션과 최신 학술연구를 접목시키는, 대학에 부설된 다분야 통합 연구 추진형 박물관은 거의 제로에 가까운 상태였다. 대학박물관이라는 개념조차 생소했던 일본에서는 대학부설 시설로 설치하려는 생각도 못했던 것이다.

대학박물관은 원래 대학의 교육연구 시설이다. 그러므로 대학에 부설된 도서관이나 사료관이 서적, 사료의 이용서비스 제공을 통해 교육지원 장치로서의 기능을 수행하는 것과 마찬가지로 학술표본 보관을 통해 연구지원 장치로서의 기능을 수행한다. 그러나 도서관 또는 사료관과의 유사성은 거기까지다. 도서관이나 사료관의 기능은 문자화된 역사자료의 수집, 보존, 이용에 특화되어 있다. 이에 비해 대학박물관은 '학술표본'이라는 이름으로 통칭되는 사물의 수집, 보존, 관리, 활용, 연구의 장일뿐만 아니라 대학의 교육연구 성과를 공개하는 기능과 사명을 갖고 있다. 또한 단순한 지원 장치가 아니라 교육연구의 장이자 실시 주체라는 점에서 수집·보존과 열람·이용 업무에 특화된 도서관 또는 사료관과 다르다. 교육연구 기관이자 동시에 박물관이라는 이중적 특성은 대학박물관이기에 가능한 것이다.

한편, 일반 박물관과의 차이도 살펴볼 필요가 있다. 일반 박물관은 법제도상 사회교육시설로 규정되어 있으나 대학박물관은 그렇지 않다. 학교교육법과 기준이 적용되지만, 고도의 전문교육을 실시하는 학술연구기관이며 교육연구 성과물에 대해 전문적인 입장에서 학술적 평가를 할 수 있다. 대학박물관의 특성은 평가기능을 갖는 박물관으로서 사회교육시설로 규정된 다른 기관과는 커다란 차이가 있다. 이와 같이 기존 도서관과 박물관의 차이를 명확히 한 뒤 고유의 특성을 어디까지 살릴 수 있을 것인지를 검토해야 한다.

1996년 봄, 도쿄대학은 문부성 지원으로 종합연구자료관을 리모델링 및 확충하여 종합연구박물관을 설립했다. 메이지 9년(1876) 개교 이래 축적된 '학술표본' 600만 점 이상을 재평가하여 공개 및 활용하는 가운데 기존 박물관이 시도하기 어려운 각종 실험을 하고, 이를 통해 새로운 학문 연구의 융성을 기대했던 것이다. 최초의 국립대학 부설 대학박물관으로 신규 발족한 종합연구박물관은 개관 이래 70회 이상의 전시를 주최했고, 대학의 인적, 물적, 지적인 축적을 사회에 환원하는 사업에 매진했다. 이를 통해 박물관 사업의 확충, 다양화, 활성화, 세련화로 이어지는 지식과 기술, 시스템, 정보를 지속적으로 제공해왔다. 박물관으로 바뀐 후 그동안 이룩해온 학술교육연구의 눈부신 성과와 '뮤지엄 테크놀로지 기부 연구부문'의 창설 이후 눈에 띄게 내실화된 전시공개가 국내외 언론, 전문연구자, 박물관 관계자의 주목을 받고 있다. 이는 남을 추종하지 않는 독자적인 표현기법, 기술 융합, 실험 정신을 조직의 모토로 삼아왔기 때문이며, 국내뿐만 아니라 널리 해외에 이르기까지 파급효과가 나타나고 있다.

이 장에서는 종합연구박물관이 실현해온 또는 실천하고자 하는 전시 프로젝트와 교육 프로그램의 구체적인 사례를 소개하여 박물관의 미래상과 인재 육성에 대한 힌트로 삼고자 한다. '뮤지엄 테크놀로지' 외에 학술표본, 박물관공학, 박물재(博物財), 실험 전시, 복합교육 프로그램, 박물자원화, 아트 & 사이언스, 모바일 뮤지엄, 모듈 유닛, 미들야드, 오픈 랩(open laboratory), 인터미디어테크, 복합적 뮤제오그래피(museography) 등 기존에 없던 박물관 용어를 사회에 정착시키려면 어떻게 해야 할 것인가. 기존의 박물관 활동을 보완하여 학교교육과 접목하고 사회교육에도 이바지하는 안정적인 문화장치로서 박물관이 시민사회에 깊숙이 뿌리를 내리려면 어떻게 해야 할 것인가. 이러한 것을 다시금 생각해보고자 하는 것이다.

2. 박물관공학(Museum Technology, MT)

국립, 공립, 사립을 불문하고 많은 박물관이 기획 운영 면에서 곤경에 빠져 있는 가운데 사회의 기대는 전보다 더 높아지고 있다. 자연 표본과 문화유산의 보존 공개라는 기본 업무에 더하여 첨단기술에 의한 각종 정보의 축적과 생산, 초등·중등·고등교육의 학습 프로그램 지원, 일반 시민에 대한 사회교육과 평생교육 서비스의 제공, 지역사회의 랜드마크 기능 등 다양한 요구가 나타나고 있다. 문제는 지금 박물관에 요구되는 것이 여기에 그치지 않는다는 것이다. 다양한 요구에 부응할 뿐만 아니라 어떻게 대응할 것인지 독창적인 방법, 품질 제고, 디자인 향상이 요구되는 시대이다.

당연한 일이지만 박물관 직원은 항상 참신한 아이디어, 현명한 지혜, 우아하고 아름다운 디자인을 모색해야 한다. 또한 자관(自館)의 존재와 역할을 다른 무엇과도 바꾸기 어려운 조직으로 만들기 위해 매력적인 시설 정비와 운영 시스템, 독창적인 기획 전시와 교육 프로그램을 실현하도록 노력해야 한다. 열거하기는 쉽지만 실천하기란 어렵다. 박물관 직원들은 대부분 일상 업무에 쫓기기만 할 뿐 보다 넓은 시야에서 자관의 상황과 활동을 국내외와 비교하면서 자기 검증하는 방법을 갖고 있지 못하다. 또한 대담한 실험을 뒷받침할 예산도 확보되어 있지 않기 때문이다. 이러한 현황에 입각하여 기존 박물관을 재생시키기 위한 기술지(知), 새로운 박물관을 창출시키기 위한 실천지(知)를 우리는 '박물관공학'이라 부르고 하나의 학문으로 확립시키기 위해 노력을 거듭해 왔다.

박물관 관련 학문의 하나로 박물관학(museology)이 있기는 하다. 그러나 이 학문 분야는 박물관의 법제도와 역사, 학예사의 업무, 특히 컬렉션을 다루는 방법, 전람회의 기획 운영 등 학예사업 중 최소한의 필요 업무에 대한 기본적인 기술 교육에 치중하고 있다. 그 근본에 있는 것은 학예사의 육성이라는 현실적이고도 긴급한 요구에 부응할 필요성이다. 그러나 성급한 인재육성 시스템은 오랜 기간에 걸쳐 유지, 전개되어야 할 박물관 사업에 부응할 수가 없다. 이는 현행 박물관의 학예사 자격취득제도의 무력한 현실을 떠올리면 충분히 알 수 있다. 자격취득에 필요한 학점 수를 늘리는 것만으로 문제가 해결되지는 않는다. 박물관 실습을 강화한다고 되는 것도 아니다. 그보다는 어떤 교육 프로그램을 준비할 수 있는지가 문제인 것이다.

공리적이고 표층적이며 주지주의적인 박물관학 교육의 폐해는 원래 '뮤제올로지(museology)'에 있어서 '論(로고스)'의 부재에 기인한다. 하지만 결과적으로 박물관이란 무엇인가, 박물관이란 어떤 존재여야 하는가와 같은 보다 높은 차원의 질문을 박물관 활동 현장에서 멀리 하는 요인이기도 하다. 이로 인한 결과는 결코 묵과할 수 없다. 박물관을 단순한 오락시설로만 보는 풍조를 야기하고 비효율적인 호객 머신으로 불필요론을 주장하는 여론에 힘을 실어주기 때문이다. 박물관의 기본이 흔들리고 있다면 첫째 요인은 '무엇 때문에'라는 '論(로고스)'을 파고들지 않았기 때문일 것이다.

보다 매력적인 박물관 사업을 하려면 '論(로고스)'의 구축만이 아니라 구슬을 꿰는 방법도 찾아내야 한다. 오늘날은 무슨 일이든 세분화해서 보는 경향이 강하다. 이러한 환원주의적인 사고방식이 극단적으로 진행되고 지나치게 세분화하여 원자화, 나노화에 이르고 있는 실정이다. 사고가 세분화한다는 것은, 다시 말하면 시야가 좁아진다는 뜻이다. 이

편향된 풍조에서 벗어나 포괄적, 통합적으로 조감하며 전체를 바라보는 시점을 살려야 한다. 이러한 생각의 중요성을 박물관 사업을 통해 사회에 제기할 수는 없을지 생각해보자.

박물관 사업에 매일 종사하는 사람이 박물관의 바람직한 미래상을 그리지 않은 채 일을 할 수는 없다. 박물관에서 일하는 대부분의 학예사는 주가 동향에 신경을 곤두세우는 증권사 직원처럼 방문자 수나 사회의 동향에 일희일비한다. 박물관은 인류사적인 입장에서 오랜 기간 동안 인간생활의 다양한 소산을 계승하고 활용해야 한다. 그런데 본래 사명이 망각되고 있다. 박물관 운영에서는 일을 포괄적, 종합적으로 조감하여 전체를 바라보는 시점의 중요성을 인정하는 것이 가장 급선무일 것이다.

'박물관공학'이란 대학박물관 내외를 불문하고 디자인, 정보과학, 문화정책, 문화재과학, 공공정책, 지식재산학, 수복학(修復学), 문헌학, 영상학 등 박물관의 광범위한 활동 영역과 관계있는 각계 전문가와 기술자의 이론지(知), 기술지(知), 실천지(知)를 집결하여 관내의 전문 연구자와 협력하면서 현대의 다양한 요구에 맞는 문화시설을 하드웨어와 소프트웨어 양면에서 실현하기 위해 다양한 학술적, 기술적 과제를 통합적으로 검토하고 그 성과를 사회에 환원하는 것이 목표이다. 21세기 박물관을 '論(로고스, logos)'과 '形(포름, forme)'의 양면에서 디자인하여 신설과 재생을 위한 전략을 구체화한다. 바꾸어 말하면, '박물관학(뮤제올로지)'에서 '박물관공학(뮤지엄 테크놀로지)'으로 발전하는 가운데 전시기술, 사회교육, 문화재 보존, 공간·평면·조형 디자인, 정보 매체, 문화정책, 문화행정, 문화경영학 등 다른 기존 학문을 하나로 통합시키는 것이 '박물관공학'의 주안점이다(〈그림 2-1〉).

〈그림 2-1〉 종합연구박물관 고이시카와(小石川) 분관

　다만, '박물관공학(뮤지엄 테크놀로지)'이라고 하면 테크놀로지라는
용어로 인해 기술론(테크네, techne)에 편중된다고 생각할 수도 있을 것
이다. 그러나 이 명칭은 뮤제올로지의 본질, 즉 박물관의 '論(로고스)'을

함의한다. 분명 테크네는 기술에 치우치고 로고스는 이론에 치우친다. 그러나 테크놀로지라는 용어에 '論(로고스)'이 내포되어 있는 데서도 알 수 있듯이, '박물관공학'은 이론적인 귀결을 구체화하고자 하는 '기술(테크네)'의 실천을 포함한다는 의미에서 종래의 뮤제올로지와 구별된다. 기존의 박물관학적 틀에서는 통섭되지 않는 것을 포함하는 것이다. 박물관에 대한 새로운 이론 구축에 있어 기술의 실천을 전면에 내세우고 있다는 의미에서, 나아가 '박물관에 대한 논의'에 대한 논의, 즉 박물관학에 대한 박물관학적인 논의가 필요하다는 의미에서, '메타 박물관학'적인 디스쿨(d.school)[1]을 통섭한다. '박물관공학'이라는 새로운 어휘가 필요한 것은 이 때문이다.

3. 박물재(博物財)

현행 법제도는 박물관의 자유로운 활동을 저해한다. 일본에는 박물관 관련법으로 사회교육법, 박물관법, 문화재보호법 등 오래 전부터 있던 기본법과 '미술품의 미술관에서의 공개 촉진에 관한 법률(이하, 공개촉진법)' 등 새로운 관련법이 있다. 유의할 점은 법제도 안에서 미술관

---

1 생각을 디자인하는 방법, 디자인사고(design thinking)를 가르치는 미국 스탠포드대학교의 디스쿨(정식명칭은 핫소 플라트너 디자인 연구소)이 대표적인 사례이다. 혁신과 창조하는 방법을 디자인하는 것을 가르치는 신개념 커리큘럼으로 디스쿨에서 논의되는 디자인사고는 디자인과 공학에 근간을 두고 인접학문과의 화학적 융합을 중시하는 학제적 특성이 있다. _옮긴이

및 박물관의 사명과 활동 영역이 구별된다는 점이다. 이는 서양에서 인정하는 국제표준이라고 하기는 어렵다. 일본의 경우, 미술관은 '미술품'을 다루고, 박물관은 '문화재, 표본, 자료, 출토물'을 다룬다고 규정되어 있으며 업무가 구분되어 있다. 그뿐만 아니라 문화재보호법 제1조 1호에는 '유형문화재'를 "건조물, 회화, 조각, 공예품, 서적, 전적, 고문서 기타 유형의 문화적 소산으로 우리나라에서 역사적 또는 예술적 가치가 높은 것(이러한 것과 일체를 이루어 가치를 형성하고 있는 토지, 기타 물건을 포함한다)과 고고자료 및 기타 학술적 가치가 높은 역사자료"라고 규정하고 있다. 미술품이 무엇을 가리키는지는 명시되어 있지 않을 뿐 아니라 미술품과 유형문화재가 어떻게 구분되는지도 애매하다. 공개촉진법에 의하면, 당분간 '미술품'을 "회화, 조각, 공예품 기타 유형의 문화적 소산인 동산을 말한다"고 규정하고는 있으나 현대 예술의 다양성을 포함하려면 말뜻의 범위가 너무 고전적이고 궁색하다. 최근 화제가 되고 있는 '미디어 아트'라는 용어에 대해서도 마찬가지이다. 법제도의 근본적인 개혁이 요구되는 까닭이다.

여기서는 두 가지 문제점을 지적하고자 한다. 첫째, 위의 규정에 나와 있는 '우리나라에서'라는 한정사에 대한 문제이다. 이 수식절은 미술이나 문화재가 인류의 보편적인 재산이라는 생각과 맞지 않다. 여러 국가의 통합이 추진되는 유럽에서는 박물관을 비롯한 문화시설이 '우리나라에서'라는 어휘를 가질 수 없다. 문화나 학술 면에서 '국가(national)' 개념을 갖지 않고 '공공(public)' 개념이 정착하도록 힘써온 서양의 지혜를 배워야 할 것이다. 둘째, 일본의 법제도에 반복해서 등장하는 '건조물, 회화, 조각' 등등의 분류 개념이 배태하는 문제이다. 결과적으로 도서관이 도서관법에 구속되어 박물관과 제도상 분리된 형태로 존재하는 현상이 나타나고 있다. 도서관과 박물관이 함께 보조를 맞춰가기 어려운 것은 이 때문이다. 도서관 사서와 박물관 학예사를 개별적으로 독립된 직능으로 여겨, 예를 들면 서적과 장정을 북아트로 다루는 관점이 성립될 수 없는 등 일반 상식에 비추어 봐도 이해하기 어려운 상황이 생긴다.

이와 대조적인 것이 국제박물관협의회(International Council of Museums, ICOM)의 규정이다. 박물관이 다루는 대상을 '유형, 무형의 인류유산과 그 환경(tangible and intangible heritage of humanity and its environment)'으로 하며 그 이상 한정하지 않는다. 이 규정은 '문화재'에 대한 프랑스식 해석을 근본에 두고 있다. '문화재(patrimoine)'의 개념 안에는 문화적 문화재(patrimoine culturel)와 자연적 문화재(patrimoine naturel)가 있으며, 이 모두가 공용 재산(biens publics)이라고 풀이된다. 문화재는 국가가 책임을 갖고 보전, 보호, 활용하는 것이며 개인의 사적 재산권에 우선한다고 여겨진다. '공화국(republic)'이라는 말의 어원이 '공공의 것(res publica)'에서 유래한다는 것을 상기해야 한다. 적어도 공화제에서는 국가, 그리고 국가에 귀속되는 것은 자연이건 문화이건 모두 공공재라는 해석이 절대적이다. 이러한 당연한 생각이 일본에는 아직 뿌리내리지 못하고 있다.

일본의 박물관 활동을 가로막는 것은 상술한 바와 같이 박물관과 미술관 관련 법제도상의 '사물' 개념이다. 오히려 박물관이 다루는 대상을 자연재, 문화재, 정보재의 3종으로 나누고, 전체를 '박물재'라는 개념으로 포괄적, 일원적으로 이해하고 파악하는 것이 바람직하다. 그렇게 함으로써 고고 출토품, 미술품, 서적, 공문서, 자연사 표본, 생체 표본 등과 같은 관습적 분류 개념, 사물과 기호 정보의 존재론적 괴리, 유용한 것과 그렇지 않은 것, 가치 있는 것과 그렇지 않은 것, 귀한 것과 그렇지 않은 것을 분별 및 차별화하는 폐쇄적 가치 체계 등 박물관 사업이 부딪친 난관을 극복할 수 있을 것이다. 그다음에 박물관은 과연 무엇을 할 수 있을지 다시금 생각할 필요가 있다.

'박물재'는 공적으로 보호, 활용되며 박물자원의 순환형 활용, 재활용이 가능한 가치 있는 문화자본으로 규정된다. 문화자본인 이유는, 예를 들면 예술작품을 예술적 가치에 의거한 미술품으로 다룬다는 의미는 아니다. 그보다는 발터 벤야민이 『기술복제 시대의 예술작품』에서 사용한 '전시적 가치'와 같은 의미에서, 활용 문맥을 변환하거나 설치 장소를 이동함으로써 그 자체가 내재하는 가치와는 또 다른 이용 가치를 새롭게 생산할 수 있다는 의미에서 '박물자원화'할 수 있기 때문이다. 이 '박물재'의 문화자본론이 요구하는 것은 문자와 이미지, 자료와 표본, 원본(original)과 복제물(replica), 가치 있는 자원과 쓰레기와 같은 이항 대립을 우선 지양하는 것이다. 이것을 발상의 출발점으로 하여 관용적인 대립항의 탈 구축을 방법론적으로 실천해나갈 필요가 있다. 이것을 교육 시스템에 적용한다면 학예사, 사서, 미술가, 디자이너, 교육 담당 중 어느 하나에 국한되지 않는 전체를 아우르는 인재를 육성해야 한다는 것이다.

4. 실험 전시

앞에서 박물관은 참신한 아이디어, 현명한 지혜, 우아한 디자인의 실현에 힘을 쏟아야 한다고 했다. 모두 말로는 지극히 당연한 것처럼 들릴지도 모른다. 그러나 각각을 실현하여 하나의 통합체를 만들어내는 것은 용이하지 않다. 종합연구박물관은 이를 시험하는 장으로서 개관 이래 '실험 전시'라는 사업의 개념을 정착시키고자 노력해왔다. 대학박물관의 전시는 모두 하나의 실험이다. 그러므로 자유로운 발상을 토대로 전시를 추진할 수 있는 환경을 정비해두는 것이 좋다. 실험 전시는 발상의 자유를 담보해준다.

종합연구박물관은 '실험 전시'라는 사업의 개념을 구체적으로 유지하기 위해 관람료를 징수하지 않는 원칙을 지키고 있다. 그러나 본래 박물관은 완성된 전시 콘텐츠를 사회에 공개하는 것이 전시의 명분이므로 전시 관람 수익에 기여하는 자, 즉 방문자에게 수익에 알맞은 금전적 부담, 즉 관람료를 부과한다. 이는 얼핏 그럴듯한 논리로 보이지만 그대로 받아들여서는 안 된다. 관람료 문제에는 유네스코의 박물관 국제규약과 국내 박물관법이 곧잘 인용되는데, 모두 무료 원칙을 제창하고 있는 것은 주지하는 바와 같다. 박물관에 축적된 유산과 여기서 공개되는 문화는 모든 사람에게 열려 있어야 한다는 생각인 것이다.

관람료를 부과하지 않는 운영방침은 교육연구의 내용에 대한 외부 간섭을 피하기 위한 안전판 역할을 한다. 그뿐만 아니라 유료 관람을 당연하다고 생각하는 일반 박물관에서는 실시하기 어려운 다양한 실험을 추진하는 데 불가결한 전제도 된다. 일반 박물관은 유료이므로 완성된 전시 콘텐츠를 제시하도록 요구받는 등 자유롭지 못한 면이 있는 반면에, 대학박물관은 이 문제에서 자유롭다. 대학박물관의 자유로움은 보다 실험적인 성격이 강한 콘텐츠를 최초로 시도하여 당당히 사회에 내놓을 권리를 갖는다는 의미이기도 하다. 이는 다른 무엇과도 바꾸기 어려운 특성이며, 그러한 입지를 '실험 전시'가 담보해준다.

■ 사례 1.『진짜와 가짜 사이: 뒤샹에서 유전자까지』展

대학박물관의 사명 중 하나는 교육연구의 성과를 사회에 알리는 데 있다. 이것은 전시 프로젝트와 교육 프로그램의 연계를 통해 이루어진다. 학부 및 대학원 교육과 연계되는 장이 '실험 전시'이다. 전시담당 박물관 교원이 학부 및 대학원 교원을 겸임하는 경우 '실험 전시'는 박물관 학예사 자격 취득요건에 해당하는 박물관 실습으로 인정받을 수 있다.

종합연구박물관에서는 박물관 실습을 대체할 수 있는 수업과목으로 교원이 학부생과 대학원생을 데리고 전람회 기획 및 단발성 이벤트나 중장기 프로젝트를 진행한다. 예를 들면, 2001년 10월에 개최된 특별전『진짜와 가짜 사이: 뒤샹에서 유전자까지』는 2년 동안 자랑할 만한 교육 프로그램과 성과 발표의 장이 되었다(〈그림 2-2〉). 보통 학부와 대학원 수업은 1년간 진행되는데, 막상 전시 추진단계에 들어서면 1년 내에 끝내지 못하는 경우도 있다. 실제로 이 전람회는 2년에 걸쳐 진행되었으며 학생과 일반인 등 총 150명이 참가했다.

전시 교육 프로그램의 전체 사이클은 백지 상태에서 사업 종료까지이다. 사업 종료란 방문자 조사보고서를 최종적으로 간행하기까지를 말한다. 간략하게 설명하자면, 전시에서 우아하고 아름다운 디자인을 어떻게 구현하면 좋을지, 참신한 아이디어를 어떻게 내놓으면 좋을지 등 일반적인 검토 과제에서 시작하며, 위 전람회의 경우에는 진위, 진짜와 가짜, 오리지널과 복제물을 어떻게 대비시키면 좋을지, 모조품은 어떤 기능을 갖는지 방사성 탄소 연대 측정, 3차원 형상 계측, X선 투과, 화학성분 분석 등의 해석 기술을 사용하여 무엇을 어떻게 밝힐 수 있는지 등 개별적인 과제까지 검토했다. 이러한 논의를 거쳐 전시를 하

〈그림 2-2〉『진짜와 가짜 사이: 뒤샹에서 유전자까지』展 포스터

고 일반 관람을 제공했다. 이 모든 과정을 프로그램 참가자들과 함께 진행한 것이다.

이러한 교육 프로그램의 경우 전시도록의 집필과 편집뿐만 아니라 방문자 조사보고서 작성 등 자기평가도 중요하다. 전람회 기간 중 평가 담당 학생들은 전시장에서 서면 설문조사, 구두 인터뷰 조사, 추적 조사를 실시한다. 이 중에서 추적 조사는 용이하지 않다. 방문자가 전시실에서 어떤 행동을 취했는지 관찰자로서 추적해야 하기 때문이다. 짧게는 30분, 길게는 3시간 이상 전시실에 체류할 경우도 있다. 이와 같은 사회학적 방법에 의한 조사를 통해 얻은 데이터는 민간 기업의 통계 처리 전문가를 초빙하여 분석 방법에 대해 조언을 받았다. 매스컴, 미디어의 반응과 복수의 조사 데이터를 복합적으로 분석하여 사회에서 전시회를 어떻게 받아들였는지 조사했다. 평가담당 멤버는 샘플링에서 집계 해석까지의 프로세스뿐만 아니라 편집과 레이아웃을 포함한 최종 보고서 출판까지 모든 작업을 경험할 수 있었다.

■ 사례 2. 『마크 디온(Mark Dion)의 '경이로운 방'』展

2002년 11월에 개최된 종합연구박물관 고이시카와 분관 개관 1주년 기념 특별전 『마크 디온의 '경이로운 방'』에서는 학내에 방치된 물건, 폐기된 물건 등 학문의 세계에서 투기되고 버려진 물건을 현대 미술가와의 협업을 통해 설치예술의 문맥에서 재생시키는 시도를 했다(〈그림 2-3〉).

이 '실험 전시'에 참가한 학생들은 교내 쓰레기장과 지하실에 버려진 물건을 폴라로이드 사진으로 찍어 크기를 측정하고 기록했다. 쓰레기를 모은다고 하면 조사방법도 질서가 없을 거라고 생각하기 쉽지만, 실

〈그림 2-3〉『마크 디온의 '경이로운 방'』展 포스터

제로 데이터 취득자는 동물과 식물을 대상으로 하는 분류학자, 매장 문화재를 다루는 고고학자가 현장에서 표본 채집과 같은 과학적 방법을 사용하도록 했다. 쓰레기라고 해서 조잡한 취급을 하지 않고 전시품으로서 합당한 취급을 한 것이다. 이렇게 모인 잡다한 물건들 속에서 미술가 마크 디온과 기획자가 전시에 어울리는 물품을 선별하여 전시실을 구성했다.

이 전시의 주목적은 국제적으로 활약하고 있는 미술가와의 협업에 있었으나 다른 의도도 없지는 않았다. 전시실에 아예 해설문을 붙여놓지 않으면 어떻게 될지 시도해본 것이다. 글을 없애고 눈에 호소하는 것만으로도 소통 또는 메시지 전달이 가능한지를 시험해보고자 했다.

이는 전시에 의한 실험이었으므로 당연히 그 성패를 묻지 않을 수 없다. 때문에 당시 약 2,000명의 방문자에게 인터뷰와 설문조사를 실시했다. 그 결과 방문자의 약 80%가 설명문이 없는 전시를 신선하게 받아들였다는 사실을 알게 되었다. 물론 극히 일부이기는 하지만 담당자가 대충 일해서 설명문이 빠진 건 아닌지 의심하는 의견도 있었다. 우리는 조사 결과를 다음과 같이 해석했다. 즉, 일반 사람들의 경험으로 보면 어느 전시회에 가더라도 작품에는 해설문이 붙어 있고, 게다가 설명 또한 천편일률적이다. 그러나 모든 박물관이 똑같을 필요는 없다. 99곳의 박물관이 그렇게 한다면 1곳 정도는 하지 않는 박물관이 있어도 된다. 이러한 발상이야말로 개성적인 전시 연출로 이어진다고 생각했다.

전시실을 방문한 사람은 자기 눈으로 재미있는 것을 찾고 스스로 감각기관을 사용하여 무엇인지를 생각한다. 생각을 강요하는 것이 아니라 생각할 여지를 준다. 보는 방법을 알려주는 것이 아니라 보여주면서 생각하게 한다. 지식을 획득하고자 한다면 사냥꾼이 사냥감을 쫓듯이 감각기관을 구사하여 스스로 찾아야 하는 것이다. 이는 어떤 콘텐츠를 타자에게 전할 때의 방법 중 하나이다. 그뿐만 아니라 사냥감을 획득하는 기쁨이라는 생명체의 원초적인 감각을 각성시키는 고도로 세련된 전략이기도 하다. 프로젝트 참가자는 메시지 수신자(방문자)에게 생각할 여지를 남겨주는 것이 얼마나 중요한지 신체적인 경험으로 통계적인 수치를 통해 배우게 되었다.

전시의 또 다른 목표는 틀에서 벗어나는 실험이었다. 기존의 학문분야 틀에 따른다면, 전시에 따라 곤충학, 광물학, 식물학, 수의학, 고고학 등과 같이 구분하게 된다. 그러나 기존 틀에서 한 발짝 벗어나 보면 어떨까. 기존 틀을 넘어 지상에 살아 있는 생물, 공중에 날아다니는 기물(器物) 등 전혀 다른 시점에서 세계를 다시 바라볼 필요도 있다. 기획자는 이 과정에서 새로운 지평이 열릴 것으로 예상했지만, 미술가와 이야기하는 가운데 실제 떠올랐던 생각은 중세 유럽의 세계관에 가까운 것이었다. 동물 표본, 식물 표본, 의학 표본 모두 지상에서 살아 숨 쉬고 있는 생명과 관련되므로 일괄적으로 다루어 전시장을 구성했다. 그렇게 하면 의학 표본, 인류학 표본, 고고학 표본 모두가 인간 존재와 관련 있는 것들로, 일의대수(一衣帶水)와 같은 세계의 구성요소처럼 보인다. 기존 학술의 틀에서 벗어나 새로운 세계를 구축하는 이 시도를 '실험 전시'라는 이름을 빌려 실행한 것이다.

■ 사례 3. 『프로파간다 1904~1945: 新聞紙·新聞誌·新聞史』展

2004년 4월에 개최된 특별전 『프로파간다 1904~1945: 新聞紙·新聞誌·新聞史』도 매우 뛰어나고 도전적인 기획이었다(〈그림 2-4〉). 압화(押

東京大学コレクション第十八回

■会期＝二〇〇四年四月二十九日●休館日＝木曜日・五月三日と七日●開館時間＝午前十時から午後五時●入場無料■会場＝東京大学総合研究博物館新館旧館展示ホール●主催＝東京大学総合研究博物館＋先進国における政策システムの創出（COE）■協賛＝王子製紙株式会社◆

日＝五月三日から七月二十五日●休館日＝月曜日・ただし七月十九日は開館＊入場時間は＝午後四時三十分まで

戸の一ルで地下鉄丸ノ内線◆本郷三丁目駅下車徒歩約三分●●■総合研究博物館◆東京都文京区本郷七の三●七線で●本郷三丁目駅●●●大江戸

新聞紙新聞誌新聞史

PROPAGANDA 1904-45
between modernism and totalitarianism

大学史史料室「東大総長」展同時開催

東京大学総合研究博物館
The University Museum, The University of Tokyo
お問い合わせ／ハローダイヤル 03-5777-8600／ホームページ http://www.um.u-tokyo.ac.jp/

〈그림 2-4〉『프로파간다 1904~1045: 新聞紙・新聞誌・新聞史』展 엽서

花) 표본을 만들기 위해 건조지로 사용된 신문지가 주제였다. 여기서는 신문이 아닌 종이로서의 신문'지(紙)'가 요점이었다. 시대적인 분포는 메이지 초기부터 제2차 세계대전 이전에 발행된 것이었다. 전시회를 기획하게 된 계기는 우연히 해당 신문지를 교내 쓰레기 폐기장에서 발견한 데서 비롯되었다. 낡은 신문지를 불필요하다고 폐기한 것은 자료부의 식물 부문이었다. 이후 불필요한 자료로 취급되는 신문지를 조직적으로 회수하여 분류 정리한 신문사료는 만 장이 넘는다. 전시사업에서는 으레 도록을 출판하기 마련이고, 도록 출판은 표본 정리와 기록을 전제로 한다. 그러고 나서 완성된 결과가 아카이브이다. 종합연구박물관은 연간 2만 건의 데이터 축적을 목표로 개관 이래 40년에 걸쳐 데이터를 축적해왔다. 교육과 연계한 전시 프로그램 없이는 목표 달성을 생각하기 어렵다. 실제로 이 전람회에서도 회수한 신문지 2만 점 중 약 3,000점을 골라 디지털 아카이브를 만들었으며 고해상도의 데이터베이스를 구축했다.

여러 가치를 지닌 신문'지(紙)'에 주목하여 전시에서는 신문지를 사용한 설치를 하게 되었다. 「시간의 기둥(時の柱)」이라는 명칭의 전시가 바로 그것이다(〈그림 2-5〉). 이 전시에서는 헌 신문지 만 장을 펼쳐서 한 장 한 장 포개어 네모난 기둥 형태의 유리상자에 담았다. 물론 폐휴지 처리업자가 수거하는 식의 단순한 신문더미는 아니다. 이용 가능한 유용자원에 한계가 있다고 생각한 제2차 세계대전 이전의 일본인은 자기들이 '내지(內地)'라고 인식하는 지역의 자원 탐사에 열을 올렸다. 식물학자의 필드 조사 또한 그 일의 일환이었다. 이 체계적인 학술조사에서 표본의 건조지로 사용된 신문지는 이제 역사적 유산으로서 가치를 갖는다. 지리적인 분포를 보면 북쪽은 사할린, 서쪽은 만주에서 한반도

〈그림 2-5〉「시간의 기둥」, 『프로파간다 1904~1945: 新聞紙·新聞誌·新聞史』展

전역, 남쪽은 인도네시아에 이르러 전체적으로 보면 극동아시아에서 동남아시아 일대까지 퍼져 있다. 식물 표본은 식물을 말리기 위해 현지에서 발행된 신문지 사이에 끼워진 형태로 보존되었다. 식물의 수집 보존은 신문의 수집 보존이기도 했던 것이다. 결과적으로 축적된 신문은 신문에 게재된 기사를 포함한 총체로서 유례없는 역사적 유산이 되었다. 신문지 만 장의 양과 거기에 내포된 역사의 무게. 프로젝트 참가자는 이 신문 유산을 통해 영토 확장에 전력 질주했던 제2차 세계대전 이전의 일본을 체감했을 것이다.

이 '실험 전시'는 단순히 실물교육과의 연계라는 측면만이 아니라 어느 분야에서 폐기된 것이 다른 분야에 도움이 된다는 측면을 갖고 있다. 식물 분야에서 필요가 없어진 종이를 인문역사계 분야의 연구재로 전용한다. 바꾸어 말하면, 폐기물의 '박물자원화'라는 측면도 있다. 전람회가 끝난 뒤 신문 연구를 전문으로 하는 기관, 신문자료를 축적하고 있는 기관과 박물관, 국립국회도서관 등 국내 각지의 기관에서 우리가 회수한 신문지를 기증해달라는 요청이 쏟아졌다. 그것은 쓰레기가 '박물자원화'된 것을 증명하는 단적인 현상이었다.

이 전람회에서 시도했던 것 중에 케이터링 푸드 아트(Catering Food Art)라는 것이 있다(〈그림 2-6〉). 개막식 개최 시에 의뢰하게 되는 케이터링 푸드를 전람회 주제와 연계해보려는 것이었다. 전람회는 기획 총괄이 중요하므로 전람회 이벤트의 구성요소인 개막식도 구성의 적합성을 묻지 않을 수 없다. 시대감각과의 호응, 주제와의 연계, 전시장 디자인과의 조화를 고려하여, 참가자 중 푸드와 조형 관계에 흥미를 갖고 있는 조리사 자격증 소지자와 함께 전람회 주제에 맞는 케이터링 푸드를 만들게 되었다. 접시 대신에 사용한 것은 초록색 판유리이다. 두 장의 판유리 사이에 프로파간다 신문을 인쇄한 필름 시트를 끼우고 이것을 접시 대신 사용하여 음식을 담았다. 이 실험적인 시도는 뜻밖에 매우 호평을 받아 여성 잡지를 비롯한 언론 매체에 알려지게 되었다. 그후 푸드 담당 학생들은 회사 창업에 성공하여 푸드 아트에 전념하고 있

〈그림 2-6〉 케이터링 푸드 아트

다. '실험 전시'에서 새로운 사업이 탄생한 우수 사례이다.

▌ 사례 4. '아트 & 사이언스'

'아트 & 사이언스'를 주제로 한 연속 기획 중 '포토 & 사이언스'라고 명명한 학술표본 사진전도 있었다. 2006년 11월에 개최된 특별전『도쿄대학 컬렉션: 사진가 우에다 요시히코의 마니에리슴(maniérisme) 박물지(誌)』가 바로 그것이다. 이 전시회는 상업 사진의 일인자 우에다 요시히코(上田義彦)와 협업을 통해 이루어졌다. 도록과 포스터는 '디자인의 디자인'의 제창자 하라 겐야(原研哉)에게 의뢰했다. '사이언스'의 세계에 상업적인 폰트, 그래픽 디자인, 공간 디자인, 이 세 가지를 접목해보자는 시도였다. 전시 디자인 전략은 단순 명쾌했다. 구성은 가능

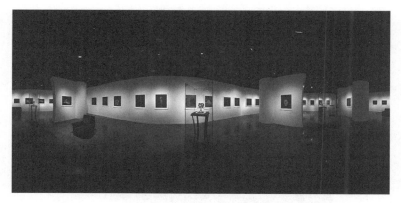

〈그림 2-7〉 파노라마 사진으로 촬영한 전시장 기록

한 미니멀하게, 즉 될 수 있는 대로 전시공간의 구성요소를 최대한 줄이는 것이다. 흑백을 기본으로 전시장을 구성하여 사진이 눈에 띄게 했다. 시선을 사로잡는 것은 두 가지 색으로, 전시장 안 세 군데에 놓인 벨벳 의자의 포도주색과 투명한 판유리의 녹색이었다. 색채 구성 프로그램을 기록으로 남기기 위해 360도 파노라마 사진으로 전시장을 촬영했다(〈그림 2-7〉). 파노라마 촬영기법에 의한 사진은 전시하는 것 자체보다는 전시 디자인 아카이브에 적합하다. 일반 사진보다 전시장에서의 시각 체험에 가깝기 때문이다. 이는 전시 디자인을 평가하고 사회화할 때의 시점으로 더 잘 활용되어야 할 것이다.

'포토 & 사이언스'의 뒤를 이어 '모드 & 사이언스'가 개최되었다. 2007년 12월 고이시카와 분관에서 개최된 패션 쇼『seeing』은 학생들의 역할이 전보다 훨씬 커졌다. 옷을 만들어본 적 없는 학생들은 옷 만들기가 어떤 것인지 설명을 들은 뒤 1년 동안 패션 쇼 완성을 위해 노력했다. 물론 옷 만들기만으로 끝난 것은 아니다. 모델, 헤어 메이크업,

음향, 연출, 배경 세트, 홍보, 운영, 그래픽자료 만들기, 리셉션 등 모든 것을 직접 해내야 했다. 외부의 인적 자원은 모두 자원봉사로 충당했다. 헤어 메이크업과 모델은 전문학교 학생과 인턴에게 맡겼다. 옷 만들기에 참여한 사람들은 대부분 수강생들이었다. 홍보를 맡은 학생은 팸플릿과 포스터 제작비를 마련하기 위해 민간 기업에 지원을 요청하는 역할도 해냈다.

쇼는 3회의 세션으로 구성되었고 방문자는 400명 이상이었다. 모델, 헤어 메이크업, 제작 등 무대 뒤편에서 작업을 한 사람은 150명에 달했다. 겨우 10분 동안의 쇼를 위해 이렇게 많은 사람이 힘을 모은 것이다. 프로 디자이너와 바이어들이 쇼를 관람한 후 참가자 한 명 한 명에게 격려를 아끼지 않았다. 이러한 체험이 젊은 학생들에게 얼마나 큰 자극이 되었겠는가. 프로젝트는 벌써 4회를 거듭했으며 현재도 지속되고 있다.

대학박물관의 전시뿐만 아니라 이런 종류의 행사는 이벤트 개최로 끝내지 않고 훗날까지 남을 수 있도록 기록하는 것이 중요하다. 이벤트를 한다는 것은 전시장을 만드는 것만을 의미하지 않는다. 제로베이스에서 기획을 시작하고 다양한 절차를 거친다. 전람회가 끝나도 이벤트는 끝나지 않는다. 마지막으로 보고서를 완성해야 비로소 끝이 난다. 즉, 전시도록과 보고서가 하나로 결합되고 나서야 마침내 한 사이클이 끝나는 것이다. 이러한 교육 프로그램을 의식적으로 만들어야 한다.

또한 프로세스의 각 단계에서 각자의 활동영역을 확보해주는 것도 중요하다. 예를 들면, 출판 지망생에게는 도록이나 보고서의 편집업무를 맡기고, 연구직 지망생에게는 작품과 자료 조사를 맡기고 소논문이나 해설을 쓰게 한다. 언론 관련 일을 지망하는 사람은 홍보나 섭외를 담당하게 한다. 디자인이나 그래픽에 관심이 있는 사람은 전시장의 디자인 구성과 설치를 돕도록 한다. 참가자가 하나의 커리큘럼에 구속받지 않도록 하고 어렴풋하게나마 미래의 진로라고 생각하는 직종과 가까운 작업을 준비하게 해야 한다. 교육 프로그램에 다양한 선택지를 준비하는 것 또한 중요한 일이다.

5. 모바일 뮤지엄(Mobilemusuem, MM)

종합연구박물관은 거대 집중 시설형에서 분산 권역 유동형으로 박물관의 존재 형태를 변환시키기 위해 2006년 가을부터 산학 연계를 통한 '모바일 뮤지엄' 사업을 전개하고 있다. 이 사업의 목적은 기존 개념이나 제도, 건물 속에 갇혀 미래 전망이 불투명한 박물관 사업에 대해 안에서 밖으로, 집중 비축형에서 네트워크 유동형으로, 시설 건물에서 도시 공간으로, 보다 능동적이고 보다 기동적이며 보다 효율적인 사업 모델이 가능하다는 것을 사회에 제안하기 위해서였다.

'모바일 뮤지엄'이란 박물관 사업의 하나로, 휴대폰처럼 여기저기 자유롭게 움직이는 전시 유닛이라는 뜻이다. 공개용 전시 콘텐츠를 선별하여 학교, 주택, 기업, 공공시설에 장기간 대출한다. 일반적인 통념으로는 박물관이라고 보기 어려운 일상적인 공간에 '모바일 뮤지엄' 로고와 함께 가설된 전시 유닛은 주변 공간을 박물관 공간으로 변화시킨다. 이들 전시 유닛은 일정 기간이 지나면 다른 곳에 설치한다. 이 흐름을 거듭하게 되면 '모바일 뮤지엄'의 유동 모드를 현재진행형으로 유지할 수 있다.

전시 유닛의 콘텐츠는 여건(TPO)에 맞게 자유롭게 재편성할 수 있다. 그러므로 기존의 대형 문화기관을 이용한 행사가 갖지 못하는 가동성, 능동성, 침투성을 갖는다. 그뿐만 아니라 박물관 컬렉션을 친근하게 느끼게 하여 감각적 미의식과 학술적 호기심에도 영향을 미친다. 결과적으로 일상 공간은 문화의 향기가 있는 곳으로 변화한다. '모바일 뮤지엄'은 기존 컬렉션, 즉 박물관의 문화자본을 유동화함으로써 얻는 부가가치를 폭넓은 사회계층이 향유할 수 있도록 변화시킨다.

이 신규 시범사업의 목적은 시설 건물 안에 갇혀 있던 지금까지의 박물관 사업을 안에서 밖으로, 시설형에서 생활 공간형으로 확장시키는 새로운 흐름을 낳는 것, 즉 역동적인 학예사업 모델의 프로토타입을 구축하는 데 있다. 선별된 박물관 컬렉션이 거리와 사무실 공간으로 뛰쳐나오는 것이다. 집중 정주형에서 권역 유동형으로 발상을 전환함으로써 박물관의 교육 활동 영역은 비약적으로 확대된다.

앞으로 박물관이란 과연 무엇인가라는 질문에 대해, 커다란 시설형에서 작은 유닛으로의 전환, 한정된 수의 '움직이지 않는 거점'에서 무수히 많은 '이동하는 작은 핵'으로의 전환 등 대담한 발상이 필요하다. 주지하는 바와 같이, 일본에서는 공립박물관의 정비사업이 거의 끝나가고 있다. 그러나 기존의 대형 박물관을 네트워크 허브로 했을 때 이들 허브 시설을 보완하고 접목시키기 위한 간편하며 지적인 거점이 필요하다. '모바일 뮤지엄'은 그 역할을 할 수 있는 문화적 도구이다.

도쿄대학 소장 학술표본 중 전시 가치가 높은 컬렉션을 엄선하고 기업의 사무실 공간, 도시의 공공 공간을 이용하여 장기간 전시를 한다. 건물 현관 입구나 기업 임원 사무실에는 그림이나 조각 등 인테리어 장식을 하기도 하는데 '모바일 뮤지엄'은 그런 상투적인 수단과는 전혀 다른 발상에서 나온 것이다. 미술이나 공예의 소위 '명품'에 속하지 않는 학술표본 진품을 일상공간에 들여오기 때문이다. 일상공간에 설치된 자연지(誌) 표본이나 역사문화재는 그 공간을 전혀 새로운 곳으로 변화시킨다. 촉매 효과에 의해 비즈니스나 쇼핑 현장이 지적이면서도 문화의 향기가 나는 공간으로 단숨에 변하는 것이다. 기업은 회사 내에, 도시는 작은 광장에 박물관 분관을 두고, 대학은 회사 내 또는 공적 공간에 수장 전시형의 전시 공간을 두게 된다. '모바일 뮤지엄'을 구축할 때 연계 기업과의 상호 이해는 매우 중요하다. 프로젝트 기간 중에는 항상 전시 유닛 개발, 전시방법 연구 등 대학과 기업의 긴밀한 협동 관계를 원만하게 유지해나갈 필요가 있기 때문이다(〈그림 2-8〉).

산학 연계 사업은 참가하는 박물관 직원뿐만 아니라 학부생, 대학원생, 실습생 그리고 자원봉사자에게도 실천을 동반하는 교육 연구의 좋은 기회가 된다. 연계 기업은 대학의 교육 연구를 지원함으로써 사회에 공헌하게 되며, 사원이 전문 연구자나 대학원생과 교류할 기회도 생긴다. 그리고 대학교수는 전시 콘텐츠를 교체할 때마다 연계기관의 사원을 대상으로 강의를 하거나 전시물 또는 교육연구에 대해 심층이해를 돕기 위한 노력을 한다. 이것은 기업 등 관계자의 문화 및 학술에 대한 의식을 향상시키는 데 절대적인 효과가 있다.

'모바일 뮤지엄'은 기업 측에서 보면 대학의 풍부하고도 희귀한 학술 문화재를 정기적으로 교체 가능한 사적 컬렉션으로 독점 이용할 수 있다는 장점이 있다. 무미건조하고 문화와는 거리가 멀기 십상인 사무실 공간에 학술연구의 격조 높은 자연지 표본이나 희귀한 역사 문화재를 도입함으로써 업무 및 생활의 장을 보다 지적이면서 문화적인 장소로 바꿀 수 있다.

〈그림 2-8〉 모바일 뮤지엄과 설치 모습

교와(興和) 부동산 아카사카(赤坂) 인터시티에서

걸핏하면 사회적 책임을 묻는 시대에 대학이나 기업은 항상 사회 공헌을 염두에 두어야 한다. '모바일 뮤지엄' 사업은 대학에는 수장자원의 고도화로 창조적인 재활용의 기회가 되며, 기업에는 사업경비를 부담함으로써 학술연구와 전문교육을 지원한다는 의의가 있다. 교육 연구의 메세나 역할을 하는 기업은 대학박물관의 분관을 회사 공간 내에 상주시킨다. 이를 통해 기업 브랜드 강화나 사회공헌의 가시화에 도움이 될 수 있다.

실제로 모바일 뮤지엄을 추진할 때에는 먼저 파트너 기업의 요구에 맞는 학술표본을 선정할 필요가 있다. 기업 내에서 가설전시가 가능한 공간의 특성을 눈여겨본 뒤 기본적인 전시 디자인 설계에 들어간다. 이때 기업 관계자 외에도 일반인들이 출입하는 공공 공간이라는 점을 고려하여 내진 구조 등 안전 설계에 각별히 주의를 기울여야 한다. 또한 전시물 도난이나 파손, 열화 위험에 대비하여 보험 가입도 고려해야 한다. 특히 기업 측에서 보험 가입 요청을 하는 경우가 많다. 그렇지만 학술표본은 일반 미술품과 달리 평가액을 정하기 어렵다. 그러므로 종합연구박물관의 경우 원칙적으로 보험 가입은 하지 않고 상대 기업의 자주성에 맡기고 있다.

'모바일 뮤지엄'은 파트너 기업 내의 공공 공간, 즉 로비나 쇼룸 등 공공성이 높은 공간에 적합하다. 전시 공간에는 필요에 따라 정보 단말기나 연출 조명을 설치하고 일반 사원이나 방문자가 가볍게 들를 수 있는 장으로 만든다. 기업 내 특정 공간, 즉 임원실이나 사장실도 '모바일 뮤지엄'을 전개할 수 있는 장이 된다. 그러한 경우에는 관람자가 특정되므로 요구에 따른 전시방법과 전시물을 별도로 검토할 수 있다. 전시 설계는 기존 공간의 특성을 분석하고 도입되는 전시 콘텐츠와 전시 디자인이 상승적이면서도 미학적인 효과를 발휘할 수 있도록 배려한다. 또한 자사 건물 이외의 공간, 예를 들면 기업 소유의 임대 빌딩, 기업이 출품하는 이벤트 공간, 사외의 외부 공간 등에서 '모바일 뮤지엄'을 전개할 경우에는 대학과의 산학 연계 프로젝트라는 것을 명시적으로 나타내는 CI(Corporate Identity)를 사용하는 것이 매우 중요하며 이를 위한 통합적인 전시 전략이 큰 비중을 갖게 된다.

무엇보다 파트너 기업의 기호에 맞는 전시 디자인을 해야 한다. 예를 들면, 학술적, 교양적인 콘텐츠 제공을 주목적으로 하는 과학적인 방향 설정도 있을 수 있다. 이와는 달리 학술표본을 사물로서 미학적인 특성을 두드러지게 하는 예술적인 전략 선택이 있을 수도 있다. 전시의 기본방향과는 별도로 문자나 도형에 의한 전시 해설을 전면에 내세우는 교육적인 전시가 아니라 학술표본 자체의 형태나 재질을 효과적으로 드러내어 관람자의 신체적 반응에 따라 필요한 정보를 추가 제공할 수 있도록 해야 한다. 즉, 파트너 기업의 공간에 새로운 부가가치를 창출하기 위해 다양한 가능성을 탐구해야 하는 것이다.

6. 복합교육 프로그램

교육과의 연계에서는 초등, 중등, 고등학교 교육에 대한 공헌을 염두에 둔 '복합교육 프로그램'이 있다. 지금까지는 박물관이 어떻게 하면 학생들을 받아들일 수 있는지 고민하는 관점이 대세였다. 그러나 많은 자료를 쌓아두고 있는 박물관, 예를 들면 종합연구박물관처럼 수장고는커녕 복도에도 표본을 둘 데가 없는 박물관의 경우에는 발상을 역전시켜 어떻게 하면 박물관이 학교교육 시설로 들어갈 수 있을지 생각할 필요가 있다. 현재 학교교육 시설은 학생 수가 급감하여 교실의 과잉현상을 고민하고 있다. 이러한 초등, 중등, 고등교육 시설에 대학의 학술표본 컬렉션을 가지고 갈 수는 없을까?

앞서 기술한 바와 같이 '박물관공학'은 학술연구와 디자인의 통합을 목표로 한다. 이러한 시도 중의 하나가 'M3' 프로젝트이다. 이것은 '모바일 뮤지엄'에 '모듈 유닛'과 '미들 야드'를 더하여 3개의 머리글자 'M'을 따서 명명한 것이다. '모바일 뮤지엄'의 기본 개념은 유닛화된 한 개 내지 복수의 전시 콘텐츠를 어떤 장소에서 다음 장소로 차례로 이동시키는 것이다. 사업 형태로서는 일종의 교체 게임에 가깝고, 매우 중요한 비용 삭감 문제를 해결하는 방법이 된다. 당연히 에너지나 자재의 부하를 줄일 수도 있으며 전시의 진부화도 피할 수 있다. 중요한 것은 프로세스를 체계화하여 문제해결을 꾀한다는 발상이다.

또한 때와 장소를 가리지 않고 일정한 형태에 얽매이지 않는다는 장점도 있다. 여건(TPO)에 따라 가변적이기 때문이다. '모바일 뮤지엄'의 보다 작은 단위는 '모듈 유닛'이다. 작은 전시 유닛으로 교체하는 게임과 같다. 그러면 매번 다른 콘텐츠를 제공할 수가 있고, 다양성과 일관성, 연쇄성과 오락성을 만들어낼 수가 있다. 종합연구박물관에서는 2008년에 '모바일 유닛'의 조합으로 이루어진 상설전시로 『박물관 아라카르트(à la carte)』展을 개최했다. 보관된 조립 키트를 모으기만 해도 되기 때문에 경비가 들지 않고 시간도 얼마 걸리지 않는다. 이것은 박물관이 제한된 예산으로 상설전시를 유지하는 방법 중 하나이다.

다음은 '미들 야드'이다. 지금까지의 박물관 시설은 공개 유무에 따라 프론트 야드와 백 야드로 나뉘는 것이 보통이었다. 그렇다면 중간 영역에 '미들 야드'를 더해보자는 것이다. 연구 기능과 워크숍 기능을 아울러 갖는 공간 개념으로 활용해보려는 시도이다. 현재 종합연구박물관이 추진하고 있는 거시적 첨단연구 오픈 랩 구상은 대학에서 추진

〈그림 2-9〉 오픈 랩(Open Laboratory)

하는 고도의 전문 연구 현장과 이를 기반으로 한 학술표본의 수장 공간에 전문연구자, 학부생, 대학원생뿐만 아니라 초중고 학생을 유치하여 복합교육 프로그램을 실시하려는 계획이다.

2008년 7월에 개최된 기획전 『UMUT 오픈 랩: 건축 모형의 박물 도시』도 새로운 박물관 사업 모델을 제창하고자 하는 뜻깊은 실험 전시였다(〈그림 2-9〉). 전시 예산이 없는 최악의 조건이었으므로 학생들의 힘을 빌렸다. 건축을 전공하는 교내외 학부생과 대학원생들에게 세계의 유명 건축 마켓을 만들게 하여 이를 전시하는 프로그램이었다. 준비에 반 년 가까이 소요되었지만 당초 준비할 수 있었던 마켓은 100대도 되지 않았다. 그러나 전시가 시작된 뒤에도 전시장 한쪽에 '오픈 랩'이 마련되어 여기서 준비된 작업대에서 제작 작업이 계속되었다. 종료 즈음에는 약 150대의 마켓이 완성되어 전시장을 가득 메웠다. 이는 전시를 하면서 컬렉션의 내실화를 도모하는 일석이조의 시도였다.

전시회 기간 중 주말에는 학생들이 작업 중인 '오픈 랩'에 부모를 동반한 어린이들도 찾아와 마켓 제작에 참가했다. 물론 어린이들이 만든 마켓을 그대로 전시한 것은 아니었지만 참여를 유도한 것은 호소력이 있었다. 대학생과 어린이가 전시실에 마련된 '오픈 랩'에서 함께 작업을 한 것이다. 우리는 이러한 형식의 워크숍을 '복합교육 프로그램'이라고 한다. 가르치는 쪽과 배우는 쪽이 역할을 바꾸는 상황극 게임을 하게 되기 때문이다. '박물관공학'의 전시 프로그램 참가자를 대상으로 한 설문조사에 의하면, 대학생도 어린이를 가르치면서 배우는 것이 많다고 한다. 초등학교 교사에게 대학원생이 전문지식을 전하려고 하면 교사가 "그렇게 말하면 몰라요. 좀 더 쉽게 설명해주세요"라고 응수한다. 대학원생은 그때서야 비로소 자기가 사용하는 용어가 얼마나 전문적이고 특수한 것인지 깨닫는다. 이런 식으로 가르치는 측과 배우는 측의 입장이 바뀐다. 이 상황극 게임의 참가자는 학생에서 초등학교 교사, 대학생 및 대학원생, 연구자, 대학교수, 자원봉사자, 일반 사회인에 이르기까지 광범위하다. '오픈 랩'은 연령, 경력, 능력, 전공의 벽을 넘어 지식과 기술을 주고받을 수 있는 장이다. 이것이 바로 우리가 '복합교육 프로그램'이라는 말을 사용하는 이유이며, 박물관이야말로 이러한 장을 마련할 수 있다고 생각한다.

7. '인터미디어테크(Intermediatheque, IMT)'

'복합교육 프로그램'을 실천하는 본격적인 장으로서 '인터미디어테크'를 들 수 있다. 인터미디어테크는 2013년 3월 옛 도쿄중앙우체국을 리모델링한 마루노우치 JP 타워에 개관했으며, 도쿄대학 종합연구박물관과 일본우편주식회사가 연계·협력하여 운영하고 있다. 이 인터미디어테크의 명칭을 일본어로 굳이 번역한다면 '간(間)미디어관(館)' 정도로 말할 수 있을 것 같다. 인터미디어테크는 새 문화 활동 거점으로서 각종 표현 매체의 선구적, 창의적인 융합의 장이며, 박물관 사업의 확대를 목표로 한다. 그뿐만 아니라 '통합적 뮤제오그래피'라는 새로운 표현 콘셉트를 21세기의 종합적 문화사업이 가능한 방향으로 증명하는 것 또한 사명의 하나이다. 박물관을 표방하지 않는 실험적인 박물관, 즉 시설 건물을 단순한 보존, 진열품, 공개의 장으로서가 아니라 각종 미디어와 교육 프로그램의 융합을 촉진하는 표현, 창조, 발신의 장으로 전환시키려는 시도라는 점에서 이 통합적 문화창조 실험관은 기존의 박물관과는 다르다.

지금까지 박물관, 미술관, 기록관, 자료관 등 넓은 의미의 박물관에 해당하는 공공 문화시설은 역사, 자연, 예술, 과학, 기술 등 전문분야와 개별영역에서 종적 관계로 구별되어왔다. 이렇게 전문적, 개별적으로 특화된 형태는 학술연구나 전시활동 등 시설의 관리운영과 인원의 조직정비라는 면에서 효율적이었다. 그러나 기획 구상이나 전시 방법이 개개의 영역 안에서 폐쇄적인 경향이 강하고, 박물관 개념 자체를 진부하게 만드는 요인이 되기도 했다. 인터미디어테크가 종래의 박물관과 구별되는 이유는 상설전 및 기획전 개최, 컬렉션 수집과 연구, 감상 기회 제공이 학예사업의 궁극적인 도달 목표가 아니기 때문이다. 그보다는 상설전 및 기획전의 전시장 혹은 컬렉션의 수장 전시공간을 다양한 표현 매체가 만나 연출하는 무대 또는 배경으로 하여 문화창조, 문화발

신, 문화융합을 표현할 수 있는 장으로 구상하고 있기 때문이다.

인터미디어테크는 다종다양한 창조분야와 교육 프로그램을 통합적으로 연결하고 다양한 실험을 반복하여 시도함으로써 전례 없는 성과를 얻고 있다. '아트 & 사이언스'를 연결하는 시각적, 조형적 요소의 디자인을 출발점으로 일반 박물관이 실행하기 어려운 활동과 사업, 전에 개척되지 않았거나 착수하지 못한 문화 분야의 새로운 길을 열고자 하는 것이 목적이다. 인터미디어테크는 현행 일본 국내법에 규정된 박물관 또는 미술관을 모두 가리키기도 하며 또한 둘 다가 아니기도 하다. 그러한 특이한 위상을 갖는, 말하자면 제3종에 속하는 사회교육기관 개념을 확립함으로써 해외 선진국에서는 당연시되고 있는 박물관, 미술관 간 컬렉션의 공유와 기획 및 운영, 조직의 상호 연계를 촉진하여 국내 박물관계의 활성화에 기여하기 위해 구상된 것이다.

이 새로운 시설의 '복합교육 프로그램'은 대학의 교육연구와 박물관의 사회교육을 동시에 융합 운영하는 것이며, 대학교수뿐 아니라 음악, 영화, 연극, 디자인, 복식, 무도, 댄스, 건축 등 국내외 전문가도 참가하고 있다.

8. 통합적 역량 강화를 위하여

대학박물관의 업무는 다양하며, 박물관 주위에 학부생과 대학원생의 존재가 있다는 사실은 변함이 없다. 학생들은 현장 작업에 참가하면서 동시에 일의 진행상황을 직접 볼 수 있다. 보기 혹은 보여주기, 그리고 실습을 통해 지식과 기술을 전수하는 것과 같이 대학박물관이기 때문에 가능한 교육이 있다. 이론과 기술을 책상 위의 글을 통해서만 혹은 강단의 강의를 통해서만 전할 수 있는 것은 아니다. 박물관이 실천할 수 있는 교육은 학부와 대학원 교육과는 분명 다르다. 그러나 학생들이 실제로 사회에 나와서 조우하는 것 중에는 계속 책상 위에서 공부만 해서는 대처하기 힘든 일들이 적지 않다. 학예사 육성 면에서 본다면 교육연구 프로그램의 틀에서 통합적 역량을 강화할 수 있는 것은 대학박물관밖에 없다고 생각한다.

3장

기록관과 역사자료의 활용

운영자 관점과 이용자 관점에서

요코야마 요시노리, 요시미 슌야

　기록관이란 무엇인가? 이 질문에 대답하는 것은 쉽지 않다. 기록관
은 공문서관과 언뜻 별 차이 없어 보이지만 사실은 근본적인 부분에서
차이가 있다. 그리고 지금은 문서의 디지털화라는 기술혁명으로 인해
본질도 상당히 변화하고 있다.[1] 오늘날 넓은 의미에서 기록관의 역할은
계속 확대되고 있으며 공문서, 사문서 혹은 경영자료 및 연구자료, 다
양한 역사자료에 이르기까지 아카이브화의 필요성이 급속히 인식되고

1　기록관에 대해 논한 문헌은 특히 최근에 상당히 많이 출판되고 있어 전체를
　망라하기는 상당히 어렵다. 全国歴史資料保存利用機関連絡協議会関東部会
　編, 『文書館学文献目録』, 岩田書院, 1995. 그중에서 특히 国文学研究資料館
　史料館編, 『アーカイブズの科学』, 柏書房, 2003와 記録管理学会·日本アー
　カイブズ学会編, 『入門·アーカイブズの世界: 記憶と記録を未来に』, 日外ア
　ソシエーツ, 2006은 반드시 참고해야 하는 문헌이다.

있다. 이와 같이 복잡하고 기능변화가 심한 사회기관인 기록관(아카이브)에 대해 여기서 그 전체를 본격적으로 논하기는 어렵다. 이는 필자가 이 분야의 전문가가 아니라는 사실에서 기인한 필연적인 한계이기도 하다. 다만 대학의 MLA 연계 연구의 가능성을 모색하고자 하는 이 책의 취지에 따라, 논의의 초점을 대학기록관의 역할과 역사자료의 활용시스템으로 좁힌다면 발견적 가치가 있을 것이다. 이 장에서는 전반부의 대학기록관에 관한 부분(1~3절)의 집필을 요시미(吉見) 교수가, 후반부의 역사자료의 활용시스템에 관한 부분(4~6절)의 집필은 요코야마(橫山) 교수[2]가 담당했다. 두 집필자의 문체에는 다소 차이가 있으나 이 책의 기본적인 방향과는 일치한다. 이 장의 내용은 서장을 비롯하여 도서관과 박물관에 관한 다른 장의 내용과 연결시키면서 이해하면 좋을 것이다.

일본 기록관의 핵심 기관인 국립공문서관의 관장을 역임했던 다카야마 마사야(高山正也)는 "문서주의에 입각한 업무집행이 요구되는 공공기관으로서 국가와 지자체는 물론 사적인 영리기관과 학술연구기관까지, 조직과 조직을 구성하는 개인의 경험을 역사와 문화로서의 지식으로 변환하여 이용하는 것이 그 조직의 존재와 의사결정의 질을 높이는데 필수 불가결"하다는 인식에서 "조직이 축적한 정보와 지식을 조직

---

2 이 장에서 요코야마의 논지는 그가 근무한 도쿄대학사료편찬소의 업무방침과는 아무런 관련이 없으며 이와 관련한 모든 책임은 요코야마 본인에게 있다. 또한 2003년을 전후로 요코야마의 관심이 다른 분야로 변했기 때문에 최신의 논의까지는 완전히 포괄하지 못했다. 구체적인 사항은 각주 1의 여러 문헌을 참고하기 바란다.

의 기억으로 유지할 필요가 있다"고 했다. 또한 '조직의 지식'으로의 변환과 활용을 가능하게 하는 장치가 기록관이자 아카이빙이라고 했다.[3] 기록관은 조직이 스스로의 경험을 '지식화'하여 미래에 활용하기 위한 인식기반이다. 또한 미국의 국립기록관리처(NARA)와 대통령도서관 사례에서 볼 수 있듯이, 조직과 국가 및 정부가 각각의 상황에서 행한 의사결정이 정당했는지를 역사적으로 검증하는 민주주의의 강력한 감시장치(역사로부터의 감시)이기도 하다.

이와 관련하여 2008년 8월 미국 아키비스트협회(Society of American Archivists, SAA) 연차총회에서 미국 국립기록관리처장 앨런 웨인스타인(Allen Weinstein)이 발언했던 말을 인용하고자 한다. "국립기록관리처는 연방정부기관이며, 주목적은 정부기록을 공중이 이용할 수 있게(make available to the public) 함으로써 미국의 민주주의를 뒷받침하는 것이다."[4] 이에 따르면 기록관은 제도적으로 사회에서 기록을 이용할 수 있게 하는 시설이며, '공중(이용자)[5]'과 기록관의 관계성이라는 접근방식은 기록관을 이해하는 데 중요한 관점을 제공할 것이라 여겨진다.

역사적으로 살펴보면 근대 일본에서 이러한 의미를 가진 기록관은 거의 없었다고 해도 무방하다. 문서기록의 관리제도는 메이지 원년(1868년) 태정관(太政官)에게 문서행정을 올리는 '기록괘(記録掛)'를 설

---

3 高山正也, 「日本における文書の保存と管理」, 『図書館·アーカイブズとは何か』, 別冊環, no.15, 藤原書店, 2008, p.43.

4 https://www.archives.gov/about/speeches/2008/aug30-2008.html

5 이용자라고 해도 다 똑같지는 않으므로 공문서관에서는 내부 이용자(공무원 등이 공무를 위해 이용함)와 일반 이용자를 구별하는 경우가 있다. 여기에서는 후자를 염두에 두었다.

치한 데서 비롯했다. 이는 1871년에 '기록국'이 되고 1885년 이후 비로소 내각기록국이 되었다. 그러나 쇼와 초기 사회 전체가 총력전 체제로 재편되는 가운데 '기록국'은 '기록과'로 축소되었고, 이후 '기록'이란 단어 자체가 없어지면서 내각관방총무과(内閣官房総務課)의 기능 중 하나로 흡수되었다. 제2차 세계대전 이후, 미국의 모델이 도입되면서 국립국회도서관이 의회도서관에 대응하는 곳으로 설립되었으나 국립공문서관은 설립되지 못했다. 1959년 일본학술회의는 기시 노부스케(岸信介) 수상에게 공문서 산일방지에 관해 권고했으나 미일안보조약 개정으로 머리가 복잡했던 기시 수상에게 공문서 보존은 안중에 없었을 것이다. 전시체제의 핵심으로 A급 전범이기도 했던 기시 수상으로서는 공문서 보존이 본인에게 바람직하지 않은 제도로 보였을지도 모른다. 아무튼 많은 관계자들의 노력으로 일본 국립공문서관은 1971년이 되어서야 설립되었다.

그러나 현재 국립공문서관을 포함하여 각지의 기록관이 가진 총체적인 역할은 확대일로를 걷고 있다. 역사자료와 이를 관리하는 아키비스트(혹은 조직으로서의 기록관) 그리고 이용자라는 3대 요소의 관계를 전제로 여러 가지 논의를 진행할 필요가 있다.

1. 수집 및 선별과 가이드라인

기록관의 활동을 단계별로 구분하면 ① 수집(collection) 및 선별(selection), ② 보존(preservation) 및 정리(arrangement), ③ 공개(accessibility) 및 활용(reuse)의 세 단계로 나눌 수 있다. 먼저 수집 및 선별 단

계에서는 기록관이 어떤 기록 및 자료를 대상으로 하는 아카이브인지 명확해야 하며 또한 그 사실이 사회적으로 널리 알려져 있어야 한다. 예를 들어 대학기록관의 경우, 기본적인 보존대상은 다음의 네 가지가 있을 것이다.

① 해당 대학의 관리 및 운영에 관한 보존기간이 종료된 비현용 기록, 즉 각종 교내기관의 결정에 관한 행정적인 문서나 운영과정에서 남겨진 자료, ② 교내 주요 간행물과 인쇄 및 복제자료, ③ 교내 주요 연구실 등에서 실시된 프로젝트의 성과와 부산물로 남겨진 귀중자료, 또는 대학을 대표하는 역대 교원 관련 자료, ④ 대학 내 비공식기관이 발행한 대학의 역사와 밀접하게 관련된 여러 자료 등이다.

첫 번째, 조직의 비현용 기록 보존은 대학기록관뿐만 아니라 일반적으로 공적기관인 기록관이 공통적으로 대비해야 하는 것이 기본이며, 이는 2011년 봄부터 시행된 공문서관리법에 자세히 규정되어 있다. 이 법률은 연금기록의 엉성한 관리가 큰 사회문제로 대두되었던 2007년 당시 후쿠다 야스오(福田康夫) 수상이 "행정문서의 관리방식을 기본부터 바로잡고 법제화를 검토하며 국립공문서관 제도의 확충을 포함한 공문서 보존체제를 정비한다"고 선언한 것에서 비롯되었다. 이후 일련의 정책결정과정을 거쳐 2009년 6월 국회에서 가결되어 법률이 제정되었다. 이로 인해 적절한 기록을 남기지 않은 채 문서를 창고에 방치하거나 지정된 보존기간 내의 문서를 실수로 폐기하는 등 일본의 행정조직에서의 부적절했던 문서관리는 서서히 해결될 것으로 보인다. 현재, 대학에 요구되는 것은 이러한 사회 전체의 동향 속에서 대학기록관을 어떻게 새로운 법적 상황에 대응할 수 있는 기관으로 재정비해 나갈 것인가 하는 점이다.

두 번째, 교내 주요 간행물과 인쇄자료는 어떤 면에서 도서관의 기능과 겹치는 부분이다. 그러나 대학에서 나오는 팸플릿과 조사보고, 회의의 성과 간행물 중에는 협의의 '도서' 개념에는 포함되지 않으나 대학의 조직적 활동의 기록으로 귀중한 것이 많다. 이러한 점은 네 번째로 언급한 대학 내 비공식기관이 발행한 자료 또한 마찬가지로 동창회나 협동조합, 학생조직, 대학신문 등의 발행물이 여기에 해당된다. 이런 자료들은 대학의 활동을 외부의 시선에서 기록한 것으로 공적인 행정문서가 표현하는 역사를 상대화할 수 있다. 예를 들어, 1968~1969년의 대학분쟁은 제2차 세계대전 이후의 대학사에서 중요한 사건인데, 공적인 자료만으로 이 사건을 기록하기엔 매우 불충분하다. 때문에 전공투(全共鬪)[6]나 각종 학생집단에서 나온 전단과 성명, 여러 주변 조직이 남긴 기록이 중요하다. 대학기록관은 이처럼 대학을 근본적으로 뒤흔드는 사건에 관한 다면적인 기록자료를 보존하고 아카이브화해야 한다.

세 번째, 교내 연구자의 개인자료와 특수 컬렉션을 어디까지 기록관이 관리해야 하는지에 대해서는 대학마다 생각하는 바가 다를 것이다. 협의의 공문서 보존 관점에서 보면 기록관의 관리대상은 비현용 행정문서이며 범위를 확대한다 하더라도 조직운영에 관련된 간행물까지로 볼 수 있다. 또한 개인 컬렉션을 관리하는 것은 기록관이 아닌 박물관의 일이라고도 할 수 있다. 그러나 대학에서 '연구', '교육', '운영'은 밀접한 관련이 있기 때문에 개인자료와 연구상의 컬렉션을 배제하고 비현용 기록만으로 한정한다면 기록관은 대학 고유의 특징을 잃어버리게

---

6 全学共鬪会議의 약자. _옮긴이

될 것이다. 대학의 가장 큰 특징이 연구, 교육, 운영의 세 가지 차원의 긴밀한 연계에 있는 이상 기록관의 중심축은 운영 차원의 조직적인 기록에 두더라도, 연구자 개인에 관련된 탁월한 컬렉션 또한 고려해야 할 것이다.

이러한 대학기록관의 양면성은 그 활동이 대학의 역사편찬과 떼려야 뗄 수 없는 관계에 있기 때문에 더욱 두드러진다. 물론 이는 기록관 전반에 공유되어 있으며, 국립공문서관의 경우 국가 역사편찬의 기반을 담당하고 각 지자체의 공문서관은 해당 지역 역사편찬의 기반이 된다. 대학기록관도 이 점에서는 동일하다고 할 수 있는데 대학의 역사는 일정 부분 그곳에서 수행한 연구나 교육의 역사이기도 하다는 점을 주의할 필요가 있다. 대학의 역사가 학문의 역사와 밀접하게 연결되어 있으므로 대학의 역사편찬은 본래 학문의 총체, 즉 근대 이후 지식의 역사 전체를 전망하는 시야를 가져야 비로소 가능하다. 따라서 대학기록관에서는 대학이 본질적으로 내포하는 두 가지 차원, 즉 '조직으로서의 대학'과 '연구 및 교육으로서의 대학'을 연결할 수 있는 기록이 중요하다. 전형적인 예로는 역대 총장과 부총장, 한 시대의 획을 그은 위대한 교수의 구술사를 수집하거나 대학 연구교육 콘텐츠를 장기적으로 축적하는 것이 여기에 포함될 것이다.

이상의 검토 결과, 수집 및 선별 단계에서는 수집대상과 중요도, 각 범주에서 보존자료와 폐기자료의 경계선을 명시한 가이드라인이 꼭 필요하다는 사실이 명백해졌다. 실제로 어떠한 규모의 대학이든 비현용 기록의 총량은 방대하며 보존기간이 지난 모든 문서를 반영구적으로 보존하는 것은 불가능하다. 때문에 어떤 문서를 남기고 무엇을 버릴 것인지는 명확한 가이드라인에 따라 수행되어야 하며 폐기한 것에 대해서는 무엇을 폐기했는지를 반드시 기록해야 한다. 이러한 작업을 원활하게 진행하려면 일련의 절차를 규정한 가이드라인이 필요하며 가이드라인은 대학 전체에 공유되고 지켜져야 한다. 가이드라인은 번잡해서는 안 되며 단순명쾌하고 주도면밀해야 한다. 명확한 가이드라인을 위해서는 해당 조직의 활동에서 무엇이 핵심이며 어떤 문서와 자료를 보존하는 것이 적절한지에 대한 기본적인 생각에 대해 합의가 필요하다. 자료의 중요성, 희소성, 이용가능성 등 몇 가지 기준을 명확히 할 필요가 있다. 또한 이와 같은 합의를 바탕으로 구축된 가이드라인에 따라 대학 내 관계조직은 구성원의 기록관리에 대한 의식을 향상시키기 위해 노력해야 할 것이다.

2. 보존 및 정리에서 공개 및 활용으로

기록관이 자료를 수집하고 일정한 가이드라인에 따라 이관하면 그다음 보존 및 정리 단계에서는 자료의 장기적인 보존환경 정비가 과제가 된다. 자료는 종이 매체의 문서에서부터 인화사진, 네거티브 필름, 자기테이프 등 다양한 형태가 있을 수 있으므로 일률적으로 말할 수는 없지만 온습도 관리와 탈산처리, 중성지 상자 보관이 결정적으로 중요하다는 것은 두말할 필요가 없다. 자료보존의 가장 큰 적은 부식과 해충인데 이를 방지하려면 습도와 온도를 철저하게 관리해야 한다. 강한 산성과 알칼리성이 보존의 큰 적이라는 것 또한 이미 알려진 사실이다. 이 외에도 몇 가지 전문적인 보수 및 복원에 관한 절차와 기술이 있으나 여기서 이에 대해 충분히 논하기는 어렵다. 도쿄대학 경제학부 도서관에서 아시아 근현대자료의 보존 및 보수에 전념하고 있는 고지마 히로유키(小島浩之)에 따르면 보수 및 복원에는 ① 원형보존의 원칙(자료의 원래 형태를 유지하는 것), ② 안정성의 원칙(자료를 훼손하지 않고 장기적으로 안정적인 재료를 사용하는 것), ③ 가역성의 원칙(가역적인 방법과 재료를 사용하는 것), ④ 기록의 원칙(실시한 처치를 후세에 검토할 수 있도록 하는 것)의 네 가지 원칙이 있다고 한다.[7] 이 설명은 기본적으로 도서관 자료에 대한 것이지만 기록관 자료의 보존에도 유효할 것으로 보인다.

고지마에 의하면 국제적으로 말하는 '보존 = preservation'이라는 개념에는 갖춰진 환경 속에서 자료를 보관하는 것뿐만 아니라 보관을 가능케 하는 전문적인 직원 교육과 정책적 배려, 충분한 재정적 기반도 포함된다. 즉, 보존은 글자 그대로 자료가 보존서고에 있는 것만이 아닌, 조직적 보존행위 전체를 지칭한다는 것이다. 그렇다면 보존에는 자료의 분류나 목록작성, 보존 자료의 상태조사, 디지털화와 데이터의 구조화 등과 같이 이 장에서는 '정리'라고 부르는 프로세스가 포함된다. 실제로 기록관이 방대한 자료를 보존 관리하는 데 있어서 빠뜨릴 수 없는 것이 수집한 자료 전체의 보존상태를 조사하는 것이다. 그러기 위해서는 먼저 자료를 분류하여 수량과 형태를 전반적으로 파악해야 하며, 기본적인 목록도 작성해야 한다. 그 이후에 혹은 병행해서 개개의 자료 상태, 즉 어느 정도 열화가 진행되었는지, 어떤 재질의 자료인지, 보존 상태를 향상시키려면 어떤 처리가 필요한지 등을 조사할 필요가 있다. 열화를 어떻게 판단할 것인지, 탈산처리를 포함한 자료의 보수 및 복원

---

7 小島浩之, 「資料保存の考え方: 現状と課題」, 『情報の科学と技術』, vol.60, no.2, 2010, p.44.

에 어떤 기술을 사용할 것인지에 대한 고찰은 필자의 역량을 넘어서는 일이다. 기록관의 운영관점에서 보존상태의 조사와 보수 및 복원작업은 기록관 직원과 외부 전문가가 공동으로 진행해야 한다.

이처럼 수장자료의 분류, 목록과 보존상태의 조사가 이뤄지면 원 자료의 보존과 디지털 데이터의 공개 및 활용을 병행해나갈 수 있는 기초가 마련된다. 자료는 고해상도의 디지털 카메라로 촬영되고 메타데이터가 부여되어 아카이빙된다. 실제로 역사적인 문서와 자료, 유산의 보존관점에서 생각했을 때, 디지털화가 가져온 가장 큰 효과는 밀실환경에서의 실물자료 장기보존과 디지털 데이터의 광범위한 사회적 활용이 동시에 실현가능해진 점이다. 이로써 실물자료에 부담을 주지 않고 기록관에 집적된 모든 자료 콘텐츠에 광범위하게 접근할 수 있는 길이 열렸다. 물론 아직 해결되지 않은 문제들도 남아 있다. 예를 들면, 문서, 사진, 그림, 음성, 실물자료 등 서로 다른 다양한 형태의 자료를 통합적으로 아카이빙하는 장치를 어떻게 구축할 것인가. 혹은 각기 다른 포맷으로 구축된 아카이브를 연결하여 전체를 통합하는 메타 아카이브를 구축하기 위해 무엇을 해야 하는가. 디지털 카메라로 촬영한 방대한 문서자료에서 텍스트 데이터를 추출하려면 OCR 판독의 정밀성을 향상시킬 필요가 있는데 한자, 히라가나, 가타카나, 알파벳이 혼재하는 복잡한 일본어 텍스트를 어떻게 하면 컴퓨터가 정확히 읽어낼 수 있을까. 그리고 데이터 안에 있는 이미지와 영상, 텍스트 데이터를 어떻게 구조적으로 연결시킬 수 있을까 등의 과제가 있다.

이러한 기술적인 과제가 해결되면 기록관의 다음 과제는 개방된 기술적 가능성을 어떠한 제도적 장치를 통해 유용한 것으로 만들 수 있을 것인가이다. 이를 위해 먼저 '공개'단계에서 공개기준과 공개절차를 마런해야 한다. 동시에 공개에 관한 권리처리가 필요하며 순서도와 같은 업무 매뉴얼이 필요할 것이다. 이미 국립공문서관의 디지털 아카이브나 아시아역사자료센터 등에서는 웹서비스에 적극적으로 노력하고 있으며 이런 경향은 각지로 확산되고 있다. 대학기록관이 어느 정도까지 대응할 수 있을지 문제이긴 하나, 최종적으로는 가능한 많은 대학사 관련 자료를 웹에서 이용할 수 있도록 해야 할 것이다. 그렇게 되면 대학 간의 연계도 쉬워지고 여러 대학의 문서와 역사적 자료가 네트워크로 연결되어 새로운 지식이 만들어지는 기반 시스템이 형성될 것이다. 이 장에서는 이러한 방향을 대학 간 아카이브 연계를 통한 '지식의 리사이클'이라고 명명하고자 한다.

오늘날 구글과 같은 글로벌 기업에 의해 모든 형태의 콘텐츠가 시장에 편입되고 있는 가운데 기록관이 취급하는 기록자료와 도서관이 취급하는 출판물, 박물관에 수장되는 문화유산의 경계선이 사라지고 있다. 학술도서나 각종 문화자료, 다큐멘터리 등의 기록영상, 사진, 각본, 악보에서부터 대학과 같은 학술조직이 매일 생산해내는 기초자료까지 지적으로는 중요하지만 반드시 상업적 이익으로는 연결되지 않는 미디어 자료의 보존과 활용에 관한 공적 구조는 어떠해야 하는지가 문제시되고 있다. 이 과제에 대응하기 위한 키워드는 '문화의 지속가능성(sustainability)'이라는 사고방식이다. 오늘날 정보기술은 과거의 다양한 자료 콘텐츠를 디지털 형식으로 통합하고 콘텐츠 구조를 가시화하여 재이용할 수 있도록 하고 있다. 다시 말해, 디지털 기술이 열어놓은 기술적 가능성 속에서 문화는 흐름형에서 보존형으로, 더 나아가 창조적인 리사이클형으로 크게 전환되고 있다. 서로 다른 다양한 매체형식의 미디어 문화재를 완전한 환경에서 보존하면서 디지털화를 통해 내용을 리사이클하고 통합적으로 활용할 수 있는 것이다. 실제로 '리사이클'이라는 환경 분야의 용어를 차용하는 것은 우리 사회전체가 성장형에서 성숙형으로 질적인 변화를 하고 있으며 그 속에서 단순히 물질이나 에너지의 순환뿐만 아니라 문화적 창조와 향유, 순환에 관한 장기적으로 지속가능한 체제가 구상되어야 한다는 인식 때문이다.

3. 지식창성(知識創成) 기반으로서의 기록관

다시 대학기록관 이야기로 돌아오면, 수집 및 선별되고 보존 및 정리된 자료는 최종적으로 대학의 교육과 연구, 운영에 활용되어야 한다. 대학기록관이 이러한 역할을 수행하기 위한 구체적인 방향으로 우선 ① 역사편찬, ② 모교 역사교육, ③ 아키비스트의 현장교육, ④ 사무조직의 경험지 계승과 전문직 양성의 지식기반, ⑤ 홍보활동 및 사회연계를 통한 활용 등을 제시할 수 있다.

첫 번째, 역사편찬은 원래 많은 대학기록관이 해당 대학 역사 편찬 사업의 부산물로 설치되었다는 경위를 보면 당연한 활용법 중의 하나이다. 국립대학 기록관의 효시는 1963년 도호쿠(東北) 대학에 설치된 기념자료실로, 대학 50년사 편찬 시 수집한 자료의 보존과 활용을 목적으로 한 것이었다. 이후 1980년대부터 1990년대에 걸쳐 도쿄(東京)대학사 사료실, 규슈(九州)대학사 사료실, 나고야(名古屋)대학사 사료실 등이 설치되었는데 도쿄대학의 사료실은 100년사 편찬, 규슈대학의 사료실은 75년사 편찬, 나고야대학의 사료실은 50년사 편찬 과정에서 설치된 것이다. 많은 기업과 지자체의 기록관 조직도 이와 비슷하며, 기록관이 설치된 이상 역사편찬이 일회성의 대형 사업으로 끝나기보다는 계속해서 대학의 역사가 편집·공개되는 지속가능한 체제가 구축되어야 할 것이다. 안타깝게도 몇몇 사료실들이 역사편찬으로 수집된 자료의 보관창고 이상의 역할을 하지 못하는 경우가 있는데 대학기록관과 역사편찬의 관계는 앞서 언급한 문화의 지속가능성을 토대로 재검토되어야 한다.

두 번째, '활용' 면에서 대학기록관이 수행해야 할 중요한 역할로 모교 역사교육이 있다. 규슈대학사 사료실은 1997년부터 학교 전체의 공통교육과목으로 '규슈대학의 역사' 수업을 실시하고 있다. 다만 주의해야 할 점은 대학에서 모교 역사교육이 반드시 학생들에게 소속대학에 대한 '애교심'이나 '○○대생'으로서의 정체성을 갖게 하기 위해서 필요한 것이 아니란 점이다. 그보다는 자신들이 공부하고 있는 대학이 어떤 역사적 배경을 가지고 있으며, 어떤 어려움이나 과제를 안고 운영되는지 비판적으로 자각할 기회가 오늘날의 대학생들에게 필요하기 때문이다. 그런 기회가 없으면 학생들은 단순한 교육 서비스의 수혜자이자 소비자로서 자신을 규정해버릴 수밖에 없으며, 대학을 단순히 취직을 위해 거쳐 가는 길로 간주해버릴지도 모른다. 기록관이 가진 풍부한 자료를 기초로 한 모교 역사교육을 통해 학생 개개인이 자신이 공부하고 있는 대학이 어떤 장소인지, 학교가 가진 여러 과제를 해결하기 위해서는 무엇이 필요한지 교수들과 함께 생각하는 지적 주체가 되어야 한다.

세 번째, 기록관을 아키비스트 양성을 위한 실천적 학습의 장으로 활용하는 것도 중요하다. 서두에도 언급한 바와 같이 오늘날 디지털화와 공문서관리법 등의 법적 정비, 대학원 중점화에 따른 고학력 인재의 공급과잉, 그리고 MLA 연계의 가속화 등과 같은 움직임 속에서 아키비스트 전문교육시스템 확립은 일본에서도 시급한 사회적 과제가 되었다. 이 점은 이 책의 다른 장에서도 논하고 있으나 여기서 강조하고 싶은 것은 대학기록관이야말로 아키비스트 교육에 매우 적합한 '실험적 필드'가 될 수 있다는 것이다. 대학기록관은 국립공문서관과 비교하면 규모가 작고 전문적으로 분화된 정도도 낮다. 이런 특징을 거꾸로 이용하면 아키비스트 교육을 받는 대학원 학생들은 대학기록관을 필드로 자료의 수집과 선별부터 보존, 보수, 복원, 그리고 디지털화와 데이터베이스 구축, 디지털 데이터를 이용한 새로운 지식기반의 구축 등에 대해 각각의 집단적 개성을 살리면서 전문가의 지도에 따라 통합적으로 배울 수 있다. 이를 위해서는 각 대학에 MLA 연계형, 즉 문헌정보학과 박물관학, 기록관리학, 정보공학 등 여러 학문을 통합적으로 연계한 부전공 교육프로그램을 개설할 필요가 있을 것이다.

네 번째, 기록관은 대학 운영 실무에 있어서도 경험지의 계승과 전문직 양성의 기반으로서 유용하다. 일반적으로 일본 조직의 활력은 부장 및 과장의 직책을 맡은 각 개인의 능력과 경험지에 상당히 많이 의존하고 있다. 한 부서를 총괄하는 관리직이 유능하면 조직운영이 원활하지만 그렇지 않은 경우 정체되거나 현장직원들이 고생을 한다. 최근에는 많은 대학이 일정 기간을 두고 직원 인사이동을 하고 있기 때문에 문제가 장기화되는 경우는 줄고 있다. 그러나 거꾸로 말하면 경험을 통해 축적된 유용한 지식이 구성원이 바뀌면 다음 세대로 계승되기 어렵다. 실제로 대부분의 구성원이 재직 중에 축적한 경험지는 후임자에게 구두로 '인계'함으로써 연속성이 유지되고 있다. 그러나 서두에도 인용한 것처럼 개인의 경험에 과도하게 의존하는 계승 시스템을 바로잡아 "조직과 조직을 구성하는 개인의 경험을 역사와 문화로서의 지식으로 변환하여 이용하는 것이 그 조직의 존재와 의사결정의 질을 높이는 데 필수 불가결"하다. 따라서 대학에서도 개인적인 경험지를 조직의 기록된 지식으로 변환하고 그것을 대학조직 전체가 통합적으로 이용할 수 있도록 하는 것이 매우 중요하다.

마지막으로 사회연계 및 홍보에서의 대학기록관 활용도 대학의 공공성을 사회에 널리 이해시키기 위한 효과적인 방법이다. 대학의 교육연구는 사회 속에서 공공성을 강하게 주장하고 이를 통해 폭넓은 지지를 얻기 때문에 매우 중요하다. 때문에 많은 대학들이 수험생 확보와 졸업생의 고용확대라는 실리적인 목적뿐만 아니라 사회연계활동과 홍보를 전개하고 있는데, 대학의 공공성을 사회에 알리는 데 있어서 대학의 역사만큼 강력한 자원은 없다. 실제로 현시점에서 대학의 관심은 재학생과 수험생, 학부모에 한정되어 있을지도 모른다. 과거 대학이 걸어온 역사는 세대별 졸업생의 기억과 깊이 연결되어 있다. 그리고 몇몇 역사적인 사건들, 예를 들면 학도동원(学徒動員)이나 신제대학(新制大学)의 탄생, 대학분쟁 등은 졸업생뿐만 아니라 사회 각계각층의 관심사이다. 대학의 역대 교수 중에 일본 학문의 체계를 구축할 정도의 대학자가 있을 경우, 그 개인의 활동은 대학을 더욱 깊이 이해하는 데 도움이 된다. 대학이 내부 자료를 가능한 한 널리 공개하는 것은 대학이라는 장소가 닫힌 곳이 아니라 사회의 공공성을 향해 널리 열린 곳이라는 것을 알기 쉽게 나타내는 것이다. 기록관의 자료공개와 활용에 있어서 기록의 공개와 지식의 세대를 넘어선 공유만이 민주주의와 대학을 연결시킨다는 인식을 확립해야 할 것이다.

4. 역사자료의 검색과 접근에 관하여

이러한 이유로 기록관과 이용자의 관계는 기록관의 근간이 된다. 망라적이고 계통적인 조사와 연구를 통해 사료집을 편찬하고 있는 도쿄대학 사료편찬소는 사료 조사기관을 연차별로 공표하고 있다. 1960년대와 1990년대를 비교해보면 조사기관이 현저히 증가했으며, 박물관, 도서관, 기록관 등 역사자료의 보존을 하나의 목적으로 하는 기관에 보존된 사료에의 접근 또한 많아지고 있다. 이러한 경향은 역사학 연구 전반에 통용될 것으로 보인다. 이 장에서 앞으로 언급할 기록관과 이용자의 관계에 대한 논의는 바로 이 점을 확인하는 데서 시작된다. 역사학 연구, 더 나아가 사람들의 과거사에 대한 관심이 재생산되는 과정에서 기록관(소장기관)이 차지하는 의미는 매우 크다. 그렇다면 이용자와 기록관 그리고 기록관의 소장사료(문서, 기록, 자료 등 다양한 호칭이 있을 수 있지만 우선 역사자료라고 하겠다)는 어떻게 연결되어 있을까? 이를 이용자의 역사자료 접근이라고 바꿔 말한다면 검색 기능이 중요하다는 것은 두말할 나위도 없다.

역사자료를 어떻게 정리하고 검색도구(finding-aids, 목록)를 작성할 것인가라는 문제는 기록관의 기본적인 사항이며, 해당 역사자료에 의한 실증을 동반하는 과학에서도 본질적인 문제이다. 안도 마사히토(安藤正人)의 정리[8]에 의하면 역사자료의 목록 작성에는 크게 두 가지 전통적인 방법이 있다. Historical Manuscript Tradition과 Public Archi-

---

8　安藤正人, 「史料整理と検索手段作成の理論と技法」, 『史料館研究紀要』, vol. 17, 1985.

ves Tradition이 그것이다. 이 두 방법의 차이에 대해서는 검색 카드를 예로 들어 생각해보자. 전자는 문서 한 건에 적혀 있는 많은 정보를 추출하여 한 장의 카드에 기입하고 그 카드를 편년 순, 주제 순, 문서명 순 등으로 배열한 것들 중에서 검색을 한다. 이에 비해 후자는 문서 한 건에 담겨 있는 내용정보를 무시하는 것은 아니지만 카드 배열에 있어서 그 문서가 물리적으로 어떤 전체적인 질서 속에 존재하는지에 관한 정보를 따르게 된다. 역사적으로는 문서정리와 목록화의 방법으로 우선 전자의 방법이 사용되었고 이를 비판하면서 19세기부터 후자의 방법이 제창되어 체계화되었다고 한다.

이러한 두 가지 방식의 검색은 역사자료의 소재와 접근에서도 동일하게 생각해볼 수 있다.

현재 일본에는 소장기관에서 발행된 목록을 종합해서 작성한『국서총목록(国書総目録)』[9]이 있으며, 이를 데이터베이스화하여 더욱 확장시킨 '일본고전적종합목록(日本古典籍総合目録)'이 있다. 이를 통한 검색 결과에서 역사자료의 소장기관을 찾아 실물에 접근하는, 즉 서지에서 소장기관으로 상승하는 패턴이 있다. 대학도서관의 Web Cat도 비슷한 검색방법이다.[10] 역사자료와 '국서'는 다른 개념이므로 국서에 적합한 검색방법인지에 대해 논의할 수도 있지만 여기서는 우선 부분을 검색

---

9 출판사 이와나미쇼텐에서 고대부터 1867년까지 일본인이 저술, 편찬, 번역한 서적에 대해 저자명, 소장처 등 서지사항을 정리하여 발행한 종합목록이다. _옮긴이

10 近藤成一, 「二一万通の古文書を集める日本古文書ユニオンカタログプロジェクト」, 横山伊徳・石川徹也編, 『歴史知識学ことはじめ』, 勉誠出版, 2009 참조.

하고 그다음에 전체를 인식하는 프로세스에 주목하고자 한다. 이를 위해서는 부분이 검색 가능한 형태로 전체에 통합되어야 하며 이 점에서 기관 디렉토리와는 발상에 차이가 있다.

한편, 기관에서 사료로 하강하는 패턴이 있다. 이런 종류의 기관 디렉토리로는 지방사연구협의회의 『역사자료보존기관총람』(증보개정, 1990)과 국립사료관의 『근세·근대사료목록총람』(1992)[11] 등이 있다. 보통은 이것들을 통해 해당 기관이 작성한 '사료목록', '향토문헌목록' 등의 검색도구(각각의 사료 위치를 나타낸다)를 찾은 다음 해당 서지에 도달한다. '전체에서 부분으로'라는 지향점에 있어서 도서의 십진분류에 가깝다. 이 방법은 기관이 소장한 역사자료에 대해 어느 정도까지 검색도구를 마련하고 있는지 여부가 실제 역사자료의 소재를 보여주는 검색 시스템으로서의 유용성을 결정하게 된다. 참고로 국회도서관이 2008년 3월에 정리한 『지역자료에 관한 조사연구』(도서관조사 리포트 9호)[12]에 따르면 이 조사에 응답한 공립도서관 490곳 중 고문서 및 고기록 소장 도서관은 166곳이며, 이를 근거로 유추해보면 250곳 이상의 공립도서관이 고문서 및 고기록을 소장하고 있다고 추정된다. 다만 소장자료의 정리에 대해서는 설립된 지 오래된 도서관의 38.7%, 신생 도서관의 12% 정도가 완료되었다고 답했다.

---

11 공개 데이터베이스로는 '사료소재정보·검색' 시스템(국문학연구자료관)이 이용가능하다. https://base1.nijl.ac.jp/~siryou/sindbad/sindbad_top.htm.
12 http://current.ndl.go.jp/files/report/no9/lis_rr_09_rev1.pdf. 제시된 수치에 대한 평가는 여기서 다룰 주제는 아니지만 이러한 통계치 자체가 추계에 그치고 있는 것에는 주의해야 한다.

역사자료의 두 가지 검색방식의 차이에도 불구하고 전국적인 규모의 검색도구를 만들기 위해서는 개개의 소장기관의 범위를 넘어선 '총람'이나 '총목록'이 필요하다. 전국 규모의 체계적인 검색도구를 구축한 영국의 사례를 살펴보자.

영국 국립보존기록관(The National Archives, TNA)에서는 전자를 Access to Archives(A2A)라는 시스템, 후자를 NRA/Archon이라는 시스템으로 구현했다.[13]

NRA가 영국 전체를 아우르는 것인 데 비해 A2A는 the UK Archives Network의 일부로 속해 있다. 즉, A2A 이외에도 대학 및 연구기관들에 대해서는 예를 들어 Archives Hub[14]와 같은 다른 목록검색 시스템을 운영하고 있기 때문에 시스템화의 대상이 영국의 모든 목록은 아니라는 뜻으로 해석된다. 또한 "8세기부터 현재까지 잉글랜드 및 웨일즈의 축적된 기록(아카이브)에 관한 정보를 검색하여 열람 가능케 한다. A2A에 수록된 아카이브는 잉글랜드 및 웨일즈 전역의 지역기록관, 대학, 박물관과 국립 전문기관에서 관리되고 있다. 다시 말해 이들 기관에서 이 아카이브들이 공개되고 있다"라고 설명된 것처럼 목록을 검색할 수 있도록 한 시스템이라는 것을 알 수 있다. 다만 기술 수준은 원래 목록의 기술 수준에 의존하고 있으므로 일정하지 않다는 단서가 붙어

---

13 일본에서 A2A에 대해 언급한 자료로는 科学研究費成果報告書,「日本近代史料情報機関設立の具体化に関する研究」, http://kins.jp/pdf/31kajita.pdf에 있는 가지타 아키히로(梶田明宏)의 발언을 참조.

14 http://www.archiveshub.ac.uk. A2A는 일본의 Web cat과 같은 통합형 검색이고, Archives Hub는 횡단형 검색이다.

있다. 예를 들면, 목록이 하나인 경우도 있지만 파일로 된 경우도 있으며 사료군의 기술밖에 없는 경우도 있다. 또한 입력된 목록은 전체의 약 30%로 3개월마다 갱신된다고 명시되어 있다.

한편, 국가 등록 기록(the National Register of Archives, NRA)은 현재 국립보존기록관 TNA가 유지 및 운영하고 있는 제도로 영국의 역사자료 소장기관으로부터 복제된 목록을 수집하는 제도이며 이를 통해 영국 전체 역사자료의 성격과 소재(nature and location)를 파악할 수 있는 기능을 가지고 있다. 총 목록 수는 약 4만 4,000건이며 국립보존기록관에서 열람가능하다. 이 목록에서 사료의 성격과 소재정보를 모은 것이 온라인 데이터베이스 NRA[15]이다. Archon은 NRA에 집약된 영국 및 해외의 기록관(record offices), 도서관, 역사자료 소장기관의 상세연락처(contact details)를 제공한다. 예를 들어, NRA에서 'Satow'를 검색하면 국립보존기록관 이외에도 옥스포드대학 등이 관련 사료를 소장하고 있다는 사실을 알 수 있는데 해당 기관 안내를 클릭하면 Archon에서 데이터를 불러오게끔 되어 있다.

영국 국립보존기록관의 A2A와 NRA/Archon은 서로 역할이 다르지만 상호 의존적인 관계를 가진다. 예를 들어, A2A에는 개개의 소장기관에 관한 정보가 없으므로 Archon을 참조하는 식이다.

어떤 주제를 가진 이용자가 특정 역사자료에 접근하고자 할 경우, 역사자료를 소장한 기록관의 존재가 분명하지 않다면 기록관과 해당 역사자료의 관계에 관한 고려 이외에도 생각해야 할 문제가 있다. 그것

---

15 http://www.nationalarchives.gov.uk/nra/default.asp.

은 '기관총람'일 수도 있고 '총목록'일 수도 있다. 바로 거기에 개별 소장기관을 넘어선 일종의 대규모 리포지토리 같은 장치를 필요로 하는 근거가 있다. 그러나 현재의 네트워크 사회에서는 리포지토리가 반드시 조직적 실체를 수반할 필요는 없다. 이 점에 대해서는 뒤에서 조금 더 생각해보기로 하자.

5. 목록표준에 대해: ISAD(G)를 재고하다

1998년 미국 국립기록관리처(NARA) 웹사이트(http://www.nara.gov)에는 다음과 같은 기관장의 인사말이 있었다. "우리의 목표 중 하나는 미국 전역에 널리 퍼진 온라인 정보의 제공을 위한 통합 시스템을 구축하기 위해 노력하는 것입니다. 이를 위해 현재 많은 프로젝트가 웹상에서 진행 중입니다. 그중 하나가 NARA Archival Information Locator (NAIL)로 NARA의 소장 역사자료에 대한 목록기술의 시범 데이터베이스입니다. NAIL은 우리가 계획하고 있는 더 큰 규모의 프로젝트, 즉 미국 전역에 있는 소장 역사자료의 모든 온라인 목록을 구축하기 위한 전자접근 프로젝트의 초석입니다." 이는 국립기록관리처에서 ARC(Archival Research Catalog, the online catalog of NARA's nationwide holdings in the Washington, DC area, Regional Archives and Presidential Libraries)로 구현되었다. ARC 데이터는 기본적으로 국립기록관리처가 작성한 Life-cycle Data Requirements Guide(LCDRG)를 따르고 있다. 2000년 11월 제1판이 작성되었을 때, 이른바 역사자료 목록기술에 관한 표준을 만들었는데 작성과정에서 다른 외부기관의 규칙도 참조했다고 한다.

이렇게 한 나라 전체를 포괄하는 형태로 온라인 목록이 축적된 것은 역사자료 목록기술의 표준화를 지향한 국제보존기록기술규칙 ISAD (G)가 국제기록기구회의(International Council on Archives, ICA)에서 채택된 결과일 것이다. 여기서는 ISAD(G)를 본격적으로 다루는 것은 다른 곳에 양보하고[16] 필요한 부분만 이야기하고자 한다. 필자는 이 규칙이 두 가지 특징을 가진다고 생각한다. 첫 번째는 '전체에서 부분으로(Description from the General to the Specific)'라는 사고방식이다. 이것은 '기록군(fonds) 및 각 부분의 계층구조나 위치를 나타내기 위해' 기록군을 계층별로 기술하여 가장 넓은 부분에서 특정 부분으로 전개하는 전체 = 부분의 계층적 연관 속에서 얻은 결과를 표현한다. 즉, 기록군에서 세목으로 기술순서(트리 구조)를 규정한 것이다(덧붙이자면 LCDRG에서는 전체 = 부분의 계층적 연관을 record group-series-file unit-item이라고 한다).

ISAD(G)의 또 다른 특징은 각 계층의 기술요소(7개 영역, 26개 요소)를 설정한 것이다. 예를 들어 제1영역은 식별영역(Identity Statement Area)으로 각 계층의 물리적 속성을 기술하게 되어 있다. 마찬가지로 LCDRG의 기술요소는 크게 지적 요소, 물리적 요소, 매체 요소의 세 개 영역으로 구성되어 있다. 이상의 두 가지 특징을 데이터베이스에 대입해보면 각 계층을 테이블로 간주하고 각 테이블 간의 관계와 테이블 내의 레코드 구조 = 필드로 정의할 수 있다. 즉, ISAD(G)와 LCDRG 둘 다 목록 데이터베이스를 fonds-series-file-item이라는 트리형 관계를 가지는 복수의 테이블로 구성하려는 것을 알 수 있다.

---

16 アーカイブズ・インフォメーション研究会編訳, 『記録史料記述の国際標準』, 北海道大学図書刊行会, 2001.

ISAD(G) 제정 후, 미국과 영국은 전국 온라인 목록을 구축해왔으며 이를 위해 목록데이터의 상호 운용성을 높이는 것이 ISAD(G)와 같은 표준 제정의 목적이었다고 평가할 수 있다.[17]

돌이켜보면 필자를 포함하여 일본에서는 ISAD(G)로 대표되는 목록 표준을 역사자료 목록기술방법으로 받아들이려는 경향이 강했던 것 같다. 여기서는 ISAD(G)를 일본 사료에 적용(실험)하려는 논의가 진행되어왔다. 일본의 공문서관 시스템에서 고려해야 할 점은 일본의 독자적인 계층론이 존재하며 비교적 널리 이용되고 있다는 점이다. 이것은 부책(薄冊, 출납된 물리적 책 한 권)과 건명(각 책에 수록된 복수 또는 단수의 문서로 구성된 단위사항)의 두 가지 계층을 가진다. 이러한 목록기법이 어떠한 연원을 가지는지 여기서 문제시할 사항이 아니나, 국립공문서관 창설 이래, 아니 훨씬 이전의 행정제도에서 실제로 공문서의 관리방법으로 이런 부책-건명 목록이 상당부분 만들어졌다. 이러한 경험을 기반으로 많은 일본의 공문서관 시스템은 부책-건명이라는 계층구조를 가진 데이터를 축적해왔다. 어떻게 생각하는지에 따라서 file-item과 같다고도 할 수 있으나 시스템 운용경험에 따르면 부책의 경우, 연

---

17 Amanda Hill, "From elements to elephants: a review of progress in providing online access to the United Kingdom's archival information", *DigiCULT.info 10*, 2005는 "(A2A와 Archives Hub를 통합한) Archives Gateway의 성공은 검색에 이용되는 검색수단의 수와 포괄하는 범위의 크기에 좌우된다. 총목록의 세계에서 표준은 매우 중요하여 영국의 기록관계가 ISAD(G)를 수용하는 속도는 주목할 만하다"고 언급했다. 이 점에서 목록규칙의 공유화를 논의한 国文学資料館アーカイブズ研究系,『アーカイブズ情報の共有化に向けて』, 岩田書院, 2010는 주목할 만한 동향이다.

차만 다른 완전 동일한 데이터가 계속되는 일이 많아서(예를 들면, 『庶務課発信薄』라는 타이틀로 수십 권의 부책이 존재한다) 부책 file의 상위개념인 series를 설정할 필요가 있다고 한다. 이는 결국 기록군 이하의 각 계층을 설정할 합리성을 증명하고 있는 것이다.

목록작성에 있어서 ISAD(G) 적용에 관한 논의 자체는 필요한 과정이지만 다른 한편, 무엇을 목표로 표준화를 할 것인지에 대한 심층적 논의는 이뤄지지 못한 것 같다. ISAD(G)는 목록기술을 표준화하여 개별 소장기관의 온라인 목록 작성을 촉진하고, 전국적(광역적)인 온라인 목록의 형성을 목표로 삼고 있음을 확인할 필요가 있을 것이다.

6. 기록관 데이터 시스템과 지식

▌제1세대 공문서관 시스템

1990년대 초반 필자는 이용자로서 유럽과 미국의 기록관을 이용하면서 시스템상의 몇 가지 공통점을 발견한 적이 있다. 첫 번째 특징은 소장 역사자료 전체를 아우르고 있다는 것이었다. 당시 일본에서는 어떤 기록군은 키보드와 디스플레이를 이용해서 검색 출납하고 있었으나 어떤 기록군은 여전히 목록이나 카드를 이용해야 하는 일이 종종 있었다. 그러나 유럽과 미국에서는 이런 일이 드물었다. 두 번째 특징은 목록검색기능이 포함되지 않은 출납시스템이었다. 이후에 내부견학 등으로 얻은 식견을 종합해볼 때 출납 신청이 있으면 데스크 담당자가 출납하러 서고에 가는 것이 보통인 일본과는 달리 출납업무와 서고관리의 분업이 철저해서 데스크 담당자와 서고에 상주하는 서고담당자 간의 출납정보 전달수단으로 구축되어 있었던 것으로 보인다. 굳이 말하자면 물류 시스템이라는 인상을 받았다. 당시 영국의 공공보존기록관(현 TNA) 서고의 전동카트와 컨베이어 라인은 LAN케이블과는 정반대의 물류 네트워크였다.

이는 국립공문서관 정도의 기관이기 때문에 실현가능한 기능일까? 사실 그렇지 않다. 이런 시스템의 실현은 소장 기록군이 어느 서가에 얼마나 있는지에 대한 관리를 전제로 한다. 기록군의 규모를 표시하는 것은 일본에서 일반적으로 사용하는 건수 또는 점수가 아닌 자료가 점유하는 서가 길이를 기술하는 것과 밀접한 관계가 있다. 이야기가 조금 옆길로 새는데 소장시설의 총 서가 길이와 소장 역사자료가 점유하는 서가 길이의 합계, 연간 증가 길이가 산출되면 해당 시설의 한계를 알 수 있으므로 이런 물리적 관리를 가장 기본에 두어야 한다는 것을 이해할 수 있다.

내용에 관한 목록정보가 아니라 역사자료의 물리적 관리 시스템을 제1세대라고 한다면, 시스템 구축은 컴퓨터 처리에 적합한 일련의 작업이며 1980년대를 거치면서 이러한 시스템이 개발되고 보급되었다는 것을 쉽게 추측할 수 있다. 또한 물리적 관리를 받지 않는 소장 역사자료는 거의 있을 수 없기 때문에 시스템은 소장 역사자료 전체를 아우르게 된다.

▌ 제2세대 공문서관 시스템

1990년대가 되자 상기 시스템은 갱신할 시기를 맞이한다. 이때 목표가 된 것은 제1세대가 구비하지 못했던 목록검색기능을 가진 시스템, 즉 제2세대 공문서관 시스템을 만들자는 것이었다. 당초 국제표준 제정을 배경으로 1980년대 유럽과 미국의 기록관에서 각각 독자적으로 시행해왔던 제1세대 컴퓨터 시스템을 총괄하려는 움직임이 있었다. 그래서 1990년대 중반에 소위 '초고속 정보통신망'이 구성되었으며 검색기능에 온라인 접근 기능을 부가하는 것이 요구되었다. 상술한 미국 국립기록관리처장의 인사말은 이러한 배경을 바탕으로 이해할 수 있을 것이다.

다만 여기서는 다음과 같은 사항에 주목하고자 한다. 이미 언급한대로 컴퓨터에서 도서를 검색하는 경우, 저자명이나 서명 등의 메타데이터에 대해 키워드를 부여하여 해당 도서에 도달하는 방법이 사용되고 있다. 이와 마찬가지로 ISAD(G) 등 표준화된 메타데이터에 키워드를 부여하여 필요한 기록에 도달하는 방법이 제2세대 공문서관 시스템에서 시도되었고 웹 검색의 보급과 함께 사회 전반적으로 정착되었다. 이미 언급한 비교에 따르면 Historical Manuscript Tradition이 압도적으로 보급되었다고 결론지을 수 있다.

▌퐁[18]을 넘어서

그러나 기존 기록관에서는 이용자 검색으로 다른 방법을 사용하고 있었다. 알고 싶은 내용을 담고 있는 역사자료가 어느 조직에서 관리되었는지를 판단하여 그 조직에서 만들어진 전체 자료군(fonds) 목록을 검색하는 방식이다. 따라서 어떤 조직이 있었고 그 조직에서 무엇을 취급하고 있었는지에 대한 조직사(administrative history)가 이용자의 검색

---

18 퐁(fonds): 하나의 조직이나 가족, 개인이 생산 및 수집한 전체 기록물. 기록의 최상위 집단으로서 '기록군(Record group)'과 유사한 개념이다. 『기록학용어사전』, 한국기록학회, 2008. _옮긴이

에 매우 중요한 의미를 가진다. 그러나 일반적으로 그런 정보는 사료를 정리한 아키비스트의 머릿속에 존재하는 경우가 많아서 참고서비스를 할 때 유용한 정보가 되곤 했다.

기록관에서 목록기술이란 데이터 테이블에 역사자료에 관한 개개의 필요사항(메타데이터)을 입력하는 작업이자 동시에 조직사를 기술하는 것이었다. 실제로 ISAD(G)에는 행정연혁 및 개인이력에 관한 기술이 있으며 "자료의 문맥을 밝히고 해당 자료를 더욱 잘 이해하기 위해 기술단위의 작성자(들)의 행정연혁, 혹은 개인이력에 대한 상세정보를 제공하는 것 [To provide an administrative history of, or biographical details on, the creator (or creators) of the unit of description to place the material in context and make it better understood]"이라고 규정되어 있다. 영국 공공보존기록관(현 TNA)에서는 조직사에 대한 기술을 집적하고 역사적으로 재편성하여 『커런트 가이드(current guide)』를 편집했다. 이용자는 『커런트 가이드』의 색인에서 알고 싶은 사항을 소장한 조직의 가이드를 읽고 목록의 책 번호에 따라 목록실에서 해당조직의 목록을 검색하여 출납할 파일번호를 파악할 수 있었다.

위와 같은 이용자를 위한 검색 시스템의 흐름을 고려했을 때, 앞으로 기록관 시스템은 역사자료의 메타데이터와 조직사를 유기적으로 연결하여 구축할 필요가 있다. 전자는 관계/XML 시스템으로 구상할 수 있으나, 후자 혹은 양자를 연결하는 시스템은 어떻게 하면 좋을까? 필자는 태그를 포함한 텍스트와 전문(full text) 검색시스템의 조합이 적합한 시스템을 제공해줄 것이라 생각한다. 『커런트 가이드』를 태그 포함 텍스트로 작성하여 전문 시스템에 탑재하고, 검색 시에는 필요한 조직사의 내용을 웹에 표현하여 그에 삽입된 목록검색 링크를 통해 필요한 목록정보를 입수하는 방식을 구상해볼 수 있다.

그러면 조직사는 어떻게 구축할 것인가? 국회도서관의 '구막인계사료(旧幕引継史料)'라는 사료군을 예로 들어보자. 이것은 에도(江戸) 마치 봉행소(町奉行所) 등의 조직사를 의미한다고 판단된다. '자료의 주변상황'을 기술하려면 마치 봉행소를 포함한 에도 시대의 행정조직(상부조직으로는 막부, 하부조직으로는 에도 주민조직)에 관한 폭넓은 지식이 필요하다. 이러한 지식은 유사조직, 예를 들어 나가사키(長崎) 현 역사문화박물관에 소장된 나가사키 봉행소 문서, 홋카이도(北海道)현립문서관에 소장된 하코다테(箱館) 봉행소 문서 등의 조직사를 참조지식으로 이용해야 한다. 역사지식학[19]에서는 사료 혹은 사료 작성주체(여기에는 개인을 포함한다)에 관한 지식을 전체 역사자료군을 초월하여 상호 참조할 수 있는 지식으로 표준화하는 것이 하나의 과제가 될 것이다.

---

19 横山·石川編, 앞의 책. 또한 요코야마가 집필한 부분은 科学研究費補助金, 「史料デジタル収集の体系化に基づく歴史オントロジー構築の研究」(代表: 林譲)의 일부분이다.

제2부

MLA 연계를
생각하다

다양한 분야에서 다루어지고 있는 MLA 연계에 관한 구체적인 사례를 소개한다. 4장에서 고구려 고분벽화를 사례로 모사(模寫)자료의 전시·공개를 포함하여 역사자료의 디지털화에 대하여 기술한다. 5장에서 고지도를 사례로 디지털 아카이브의 현황과 새로운 가능성에 대하여 개설한다. 6장에서는 사료편찬소에서 실시하고 있는 '역사지식학' 연구를 소개하고, 지식의 구조화 측면에서 MLA 연계의 가능성에 대하여 고찰한다. 그리고 7장에서는 제2부를 정리하여 문화자원학 입장에서 MLA 연계의 과제에 대하여 살펴본다.

4장

고구려 고분벽화의 모사자료

사오토메 마사히로

북한에 있는 고구려 벽화고분은 2004년 6월 28일부터 7월 7일까지 중국 쑤저우(蘇州)에서 열린 유네스코 제28회 세계문화유산위원회에서 '고구려 고분군(Complex of Koguryo Tombs)'이란 명칭으로 세계문화유산에 등재되었다. 문화유산의 등재 기준은 "① 인간의 창의성으로 빚어진 걸작을 대표할 것, ② 오랜 세월에 걸쳐 또는 세계의 일정 문화권 내에서 건축이나 기술 발전, 기념물 제작, 도시 계획이나 조경 디자인에 있어 인간 가치의 중요한 교환을 반영, ③ 현존하거나 이미 사라진 문화적 전통이나 문명의 독보적 또는 적어도 특출한 증거일 것, ④ 인류 역사에 있어 중요 단계를 예증하는 건물, 건축이나 기술의 총체, 경관 유형의 대표적 사례일 것"[1]으로 이를 충족한 총 63기의 왕과 왕비 및

1　유네스코 한국 위원회 홈페이지 '세계유산 등재정책'에 나온 세계유산 등재기준을 인용하여 번역함. https://heritage.unesco.or.kr/. _옮긴이

귀족의 고분이 예술적, 역사적 가치를 인정받아 등재되었다. 그중에는 벽화가 없는 고분도 있는데 도쿄대학 대학원 건축학과는 고분 63기 중 4기인 매산리사신총, 쌍영총, 강서대묘, 강서중묘에 있는 벽화의 실물 크기 모사도를 소장하고 있다. 약 100년 전에 제작된 모사도는 제작 후 바로 도쿄대학에 소장되어 전시회에 대여하는 것을 제외하고는 도쿄대학 혼고(本郷) 캠퍼스에 보관되어왔다. 대학에서는 이를 학술표본 혹은 표본자료라 한다. 일본에서는 조사담당인 세키노 다다시(関野貞)가 소속된 도쿄대학과 모사담당인 오바 쓰네키치(小場恒吉)가 소속된 도쿄예술대학이 이러한 표본자료를 가지고 있다. 이 자료들은 교육 및 연구와 보급에 중요한 역할을 하며 미술관과 박물관의 전시회에 대여되고 있다.

이 장에서는 도쿄대학이 벽화 모사도를 소장하게 된 경위와 배경을 알아보고 학술조사에서 모사도가 어떤 역할을 하는지에 대해 고찰하고자 한다. 그리고 100년 동안 모사도가 어떻게 보관 및 공개되었는지, 시간이 흐르면서 북한의 고분벽화 중에는 열화하여 색이 퇴색되거나 회반죽이 벗겨져 100년 전 모습과는 달라진 부분들이 있는데 이러한 변화로 인해 모사가 제작 당시와는 다른 어떠한 새로운 가치를 가지게 되는지에 대해 생각해보고자 한다. 일반인도 쉽게 알 수 있도록 석실을 컴퓨터 그래픽으로 재현했는데 이를 위해 대학이 소장하고 있는 도면 등의 자료가 필수적이었다.

이처럼 대학에 소장되어 있는 표본자료의 하나로서 고구려 고분벽화 중 쌍영총 벽화의 모사도가 어떤 경위를 거쳐 오늘날에 이르렀는지, 그리고 디지털 기술이 만들어낸 새로운 공개방법에 대해 설명하려 한다.

1. 세키노 다다시 자료와 벽화모사도

▌조선고적조사

1909년 조선총독부 탁지부의 위촉으로 세키노 다다시(〈그림 4-1〉),[2] 다니이 사이이치(谷井濟一),[3] 구리야마 슌이치(栗山俊一)[4] 등 세 명이 건축조사를 실시했다. 다음 해인 1910년 조선총독부가 설치되자 이 조사는 내무부지방국의 유적조사로 넘겨졌고 1911년 이후에는 고적조사로 1915년까지 수행되었다. 이는 한반도 전체에 걸친 건축사, 고고학, 미술 등에 관한 최초의 종합적인 문화재 조사였다. 세키노 다다시를 중심으로 다니이 사이이치와 구리야마 슌이치가 조수로 참가했으며, 매년 「유적일람」과 「유적사진목록」이 작성되었다. 고적의 종합목록을 작성할 때는 중요한 순서대로 갑, 을, 병, 정의 4등급을 매겨 보호행정 자료로 지정했다. 갑과 을은 특별보호가 필요한 것, 병과 정(가장 가치가 없음)은 특별보호의 필요성이 인정되지 않는 것으로 했다. 단, 병은 조사가 끝난 뒤 재평가하여 을에 편입할 가능성이 있는 것으로 했다. 또한

---

2 1868년 출생, 1895년 도쿄제국대학 공과대학 조가(造家)학과(그중 건축학과) 졸업, 1897년 나라 현 기사(技師), 1901년 도쿄제국대학 조교수, 1902년 한국건축조사, 1909년부터 한국 고적조사에 종사, 1918~1920년 중국, 인도, 유럽 등지에 유학, 1928년 도쿄제국대학 퇴임, 1935년 급성골수성 백혈병으로 별세.

3 1880년 출생, 1907년 도쿄제국대학 문과대학 사학과 졸업 후, 교토제국대학 대학원 입학, 세키노 다다시의 조수로 조선총독부 고적조사에 참가, 1916년부터 조선총독부박물관, 1921년 고향 와카야마(和歌山) 귀국, 1959년 별세.

4 1888년 출생, 1909년 도쿄제국대학 공과대학 건축학 졸업, 세키노 다다시의 조수로 조선총독부 고적조사에 참가, 1919년부터 타이완총독부 영선과의 기사.

낙랑군, 고구려, 가야, 신라 등의 유적발굴조사도 진행하여, 연대나 시대적 특징을 규명하기도 했다. 당시 정식보고는 '간략보고(略報告)'로 대체했으며 발굴조사의 상세한 내용은 세키노 다다시의 논문에 발표되었다. 초기의 고구려 벽화고분 조사도 이 시기에 이루어져 논문으로 발표되었다.

〈그림 4-1〉 세키노 다다시
도쿄대학대학원 건축학과 보관

1915년 12월 경성(서울)에 조선총독부박물관이 개관하고 1916년에 최초의 문화재보호법인 「고적 및 유물 보존규칙」(총독부령)이 제정됨에 따라[5] 「고적조사위원회규정」을 만들어 고적조사위원회와 박물관협의회를 설치했다. 당시의 고적조사는 고적조사위원회가 인수하고 총무국총무과로 이관하여 박물관이 업무를 담당했다. 이때 위원으로 임명된 세키노 다다시, 구로이타 가쓰미(黑板勝美), 이마니시 류(今西龍), 도리이 류조(鳥居龍蔵)를 책임자로 하여 5개년 계획이 수립되었으며 매년 고적조사보고서가 출판되었다.

「고적 및 유물 보존규칙」은 고적에 해당하는 것을 정의하고 가치 있는 고적을 등록했다. 이와 함께 제정된 「고적 및 유물에 관한 사항(건)」

5   藤田亮策, 「朝鮮に於ける古蹟の調査及び保存の沿革」, 『朝鮮』 no.199, 朝鮮総督府, 1931, pp.86~112.

(훈령)에 의하면 발견 시 조선총독부에 보고하고 변경 시에는 허가를 받아야 했다. 총독부의 허가가 없으면 발굴조사를 할 수 없어 실질적인 고고학 조사는 총독부가 독점했다. 따라서 고구려 벽화고분의 발굴도 총독부에서 일괄적으로 진행했다.

고적조사위원회는 매년 경성에서 개최되었는데 1925년 5월 16일 개최된 제21회 위원회 자료를 보면 전년도 사무보고와 신년도 계획안이 나와 있다. 계획안에는 ① 고적조사, ② 등록사무, ③ 보존시설, ④ 보고서 출판의 항목이 있으며, ③에는 1912년과 1913년에 발굴 조사한 평양 주변 고구려 벽화고분의 출입문이나 철책의 교체, 수리 등이 적혀 있다.[6] 조사 후 바로 보존공사를 했으며 그 뒤에도 그때그때 수리했음을 알 수 있다. 다만 석실은 수리가 이뤄지지 않아 벽화는 그대로 남아 있다.

고적조사업무는 1921년 학무국에 설치된 고적조사과로 이관되었고 1931년 재정난으로 인해 외곽단체인 조선고적연구회가 설치되는 등 조직이 바뀐 후에도 1945년까지 지속되었다. 1926년에는 경성제국대학이 설치되어 후지타 료사쿠(藤田亮策)가 고고학을 담당했으며, 1933년에는 「조선보물고적명승천연기념물보존령」(제령)이 공표되었고, 12월에 동 보존회관제(칙령)와 시행규칙 등이 제정되어 새로운 법률 아래 문화재행정이 시작되었다. 보존회 위원으로는 일본에서 세키노 다다시, 구로이타 가쓰미, 하마다 고사쿠(浜田耕作), 하라다 요시토(原田淑人), 이케우치 히로시(池内宏), 우메하라 스에지(梅原末治), 후지시마 가

---

6 세키노 다다시의 자료.

이지로(藤島亥治郎), 아마누마 슌이치(天沼俊一), 북한에서는 후지타 료사쿠, 오다 쇼고(小田省吾), 아유카이 후사노신(鮎貝房之進), 오바 쓰네키치, 최남선이 선임되었다.[7]

▌ 모사도 제작

고분벽화 최초의 학술적 조사는 1909년부터 시작된 고적조사 중 1912년 우현리에 있는 강서대묘, 중묘, 소묘(벽화 없음)의 고분 3기를 발굴한 것이었다.

세키노 다다시는 1909년 건축조사 당시 평양의 시라카와 쇼지(白川正治)에게 강서에 큰 고분 3기가 있음을 듣고 1911년 현지에 가서 지역 사람들을 통해 벽화가 있는 것을 알아냈다. 또한 같은 해 도쿄미술학교의 학생이었던 오타 후쿠조(太田福蔵)[8]를 통해 강서 벽화의 스케치를 보고 그 중요성을 인식했다. 이에 1912년에는 미리 조사할 준비를 해 두고 벽화모사를 시작했다. 총독부와는 별도로 이왕가박물관(李王家博物館)에 부탁하여 박물관 예산으로 모사하고 오바 쓰네키치[9](〈그림

7   식민지 기간의 고적조사에 대해서는 早乙女雅博,「慶州考古学100年の研究」, 『朝鮮史研究会論文集』第39集, 2001, pp.53~106 참조.

8   1884년 출생, 1901년도에 도쿄미술학교 일본화선과 1학년으로 재적했으나 1905년 만주로 출정, 그 뒤 조선수비군에 편입되어 강서에 체재했다. 그때 우현리에 고분이 3개 있다는 것을 듣고 발굴을 시도하며 스케치를 했다. 또다시 1908년에 일본화선과에 합격하여 1913년 3월에 일본화과를 졸업, 1946년 별세.

9   1878년 아키타(秋田) 시에서 출생, 1908년 도쿄미술학교 도안과 조수, 1912년 동과 조교수, 그 사이에 보도인 봉황당, 호류지 등에서 모사에 종사, 1949년 일본예술원 은사상 제1회 수상, 1949년 별세.

4-2), [10] 당시 도쿄미술학교 조수)와 오타 후쿠조를 파견했다. 1912년 무덤에서 모사도 작업과 조정 작업을 했다. 1913년에는 이왕가박물관에서 마무리와 조정 작업을 했다. [11] 제작한 모사도는 경성의 박물관이 보관하고 밑그림은 일본으로 보내졌다. [12] 1914년 3월 25일 도쿄제국대학 건축학과에 등록된 강서 벽화가 바로 그것이다. 석

〈그림 4-2〉 오바 쓰네키치

실 내부가 어두워서 모사는 램프나 반사경을 사용했다. 그럼에도 불구하고 "벽화의 색은 녹청색이 가장 많은데 색이 바래서 검붉어졌다. 가장 잘 보이는 것은 주홍색으로 색이 선명하다. 그리고 호분(胡粉)[13]을 사용했다. 노란색도 많이 사용했는데 변색되어 무슨 색인지 알 수 없는 것도 있다"라는 관찰기록이 있다. [14]

1913년에는 평양부근의 쌍영총, 안성동대총, 성총, 감신총, 매산리 사신총(四神塚, 狩塚)의 벽화고분 발굴조사가 진행되어 매산리사신총은

10 佐々木栄孝, 『紋樣学のパイオニア小場恒吉』, 明石ゆり, 2005, p.177.

11 佐々木栄孝, 앞의 책.

12 関野貞, 「江西に於ける高句麗時代の古墳」, 『考古学雑誌』 vol.3, no.8, 日本考古学会, 1913, pp.2~17.

13 조가비를 태워서 만든 백색 안료. _옮긴이

14 太田天洋, 「朝鮮古墳壁画の発見に就て」, 『美術新報』 vol.12, no4, 畫報社, 1913, pp.16~18.

그해에 모사가 제작되었고 쌍영총, 안성동대총, 성총, 감신총의 모사는 이듬해인 1914년에 제작되었다. 오바 쓰네키치는 도쿄미술학교에서 학술연구를 위해 출장을 명받아 1914년 9월 7일 조선총독부에서 벽화 모사와 사진에 관한 협의를 했다. 그 뒤 8일 평양에 도착하여 쌍영총, 안성동대총, 감신총, 성총을 모사했다. 11월이 되면서 날이 추워지자 감신총의 석실 내에서 양동이에 솔잎을 넣고 불을 붙여 몸을 녹이기도 했다. 18일 성총 벽화를 모사하는 것으로 모든 작업이 끝났다. 쌍영총의 벽화모사는 여러 개가 제작되어 현재 국립중앙박물관, 일본의 도쿄 대학 및 도쿄예술대학에 소장되어 있다. 1913년 오바 쓰네키치의 출장은 도쿄제국대학의 명령에 따른 것으로 이때의 벽화모사는 조선총독부가 아닌 다른 기관의 예산으로 제작되었다. 그래서 이왕가박물관이나 도쿄제국대학, 도쿄미술학교에 모사가 수집될 수 있었던 것으로 보인다. 1930년 조선총독부박물관은 이전 강서고분의 벽화모사가 벽면 전부를 대상으로 한 것이 아니며 3명이 모사했기 때문에 일치하지 않는 부분이 있다는 이유로 고분벽화의 완벽한 모사를 계획했다. 즉, 만일 벽화가 파손되어도 모사로 영구보존을 하겠다는 것이었다. 이에 3개년 계획을 수립했고 1회 차는 오바 쓰네키치에게 의뢰하여 5월부터 7월까지 약 3개월간 강서중묘를 모사했다.[15] 강서중묘는 1912년에도 모사한 적이 있으나 연도(羨道)[16]가 길어 전부 모사하지 못했기 때문에 이번에는 거울의 반사를 이용하여 세세한 부분까지 정밀하게 모사했다.[17] 사

15 「昭和五年度の古蹟調査」, 『朝鮮』 no.197, 1931, pp.131~142.
16 고분의 입구에서 현실에 이르기까지의 길. _옮긴이
17 中村栄孝, 「古蹟調査の近況」, 『青丘学叢』 no.1, 青丘学会, 1930, pp.161~

용한 그림물감은 호분, 주홍색, 붉은색, 녹청색, 석황, 검은색으로 바탕
칠 없이 바로 그리고 마지막에 짙은 검은 선으로 마무리했다. 모사에는
양질의 일본 그림물감을 사용했으나 고색 이토(古色泥土)의 오염을 칠
할 때는 뉴톤 수채물감을 아교에 녹여서 사용했다.[18] 모사는 표구하여
도쿄미술학교 문고진열관에서 1931년 2월 3일부터 10일까지 전시했
다. 당시의 모사는 조선총독부박물관에 소장되어[19] 있다가 현재는 국립
중앙박물관으로 이관되었다.

1936년 10월 초순부터 약 40일간에 걸쳐 경성제국대학 법문학부 미
학연구실은 강서대묘와 중묘를 사진 촬영했다. 전신주에서 전선을 고
분 안으로 끌어와 적외선 촬영과 실물크기 촬영을 했다. 사용한 건판
(乾板)은 300~400장에 달하며 컬러인쇄를 할 수 있도록 세 가지 색 건
판을 사용했다. 이듬해에 실물크기의 사진을 인화하여 사신도(四神図)
는 괘폭(掛幅)으로 하고 천장지송(持送)은 두루마리로 만들었다.[20]

이후 오바 쓰네키치는 모사 제작을 계속했는데 평양 부근의 내리 1
호분, 고산리 9호분, 중국 지린성(吉林省) 지안(集安)의 통구 12호분, 통
구 사신총의 벽화를 모사했다.[21] 또한 1941년에는 평양 남쪽 진파리 1

162.

18 小場恒吉, 「再び江西古墳壁画模写に就て」, 『交友会月報』 vol.29, no.8, 東
京美術学校々友会, 1931, pp.3~7.

19 朝鮮総督府博物館, 『博物館陳列品図鑑』 第6輯, 1934.

20 中吉功, 「高句麗古墳壁画撮影と基展観」, 『青丘学叢』 no.28, 1937, pp.
162~163.

21 梅原末治, 『朝鮮古文化綜鑑』 vol.4, 1966, 図版19, 20에 통구사신총의 현실
(玄室)과 연도의 모사가 실려 있다.

호와 4호의 벽화를 모사했으나 정국의 변동으로 중지되었다.

▌세키노 다다시 자료

세키노 다다시는 건축학자로 1890년대부터 1930년대에 걸쳐 일본 및 한반도의 고적조사와 복원 및 보존 분야에서 활약한 인물이다. 그는 정밀한 관찰과 기록을 토대로 한 양식론(様式論)을 전개했고 고건축물, 고적, 유물의 연대와 계보를 연구했다. 그 성과는 조선총독부 문화재보호행정의 기초자료로 활용되었다. 일본에 남아 있는 '세키노 다다시 자료'는 그가 조사과정에서 수집 및 작성하거나 직접 기록한 자료이다. 해당 자료는 인화사진(프린트), 유리건판, 탁본, 도면, 모사, 조사기록, 필드카드, 유물, 인쇄 판화 원고, 강연초고, 서적, 편지 등으로 다양하다. 지역은 일본열도 이외에도 한반도, 중국 대륙, 동남아시아, 중앙아시아, 유럽 등에 걸쳐 있는데 한국, 중국, 일본의 자료가 중심이다.

현재 이 자료들은 도쿄대학 대학원 건축학과, 도쿄대학 종합연구박물관(2003년도에 도쿄대학 생산기술연구소에서 이관된 자료), 나라문화재연구소[2000년 1월에 세키노 다다시의 장남인 세키노 마사루(関野克)가 기증한 자료, 주로 헤이조쿄(平城京) 관련[22]]에 보관되어 있다. 필자진은 1997년부터 도쿄대학 대학원 건축학과에 보관되어 있는 자료를 정리하기 시작했다. 한반도에 관해서는 1차적으로 2000년에 탁본(비석 등), 모사(고구려 고분벽화 등), 도면(고건축, 석탑 등)의 목록을 작성했다.[23] 1912년

22 吉川聰, 「関野貞関係資料」, 『奈良文化財研究所紀要』, 奈良文化財研究所, 2003, pp.42~45.

23 早乙女雅博·藤井惠介, 「朝鮮建築·考古基礎資料集成(一)」, 『朝鮮文化研究』

과 1913년에 제작된 강서대묘, 강서중묘, 1913년에 제작된 매산리사신총, 1914년에 제작된 쌍영총 4기의 고분벽화 모사도 포함되어 있다. 2차 작업으로는 2002년 유리건판의 목록과 프린트(한반도만을 대상으로)를 작성했다.[24] 목록에는 건축학과가 보관한 벽화모사의 복사본도 포함되었으며 그 밖에 한반도의 건축조사를 진행한 건축학과 교수 후지시마 가이지로 등이 수집 및 작성한 표본자료도 포함되었다.

이후 2004년 도쿄대학 종합연구박물관이 보관한 필드카드 5,034장(일본, 조선, 중국 기타 모든 지역)의 목록을 작성하고 작업을 일단락 지었다.[25] 이 필드카드는 모두 세키노 다다시가 수집 및 작성한 표본자료이다. 2005년에는 역사에 남을 세키노 다다시의 업적을 기리는 전시를 개최했다.[26]

고구려 고분벽화 모사를 포함한 한반도의 표본자료는 대부분 조선총독부가 위촉한 고적조사사업으로 수집된 것으로 건축학과 종합연구박물관에 보관된 것들과는 성격이 다르다. 건축학과 표본자료는 수집과 동시에 대학에 소장되어 대부분은 원부에 기록되어 있으며, 표본자료를 기반으로 만들어진 교재도 포함되어 교육 및 연구자료로 수집한

no.7, 東京大學大學院人文社會系研究科·文學部朝鮮文化研究室, 2000, pp. 116~166.

24 早乙女雅博·藤井惠介·角田眞弓, 「朝鮮建築·考古基礎資料集成(二)」, 『朝鮮文化研究』 no.9, 2002, pp.61~130.

25 藤井惠介·早乙女雅博·角田眞弓·李明善, 『東京大學總合研究博物館所藏関野貞コレクションフィールドカード目録』, 東京大學總合研究博物館, 2004.

26 藤井惠介·早乙女雅博·角田眞弓·西秋良宏, 『関野貞アジア踏査: 平等院·法隆寺から高句麗壁画古墳』, 東京大學總合研究博物館, 2005.

공적 성격이 강한 자료이다. 이에 비해 종합연구박물관의 표본자료는 세키노 다다시가 소장하고 있던 것으로 개인의 연구자료나 문화재행정 자료가 많은 사적 성격이 강한 자료이다. 종합연구박물관에 소장된 필드카드는 조사 이전의 기초조사, 조사 당시의 기록과 스케치, 조사 이후의 강연이나 논문초고를 포함한다.

성격이 다른 자료의 비교를 통해 표본자료의 수집배경을 알 수 있어 학술적, 자료적 가치를 평가할 수 있다.

2. 고구려와 벽화고분

고구려는 랴오닝성(遼寧省), 지린성을 중심으로 한 중국의 동북지구에서 한반도 북반부에 걸쳐 번영한 고대국가로 668년까지 지속되었다. 일본은 야요이 시대 중기에서 고분 시대, 아스카 시대를 거쳐 다이카개신(645년), 덴지천황의 시대에 해당한다. 중국은 한, 위, 진, 남북조를 지나 수, 당 시대에 해당한다. 고구려는 수도를 두 번 옮겼다. 첫 번째 수도는 훈허 강 유역의 중국 랴오닝성 환런(桓仁)이었다고 추정되며, 두 번째 수도는 3세기 초 압록강 유역의 중국 지린성 지안으로 옮겼다가, 마지막으로 427년에는 조선 대동강 유역의 평양으로 옮겨 668년 나당연합군에 의해 멸망했다. 수도에는 왕, 왕족과 귀족의 무덤이 있으며 내부에는 벽화고분도 있다.

첫 번째 수도에는 구릉을 활용한 오녀산성이나 고력묘자 고분군 등과 같은 초기의 적석총이 많이 보인다. 또 10킬로미터 정도 떨어진 미창구 고분군에는 벽 한 면에 연화문이 가득 그려진 장군묘가 있는데 5

세기경 수도를 지안으로 옮긴 뒤의 고분이다. 수도를 천도한 뒤에도 여전히 중요한 장소였음을 알 수 있다.

제2의 수도인 지안에는 32개의 고분군, 총 1만 2,358기의 고분이 분포해 있다. 고분은 돌을 계단처럼 쌓아올린 적석총과 흙을 쌓아 덮은 봉토분의 두 종류가 있다. 적석총에는 왕릉으로 여겨지는 서대총, 태왕릉, 천추총, 장군총 등이 있으며 무덤 위에서 수막새가 출토되었고 주변에 넓은 묘역이 있다. 봉토분의 횡혈식 석실 내에는 벽화가 그려진 고분이 있는데 이 중 약 30기의 벽화고분이 알려져 있다. 지안이 수도였던 시대에 만들어진 벽화고분도 있고 평양 천도 이후에 만들어진 고분도 있어 수도였던 기간과 벽화고분의 조영 시기는 반드시 일치하지 않는다. 6기는 제2차 세계대전 이전에 발견되어 오바 쓰네키치가 일부를 모사했다. 통구사신총도 그중의 하나로 모사는 『조선고문화종감』 제4권에 컬러로 실렸으며 조사를 담당한 우메하라 스에지가 해설했다.

고구려는 지안지역부터 남진정책을 시행하여 313년에 평양에 있던 낙랑군과 그 남쪽의 대방군을 멸했다. 낙랑군은 기원전 108년 한무제가 세운 사군 중 하나로 군의 장관인 태부는 중국 본토에서 파견되었다. 그곳에는 많은 한나라 사람이 살고 있어 고구려와는 다른 한나라 묘 양식인 목곽묘나 전실묘를 조성했다. 대방군은 3세기 초에 낙랑군의 남반부에 세워졌다. 두 군이 모두 멸망한 후에도 4세기 중반까지 한나라의 전통을 이어받은 전실묘가 만들어졌던 것으로 보아 한나라 사람들은 평양에 남아 있던 것으로 보인다. 그 무렵 중국은 전란으로 화베이(華北)에는 5호 16국 시대가 시작되었다. 혼란을 피해 중국의 화베이나 랴오둥(遼東)에서 많은 사람들이 낙랑의 연고지인 평양 주변으로 옮겨왔다. 고구려 최초의 벽화고분인 안악 3호분의 피장자 '동수(冬壽)'

도 그중 한 명으로 평양의 고구려 벽화고분의 원류를 중국 랴오둥의 고
분에서 찾아야 한다는 의견도 있다. 372년에는 전진에서 스님 순도가
불교를 전파하고 수도에 초문사와 이불란사를 세웠다는 기록이 있다.
광개토왕(재위 391~412년)은 남진정책을 더욱 강화했고 지안에 세워진
비석 광개토왕비에는 400년경 경주와 부산 주변까지 군사를 진출시켰
다고 기록되어 있다. 이 남진을 계기로 일본에도 기마문화가 전해져 고
분에서 마구가 출토되었다. 그다음 장수왕(재위 413~491년) 427년에는
수도를 평양으로 옮겼다. 많은 고구려 벽화고분이 수도가 평양이었던
시기에 만들어졌으며 쌍영총도 5세기 후반 지어졌다.

중국에서는 북위가 5호 16국 혼란의 화베이를 통일했으며 장수왕은
435년 조공을 하고 책봉을 받았다. 북위[398년 평성(대동) 천도, 439년 화
베이 통일~534년]에서는 불교문화가 번영하여 운강 석굴사원 및 불상
등이 만들어졌고 불교 관련 연화문양과 인동문양은 고구려의 와당문양
과 고분벽화에도 영향을 끼쳤다. 그리고 고구려 벽화고분인 강서대묘
와 강서중묘에 그려진 연화문양과 인동문양은 일본 호류지(法隆寺)의
불상광배(仏像光背)와 기와문양에 영향을 주었다. 평양 주변에서 지금
까지 약 70기의 벽화고분이 발견되었는데 앞으로도 새롭게 발견될 가
능성이 있다.

3. 벽화모사의 공개와 전시

▌모사의 전시

고구려 시대의 고분은 1913년 1월, 일본고고학회에서 진행된 세키

노 다다시의 강연을 통해 일본에 최초로 소개되었다. 그해에 도쿄제국대학 문과대학 졸업식에 참석한 왕족 후시노미야 히로야스(伏見宮博恭王)에게 이왕가박물관에서 차입한 벽화모사 열람을 제공했다고 세키노 다다시는 설명했다. 그리고 11일에는 관계자들에게도 관람을 허락했다.[27] 그 뒤 이 모사는 정식모사로 이왕가박물관에 소장되었다.

1914년 4월 8일부터 10일까지 도쿄제국대학 공과대학 건축학과에서 제5회 전람회를 개최하여 1912년과 1913년에 제작된 강서대묘, 강서중묘의 벽화모사를 전시했다.[28] 큰 강의실 벽에 사신도(현무, 주작, 청룡, 백호)를 걸고 벽 상부에는 천장지송(持送)에 그려진 연화인 동문과 운기문을 옆으로 길게 걸었으며, 천장에는 천장정석(頂石)의 용문을 배치했다(〈그림 4-3〉). 3일 동안 방문자 수는 2,289명에 달했다.

이상 두 번의 전시는 1912년에 발굴한 강서대묘와 강서중묘의 벽화모사로 당시 쌍영총은 아직 모사되지 않았다.

벽화고분이 있는 평양에도 1933년 10월 7일 평양부립박물관이 새롭게 개관하여 1934년 6월에 고이즈미 아키오(小泉顯夫)가 관장으로 부임했다. 박물관 고구려 고분실에는 강서대묘의 네 벽과 천장 각 면의 실물크기 모사(오바 쓰네키치의 그림)를 전시했으며[29] 강서고분의 모형도 전시했다.[30] 1930년부터 제작된 정밀모사를 소장하게 된 조선총독

27 「彙報 朝鮮江西古墳壁画模写の御覧」, 『考古学雑誌』 vol.3, no.12, 1913, pp.49~50.

28 「雑記 工科大学建築学科第五回展覧会」, 『建築雑誌』 no.328, 建築学会, 1914, pp.25~37.

29 小泉顯夫, 「平讓博物館の最後」, 『朝鮮古代遺跡の遍歴』, 六興出版, 1986, pp.369~383.

〈그림 4-3〉 건축학과 제5회 전람회[31]

부박물관이 이제껏 전시했던 1913년의 정식모사를 평양부립박물관으로 옮긴 것으로 보인다. 이는 강서대묘의 천장모사 비교를 통해 밝혀졌다. 현재 국립중앙박물관이 소장하고 있는 것은 천장 수리 이후의 모사이고, 1913년 도쿄대학이 소장하고 있던 모사는 천장 수리 이전의 모사로 정식 모사도 수리 이전의 것이다. 그러므로 국립중앙박물관이 소장한 모사는 1930년에 제작된 정밀모사이다.[32]

---

30 編輯部,「朝鮮の博物館と陳列館(基一)」,『朝鮮』no.277, 1938, pp.90~101.

31 早乙女雅博・藤井恵介・角田真弓,「朝鮮建築・考古基礎資料集成(二)」,『朝鮮文化研究』no.9, 2002, p.57, 56706番. 東京大学大学院工学系研究科建築学専攻所蔵.

제2차 세계대전 이전 도쿄대학 소장 모사의 전시기록은 1914년의 전시뿐이다. 제2차 세계대전 이후의 전시기록은 대략 살펴보면 다음과 같다.

1978년 10월 7일부터 11월 12일까지 니가타(新潟) 현 조에쓰(上越) 시립종합박물관에서 개최된 세키노 다다시 전람회 출품목록을 보면 강서대묘와 쌍영총의 모사가 있다.[33]

1980년 11월 20일부터 1981년 9월 30일까지 도쿄대학 종합연구자료관(종합연구박물관의 전신)에서 『선구자의 업적 쓰보이 쇼고로(坪井正五郎)·세키노 다다시·하라다 요시토』라는 타이틀로 세키노 다다시가 수집한 자료를 전시했다.[34]

1985년 5월 8일부터 7월 12일까지 도쿄대학 고마바 캠퍼스에 있는 미술박물관에 쌍영총 벽화모사가 전시되었다.[35] 이어서 1985년 10월 23일부터 12월 13일까지(제1기: 10월 23일~11월 15일, 제2기: 11월 20일~12월 13일) 강서대묘, 강서중묘, 매산리사신총의 벽화모사가 진열되었다.[36] 건축학과가 소장한 고분 4기의 벽화모사가 모두 전시된 것은 처

---

32 최장열, 「일제강점기 강서무덤의 조사와 벽화 모사」, 『고구려 무덤벽화: 국립중앙박물관 소장 모사도』, 국립중앙박물관, 2006, 232~241쪽.

33 上越市立総合博物館, 『郷土生人シリーズ(三) 日本·東洋建築·美術史の先駆的研究者 関野貞展』, 1978.

34 稲垣栄三, 「関野貞」, 『先駆者の業績 坪井正五郎·関野貞·原田淑人』, 東京大学総合研究資料館, 1980, pp. 4~6.

35 「「朝鮮双楹塚古墳の壁画」展」, 『美術博物館ニュース』 vol. 1, no. 21, 東京大学教養学部美術博物館, 1985, p. 4. 稲垣栄三, 「双楹塚古墳の壁画と関野貞」, 『高句麗の壁画展: 朝鮮平安南道竜岡郡真池洞双楹塚の壁画』, 1985, pp. 2~6.

음이었을 것이다.

1996년 3월에는 도쿄국립박물관 동양관 제8실에 『고구려·광개토왕비 탁본전』이 개최되어 도쿄국립박물관이 소장한 사코오본(酒匂本), 국립역사민속박물관이 소장한 미즈타니본(水谷本)과 함께 고구려 고분벽화의 대표로 쌍영총 벽화모사가 전시되었다.[37] 제8실은 원래 중국미술 전시실이지만 길이 5.5미터의 탁본을 전시하기 위해서는 높은 벽이 필요하여 임시로 이 전시실을 이용했다. 광개토왕비가 건립된 것은 414년인데 이에 가장 가까운 연대의 확실한 고분은 덕흥리고분(평양남도 남포시)으로 전실과 후실로 이뤄졌으며 벽에 묘지(墓誌)가 검정색으로 쓰였다. 연대는 408년이다. 이 고분을 중심으로 반경 10킬로미터 이내의 서측과 남측에는 수산리고분, 약수리고분, 간성리연화총, 쌍영총, 안성동대총 등의 벽화고분이 분포되어있다. 도쿄대학에 소장되어 있는 고분 4기의 벽화모사 중에서는 쌍영총의 연대가 광개토왕비 건립연대에 가장 가깝다.

1997년 도쿄대학 창립 120주년을 기념한 전람회 『정신의 expedition』이 개최되어 종합연구박물관은 제2차 세계대전 이전 도쿄대학 교수의 해외 학술조사 성과를 공개했다. 세키노 다다시도 교수 중 한 명으로 고구려 벽화고분에 관한 업적 중 강서중묘의 벽화모사가 전시되었다. 강서중묘의 석실구조는 다른 것들에 비해 단순하고 천장이 2단의 평행지송이므로 베니야 판을 사용하여 평천장의 석실을 만들었으며 네

---

36 橫山正, 「江西大·中墓と狩猟塚の壁画」, 『高句麗の壁画展II: 江西大·中墓と狩猟塚の壁画』, 1985, pp. 2~4.

37 東京国立博物館, 『高句麗 広開土王碑拓本』, 1996.

〈그림 4-4〉 세키노 다다시 아시아 답사전 진열실(필자 촬영)

벽과 천장에 각각 벽화모사를 붙여 전시했다. 유리는 설치하지 않았으며 전시 관람자는 입구에서만 안을 볼 수 있을 뿐 가까이에서 볼 수는 없었다. 이는 입체적으로 석실 분위기를 좀 더 잘 느낄 수 있도록 한 전시방법이다. 이후에도 연구자들의 조사요청에 응하거나 대학수업에서의 견학을 허용했으나 보존을 고려하여 1년에 1~2회 정도로 제한했다.

벽화모사를 수집한 세키노 다다시의 연구와 그 자료를 수집 및 정리하는 작업이 일단락 지어진 단계에서 전시를 계획했다. 2005년 6월 4일부터 9월 4일까지 도쿄대학 대학원 건축학과와 종합연구박물관의 주최로 『세키노 다다시 아시아 답사전: 뵤도인(平等院)·호류지(法隆寺)에서 고구려 고분벽화로』가 도쿄대학 종합연구박물관에서 개최되었다. 2004년 교도통신사가 평양에 가서 직접 촬영한 고분벽화 사진을 나란히 진열하여 비교전시를 했다. 대학 소장 자료 중에는 쌍영총, 강서대묘, 강서중묘의 모사를 전시했다(〈그림 4-4〉). 또한 7월 23일에는 심포지엄 '세키노 다다시의 진면목'을 도쿄대학 공학부 1호관 15호 강의실에서 진행했다. 전시는 표본 보호를 위해 7월 25일 다음과 같이 전시물을 교체하여 강서대묘 천장의 기린모사(표본번호 51208), 강서중묘 천장의 인동문(표본번호 51212)의 두 권은 전시화면을 변경했다.

쌍영총 후실 북벽 묘주 부부 모사(표본번호 51204) → 쌍영총 오실(奧室) 동벽 장례모사(표본번호 51301)

강서대묘 북벽 현무모사(표본번호 51204) → 강서대묘 동벽 청룡모사(표본번호 51201)

강서중묘 동벽 청룡모사(표본번호 51101) → 강서중묘 서벽 백호모사(표본번호 51104)

모사는 벽 한 면의 그림, 천장의 한 단(一段)의 그림과 같이 잘려 나온 부분적인 평면 이미지이다. 실제로 석실에 들어가 본 적이 없는 사람은 석실에 그려진 3차원 공간의 모습을 상상하기 어렵다. 따라서 전람회에서는 디지털 이미지를 이용하여 석실 벽화의 모습을 3차원 공간으로 재현하는 새로운 연출을 시도했다.

2005년 8월에는, 2004년 교도통신사가 현지에서 촬영한 사진을 기반으로 국제교류기금포럼(도쿄·록폰기)에서 교도통신사 주최로 『고구려 벽화고분전』을 개최했다. 이에 도쿄대학에서도 쌍영총, 강서대묘, 강서중묘의 벽화모사를 출품했다. 대학교수의 입회하에 준비 및 철수, 그리고 표본검수가 이뤄졌다.

이즈음 일본의 고분벽화는 보존문제를 둘러싸고 큰 논쟁이 벌어졌다. 1983년 발견된 기토라 고분 석실 벽화는 곰팡이와 박리 등을 이유로 2004년에 벽화 일부를 도려내는 보존 방침을 세워 백호와 청룡을 벗겨냈으며, 2005년에 현무를 벗겨내 나라문화재연구소에서 보존 수리했다. 이들 벽화는 일시적으로 복원하여 2년 후 아스카(飛鳥) 자료관에 전시했는데, 도쿄대학 소장 고구려 벽화모사도 비교자료로 전시되었다.

2006년 4월 14일부터 6월 25일까지 나라문화재연구소 아스카자료관에서 개최된『기토라 고분과 발굴된 벽화전』에서는 기토라 고분의 백호가 5월 12일부터 5월 28일까지 전시되었다.[38] 비교를 위해 강서대묘의 동벽 청룡모사와 남벽 주작모사가 한시적으로 전시되었다. 2007년 4월 20일부터 6월 24일에도『기토라 고분벽화 사신현무전』이 아스카자료관에서 개최되었다. 고분의 현무는 5월 11일부터 27일까지 전시되었는데 5만 명이 넘는 사람들이 관람할 정도로 국민적 관심이 높았다. 강서중묘의 북벽 현무모사는 4월 27일부터 5월 27일까지 전시되었다.[39] 전시도록에 의하면 가토 신지(加藤真二)는 기토라 고분과 강서대묘에 현무를 구성하는 거북이와 뱀의 배치가 비슷한 점을 지적했다. 하지만 거북이 형상에 큰 차이가 있다는 점을 들어 기토라 현무의 계보를 중국 당나라 벽화에서 찾았다.[40]

---

38 飛鳥資料館,『キトラ古墳と発掘された壁画たち』, 2006.

39 飛鳥資料館,『キトラ古墳壁画四神玄武』, 2007.

40 加藤真二,「玄武がたどってきた長い道のり」,『キトラ古墳壁画四神玄武』, 飛鳥資料館, 2007, pp.15~33.

국립중앙박물관은 서울 용산으로 이전하면서 고구려 벽화 전시실을 마련하여 소장 모사를 전시하기 시작했다. 모사는 모두 1945년 이전에 그려진 것들이다. 필자진이 2005년 11월 6일 견학했을 때는, 강서대묘의 동서남북 4면의 모사가 전시되어 있었고, 2007년 6월 견학 당시에는 쌍영총 후실 남벽, 매산리사신총 남벽, 강서중묘 남벽, 진피리 1호분 남벽의 모사 4점을 전시하고 있었다.

▌모사 인쇄물

고분벽화 사진이 출판된 것은 『조선고적도보』 제2권(조선총독부, 1915년)이 최초였다. 『조선고적도보』는 총독부 발행으로 되어 있으나 사실은 세키노 다다시가 제작한 것이다. 1915년 제3권이 간행되었고 1935년 6월에 마지막 제15권(조선 시대)이 간행되었다. 1917년 프랑스 학사원은 이 서적에 대해 스타니슬라스 쥘리앵(Stanislas Julien)상을 수여했다. 조사 당시 촬영한 백호 사진이 게재되었는데 오바 쓰네키치와 오타 후쿠조가 제작한 모사의 일부가 컬러로 실렸다. 1916년에는 이왕직에서 컬러판 모사로 『조선고분벽화집』을 간행했다. 초기 평양 부근에서 이뤄진 고구려 벽화고분 조사에는 이 두 권이 연구 기초자료로 쓰였다. 특히 벽화 채색에 관해서는 모사에 의존할 수밖에 없었다.

일본에서 석실 내 컬러사진이 출판된 것은 『고구려고분벽화』(조선신보사 출판부편, 1985년)가 최초였다. 쌍영총 후실 사진에는 1913년에는 없었던 작은 비석이 새롭게 세워져 있다. 1998년에 『세계미술대전집 동양편 10 고구려·백제·신라·고려』[기쿠타케 준이치(菊竹淳一)·요시다 히로시(吉田宏志) 편, 소학관, 1998년)에 새로 촬영한 벽화가 실렸다. 2005년에는 교도통신사 60주년 기념으로 『고구려벽화고분』[히라야마

이쿠오(平山郁夫) 총감수·사오토메 마사히로(早乙女雅博) 감수, 교도통신사, 2005년]이 출판되었는데 2004년 가을 현지에서 촬영한 강서대묘, 강서중묘, 쌍영총, 안악3호분, 덕흥리고분, 호남리사신총의 벽화 컬러사진이 다수 게재되었다. 여기에는 도쿄대학과 도쿄예술대학이 소장한 고구려 벽화모사가 모두 게재되었다. 모사 전수를 게재하는 것은 처음 있는 일로 인쇄물이긴 하지만 일반 사람들도 널리 볼 수 있으며 연구자들도 한 권의 책으로 쉽게 이용할 수 있게 되었다. 같은 해 도쿄대학 종합연구박물관이 개최한 전람회 도록 『세키노 다다시 아시아 답사』[후지이 게이스케(藤井恵介)·사오토메 마사히로·쓰노다 마유미(角田真弓)·니시아키 요시히로(西秋良宏) 편, 2005년]에 도쿄대학 소장 모사가 일부 게재되기도 했다.

도쿄대학 소장 벽화모사는 1997년과 1999년 2회에 걸쳐 4×5판 컬러필름으로 촬영하고 필름을 스캐닝하여 디지털 이미지를 제작했다. 2005년의 자료는 이 디지털 이미지를 사용한 것이다. 이로써 컬러필름, 디지털 이미지, 컬러 인쇄물 등 총 3종류의 모사 이미지를 보존하게 되었다.

국립중앙박물관은 2004년 고구려 벽화모사 전시를 개최했고 이후 충청남도 공주에도 순회전시를 개최했다.[41] 당시 도록에는 한국 소장 벽화목록이 최초로 공개되었다. 2006년에는 모사 전수를 게재한 『고구려무덤벽화: 국립중앙박물관소장모사도』(국립중앙박물관, 2006년)를 간행했다. 쌍영총 모사는 도쿄대학, 도쿄예술대학, 국립중앙박물관이

---

41 국립공주박물관, 『고구려 고분벽화 모사도: 자랑스러운 우리의 세계문화유산』, 2004.

소장하고 있는데 모두 1914년에 제작된 것으로 보인다.

4. 쌍영총 벽화모사의 3D 복원

2005년 전시에서 도쿄대학이 소장한 고분 4기의 벽화모사 중 쌍영총을 재현대상으로 선택한 것은 다음의 세 가지 이유 때문인데, 연출효과 면에서 ①의 이유가 가장 크다.

① 모사의 양이 가장 많다(전체 71면 중, 52면의 모사가 있음).
② 전실, 후실, 이 둘을 잇는 통로에 세워진 2개의 기둥 등 석실구조가 복잡하다.
③ 90년이란 시간이 경과하면서 일부 채색이 심하게 퇴색되었다.

재현 시에는 실물크기의 석실 모형을 만들어 모사 사진을 붙일 것인지 컴퓨터 이미지로 할 것인지를 고민했다. 1997년 실물 모사를 벽에 붙여 강서중묘를 재현했다. 강서중묘는 2단의 평행지송 위에 정석을 올린 비교적 단조로운 천장구조였기 때문에 평행지송은 생략하고 정석의 모사만 천장에 붙였다. 그에 비해 쌍영총의 천장구조는 3단의 평행지송 위에 또 2단의 3각 지송을 올린 복잡한 구조가 특징이므로 생략할 수 없었다. 더욱이 천장 높이는 실측도를 보고 측정했을 때 4.44미터 정도이고 석실 평면의 전체 길이도 9.88미터(후실에서 잔존 연도까지)로 상당히 큰 모형을 만들어야 한다. 석실 안의 분위기를 체험할 수 있다는 연출효과는 크지만 박물관 전시실에서 장소를 많이 차지하고 종료 후의 해체보

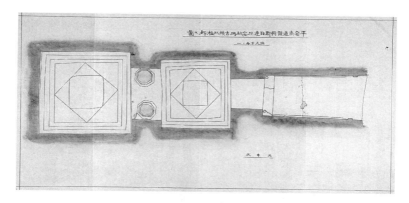

〈그림 4-5〉 쌍영총 천장복도[43]

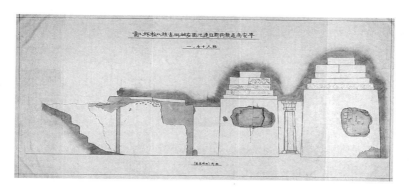

〈그림 4-6〉 쌍영총 서쪽 종단면도[42]

관이 어렵기 때문에 컴퓨터 이미지를 이용하여 재현했다.

다음과 같은 각종 쌍영총 자료가 남아 있었기에 재현이 가능했다.

42　早乙女雅博·藤井惠介, 「朝鮮建築·考古基礎資料集成(一)」, 『朝鮮文化研究』 no.7, 2000, p.164, 10301番. 東京大学大学院工学系研究科建築学専攻所蔵.

43　早乙女雅博·藤井惠介, 「朝鮮建築·考古基礎資料集成(一)」, 『朝鮮文化研究』

〈그림 4-7〉 쌍영총 연도: 전실, 후실 북벽도[44]

① 도면

● 도쿄대학 건축학전공 소장 실측도(축척 10분의 1, 1913년 작성): 평면도, 천정복도(〈그림 4-5〉), 서쪽 종단면도(〈그림 4-6〉), 동쪽 종단면도, 후실 북벽도(〈그림 4-7〉 오른쪽), 전실 북벽도(팔각석주 포함, 〈그림 4-7〉 가운데), 연도 북벽도(〈그림 4-7〉 왼쪽), 후실 남벽도, 전실 남벽도

● 후실 북쪽에서 후실 천정, 앞 벽, 동벽, 팔각석주를 원근법으로 그린 석실 스케치[45](〈그림 4-8〉)

no.7, 東京大学文学部付属文化交流研究施設朝鮮文化部門, 2000, p.164, 10302番. 東京大学大学院工学系研究科建築学専攻所蔵.

44 早乙女雅博·藤井恵介, 「朝鮮建築·考古基礎資料集成(一)」, 『朝鮮文化研究』 no.7, 2000, 10307番. 東京大学大学院工学系研究科建築学専攻所蔵.

45 朝鮮総督府, 『朝鮮古蹟図譜』第2冊, 1915, 538図.

〈그림 4-8〉 쌍영총 후실 스케치[46]

② 모사

도쿄대학 건축학과 소장모사 52면(1914년 작성, 1915년 3월 25일·11월

〈그림 4-9〉 족자 모양으로 만들어진 쌍영총 모사(필자 촬영)

〈그림 4-10〉 쌍영총 후실 동벽 모사[47]

---

46 朝鮮総督府,『朝鮮古蹟図譜』第2冊, 1915, p.164, 538図.

30일 등록): 도쿄제국대학에 입수 되자마자 모두 족자 모양으로 만들었으며 '조선 평안남도 진지동 쌍영총벽화'라고 쓰여 있다(〈그림 4-9, 4-10〉).

도쿄예술대학 소장모사 28면(4면은 부분도, 1914년 작성, 1915년 11월 9일 매입): 목록의 동양화 모사본 4094~4107에는 고분명을 쌍주총이라 한다.[48] 천장의 지송은 여러 개를 한 장의 지도로 만들었기 때문에 면수와 건수가 맞지 않다. 4098모사본의 100분의 1 실측도에는 '평안남도 용강군 지운면 안성동 고분 약도, 가칭 쌍주총'이란 주기가 달려 있다. 도쿄대학 건축학과가 소장하지 않은 모사가 2면 있다.

국립중앙박물관 소장모사 29면: 모두 도쿄대학 건축학과 소장모사와 중복되며 동일시기에 제작된 것으로 추정된다. 국립중앙박물관은 기마인물을 그린 연도 서벽의 벽화 단편을 소장하고 있다.

③ 흑백사진

『조선고적도보』 제2권, 그림527~그림581(조선총독부, 1915년) 중 30장으로 분구 정면, 분구 서측면, 연도 동벽과 서벽, 전실남벽·서벽·천장, 후실북벽·동벽·서벽·천장 등이 있다.

④ 컬러사진

『고구려고분벽화』(조선신보사 출판부편, 1985년)

47 早乙女雅博·藤井惠介, 「朝鮮建築·考古基礎資料集成(一)」, 『朝鮮文化研究』 no.7, 2000, p.119, 51301番. 東京大学大学院工学系研究科建築学専攻所蔵.
48 東京藝術大学芸術資料館, 『所蔵目録 東洋画模本V』, 1999.

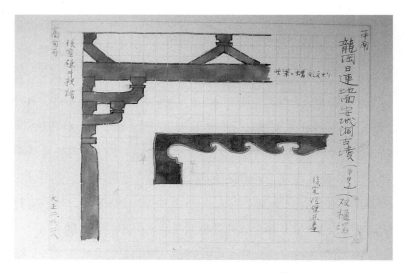

〈그림 4-11〉 쌍영총 후실 건축벽화[49]

『세계미술대전집 동양편 10 고구려·백제·신라·고려』(소학관, 1998년)

『고구려벽화고분』(교도통신사, 2005년)

　모두 책을 출판하기 위해 독자적으로 촬영한 것으로 촬영 당시의 모습을 알 수 있다.

　⑤ 세키노 다다시 필드카드 8장

　도쿄대학 소장으로 [1913년(大正) 2년] 9월 28일의 날짜가 적혀 있다. 후실 동벽 승려의 문, 후실 북벽두공(〈그림 4-11〉), 전실입구 사천왕이 가진 환두대도, 문양 스케치, 평면도, 메모 등.

　먼저 ①의 도면에서 연도, 전실, 통로, 후실로 이어지는 석실구조를 3차원으로 복원하여 재현했다. 그 뒤 각 벽면을 그린 모사 이미지를 3

차원으로 복원한 벽에 붙였다. 모사를 붙이는 위치를 정할 때는 ④와 ⑤의 각 방향에서 촬영된 사진을 이용했다. 도면에 벽에 칠해진 회반죽의 박리범위가 기입되어 있고 보고서에도 벽화 이름이 적혀져 있으므로 벽면의 어디에 모사를 붙일지는 쉽게 판단할 수 있었다. 천장 3단 평행지송과 2단 삼각지송은 측면 4방 문양이 거의 동일하므로 천장을 올려다 본 사진을 참고했다. 이 작업이 가장 힘들었다. 재현은 여기까지를 제1단계로 하고 모사가 없는 부분은 흰 공백으로 남겨뒀다(〈그림 4-12〉). 이를 보면 벽면의 모사는 전부 제작되어 있으나 천장부는 누락된 곳이 있었다(〈그림 4-13〉). 특히 후실 천장의 평행지송 1단과 삼각지송 1단, 2단의 동쪽 측면의 모사가 없다. 또 평행지송 밑면의 모사가 전혀 없는데 이는 이 부분에 벽화가 그려져 있지 않기 때문에 모사를 제작하지 않은 것으로 보인다. 제1단계에서는 모사만으로 벽면과 천장부를 재현했기 때문에 흰색의 공백부가 조금 눈에 거슬리나 모사가 있는 부분을 한눈에 알 수 있다.

기초 데이터를 작성한 다음 어떻게 석실 안을 볼 것인지 검토했다. 벽면 세부는 모사의 실물이나 사진으로 볼 수 있기 때문에 표현할 수 없는 석실 이미지를 재현하는 데 중점을 뒀다.

보는 순서는 다음과 같다. 입구로 들어가 연도 좌우의 사천왕상을 보고 전실 안을 멀리서 들여다본다. 전실 안에는 후실과의 사이에 있는 통로 좌우에 팔각석주가 보이는데 그때 이 석주를 회전시켜 각 면의 수

---

49 藤井惠介·早乙女雅博·角田真弓·李明善, 『東京大学総合研究, 博物館所蔵 関野貞コレクションフィールドカード目録』, 東京大学総合研究博物館, 2004, p.12, 04-071番. 東京大学大学院工学系研究科建築学専攻所蔵.

〈그림 4-12〉「쌍영총재현」[50]

〈그림 4-13〉「쌍영총재현」[51]

〈그림 4-14〉「쌍영총재현」[52]

문(獸文)이 잘 보이도록 했다. 동벽의 청룡, 서벽의 백호는 전체 모습에서 몸통의 비늘 문양이나 줄무늬 문양이 잘 보이도록 화면을 이동시켰다. 그리고 천장의 지송구조를 입체적으로 본다. 천장을 회전시키면서 올려보기 때문에 구조를 잘 알 수 있다. 통로에서 후실을 바라보고, 북벽의 묘주 부부상과 그 위를 보고, 동벽의 공양도 행렬을 한 명 한 명 클로즈업해서 보고 천정을 올려본다. 다음으로 후실 오벽에서 전실을

50 早乙女雅博監修, (株)堀內カラー制作, 協力 東京大学大学院工学系研究科·
   (財)文化財保護·芸術研究助成財団.

51 早乙女雅博監修, (株)堀內カラー制作, 協力 東京大学大学院工学系研究科·
   (財)文化財保護·芸術研究助成財団.

보고 (⟨그림 4-14⟩), 다시 한 번 전실, 연도로 돌아가는 것으로 약 10분 간의 영상을 완성시켰다.

제2단계의 재현에서는 흰색의 공백 부분을 없애기 위해서 ④의 2004년 11월 5일 현지에서 촬영한 사진을 붙이기로 했다. 사진은 교도통신사가 제공했다. 따라서 모사 부분은 1914년의 그림이고 그 밖의 부분은 2004년의 그림으로 2개의 시대가 혼재된 모습으로 재현되었다. 이는 위화감 없이 석실 이미지를 감상할 수 있게 한 것이다.

5. 모사의 새로운 자원화

고구려 벽화고분은 지금도 현지에 존재한다. 이것을 1차 자료라고 한다. 석실구조를 보면 축조 당시인 5~6세기 모습이 거의 그대로 남아 있는 것도 있지만, 천장이 부서져 벽만 남아 있거나 거의 파괴된 것 등 다양하다. 이 장에서 다룬 쌍영총은 입구부분이 일부 부서졌지만 석실구조는 보존상태가 양호하다. 그러나 1913년 당시, 후실 북벽, 동벽, 서벽에 회반죽이 원형으로 박리되고, 전실 동벽, 서벽도 회반죽이 크게 원형으로 박리되어, 회반죽 뒷면의 석적(石積)이 일부 보이면서 그 부분의 복원도 함께 이뤄져 있다. 이 상태는 지금도 거의 변함이 없으나 벽화에는 큰 변화가 있다. 색채의 열화나 오니 등 1913년 당시와 달라졌다. 모사가 제작되어 지금까지 남아 있기 때문에 그 차이를 알 수 있는 것이

---

52 早乙女雅博監修, (株)堀內カラー制作, 協力 東京大学大学院工学系研究科·
　　(財)文化財保護·芸術研究助成財団.

다. 이 모사를 2차 자료라고 한다. 1차 자료의 보존은 고분이 남아 있는 북한과 중국이 책임져야 하겠지만 국제적인 협력도 필요하다.

조사와 동시에 작성된 2차 자료는 현재 도쿄대학이 소장하고 있다. 모사된 그림은 현재 1차 자료에는 그대로 남아 있지 않다. 즉, 시간이 경과함에 따라 1차 자료는 변질되므로 2차 자료에 새로운 가치가 발생한다. 종이에 그려진 모사는 족자형태로 보관해왔는데 곰팡이와 균열 발생 등으로 인해 모사 자체를 복원할 필요성이 생겼다. 그러나 모든 모사를 일시에 복원하기는 어렵기 때문에 모사된 그림을 다른 형태로 남기기 위해 컬러필름, 인쇄물, 디지털 이미지 등 여러 자료를 작성했다. 이를 3차 자료라 한다. 컬러필름, 인쇄물은 변질하여 색채가 변하지 않도록 보관하는 것이 좋지만 현재 과학기술로는 이를 보증할 수 없다. 디지털 이미지는 전자적인 영향이나 기록매체의 물리적 열화만 없으면 이미지가 열화되지 않으며 다른 종류의 기록매체에 보존해두면 위험도는 더욱 낮아진다. 더욱이 그 이미지를 가공해도 원 데이터는 그대로 남겨둘 수 있다. 그래서 『세키노 다다시 아시아 답사전』을 계기로 입체적인 1차 자료에 가깝도록 디지털 데이터를 3D가공하여 석실을 재현한 것이다.

실제의 석실과 비교하면 아직 해결하지 못한 한계도 있다. 벽에 칠해진 회반죽의 질감이나 벽면의 미묘한 곡선을 재현할 수 없고 색채도 실제 석실에 근접하려면 어느 정도 밝아야 하는지 알 수 없으며, 또한 석실 안의 크기를 실감할 수 없다는 점 등이다. 이러한 한계를 자각하고 활용하는 것이 바람직하다.

고구려 고분 벽화는 보존문제, 현지까지의 거리, 국제적인 관계 등의 이유로 1차 자료를 보기 어렵다. 그럼에도 위의 사례는 약 100년 전의 조사에서 작성한 자료를 토대로 오늘날 새로운 형태로 제공할 수 있었던 좋은 사례라 하겠다.

5장

디지털 아카이브에서 지식복합체로

세 가지 기반으로 보는 디지털 아카이브의 현재와 미래

바바 아키라, 도기야 노리오

1. 디지털 아카이브의 현황과 가능성

▌디지털 아카이브의 현황

도쿄대학대학원 정보학환(情報学環) 연구실은 사료편찬소와 함께 약 10년간 디지털 아카이브를 검토하고 구축해왔다. 이 장에서는 연구실에서 고찰해온 내용과 최근 개발한 디지털 아카이브 시스템 등에 대해 설명하고자 한다.

'아카이브'는 기본적으로 '비현용 공문서를 수집하여 정리한 것'으로 알고 있지만 '디지털 아카이브'라고 하면 공문서에 한정되지 않은 다양한 것들이 아카이브의 대상이 된다. 그 이유는 디지털 기술을 사용한 디지털 아카이브가 종이를 기반으로 한 아카이브보다 훨씬 더 편의성이 커질 가능성이 있기 때문이다. 물론 디지털 기술에는 장단점이 있기

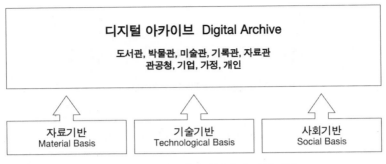

〈그림 5-1〉 디지털 아카이브와 세 가지 기반

때문에 디지털 아카이브를 생각할 때는 단점을 고려할 필요가 있다.

디지털 아카이브의 또 다른 가능성으로는 디지털 기술로 도서관, 박물관, 기록관 등의 통합 연계가 출현하기 시작한 점을 들 수 있다.

비단 세 기관뿐만 아니라 관공서와 지자체, 대학 및 연구기관, 그리고 가정 및 개인에 이르기까지 디지털 기술로 구축된 아카이브가 다양한 층위로 결합될 가능성 또한 내포되어 있다.

디지털 아카이브는 자료기반, 기술기반, 사회기반이라는 세 가지 기반에 의해 뒷받침된다(〈그림 5-1〉). 오늘날 자주 언급되는 인적자원기반이 이 세 가지 기반의 토대가 되므로 네 가지 기반이라고 하는 것이 더 적절할 수도 있으나 디지털 아카이브를 직접적으로 지지하는 것이 자료기반, 기술기반, 사회기반임에는 변함이 없다.

■ 디지털 아카이브의 세 가지 기반

디지털 아카이브의 세 가지 기반 중 대상이 되는 자료를 조사하거나 기록하는 기술(記述)방법 등을 자료기반이라 한다. 그리고 디지털 아카이브를 구축할 때 사용하는 디지털화 기술을 기술기반이라 한다. 특히 오늘날에는 기술기반의 표준화가 시급한 과제이다.

　일본의 디지털 아카이브 구축에 대한 가이드라인으로는 디지털 아카이브 추진협의회가 발행한 백서 및 관련서 등이 있다. 『디지털 아카이브 백서』[1]와 가사바 하루오(笠羽晴夫)의 『디지털 아카이브의 구축과 운용』은 디지털 아카이브 관련 기술동향, 구축사례, 계약과 저작권 관리 등 디지털 아카이브 구축에 관한 기본정보를 종합적으로 제공하고 있다.[2] 디지털 아카이브 구축을 '현물(現物)', '계획' 등의 계층으로 나눠 구축에 관한 기본 프로세스를 제시하고 있으며, 이는 디지털 아카이브의 개요를 파악하는 데 유익한 지침이 된다.

　또 다른 가이드라인으로 국립국회도서관이 발행한 『국립국회도서관 자료 디지털화 안내』[3]가 있다. 국립국회도서관 간사이관에서 작성한 것으로 국립국회도서관의 디지털 대상자료, 디지털화 순서, 디지털화 기술 등을 정리한 가이드라인이다. 실제 업무에 사용되는 기술정보를 얻을 수 있다는 점에서 매우 유익하다.

　국제적인 가이드라인으로는 유럽의 문화자원 디지털화에 관한 컨소시엄인 미네르바 프로젝트(MINERVA Project)에서 발행한 『디지털 문화 콘텐츠 창작 프로그램을 위한 가이드라인(Technical Guidelines for

---

1　デジタルアーカイブ推進協議会, 『デジタルアーカイブ白書二〇〇四』, 2004, pp.164~165.

2　笠羽晴夫, 『デジタルアーカイブの構築と運用: ミュージアムから地域振興へ』, 水曜社, 2004, pp.74~77. 이 밖에도 笠羽晴夫, 『デジタルアーカイブ 基点・手法・課題』, 水曜社, 2010 참조.

3　国立国会図書館関西館事業部電子図書館課, 「国立国会図書館資料デジタル化の手引き」, 2005.

Digital Cultural Content Creation Programmes)』[4]이 있다.

미네르바 프로젝트는 문화자원의 디지털화에 관한 각종 정보의 공유와 기술 협력을 목적으로 유럽의 주요 도서관과 대학 등이 설립한 컨소시엄이다. 이 가이드라인은 디지털화의 단계별로 표준적인 기술규격 등을 소개하고 있다.

또 영국의 JISC(Joint Information Systems Committee)는 여러 가지 이미지 정보의 디지털화에 관한 정보를 집약한 사이트 TASI(JISC Digital Media)를 공개하여 이미지의 디지털화에 관한 가이드라인을 제시했다. 캐나다 브리티시콜롬비아대학의 InterPARES 2 Project는 문화자원 디지털화의 주요 지침을 제시한 『Preserver Guidelines』 및 『Creator Guidelines』를 발행했으며, 그 밖에도 여러 기관에서 가이드라인과 핸드북을 발행했다.

그러나 이상의 가이드라인은 디지털 아카이브의 각 단계가 어떤 기반과 관계가 있고 어떤 문제를 가지고 있는지에 대해서는 다루고 있지 않다. 문화자원의 디지털화에 관해서는 근본적인 배경이나 기반을 이해한 뒤에 디지털 아카이브 구축 단계의 내용을 고찰하여 가이드라인을 정할 필요가 있다.

이에 우리는 디지털 아카이브 구축과정을 주요 기반에 대응시켜 파악한 뒤 복수 병렬 단계로 구성하고, 각 단계에서 어떤 작업이나 정보가 필요한지를 명확히 하여 디지털 아카이브 구축모델을 작성했다. 모델의 구체적인 모습은 〈그림 5-2〉와 같다.

---

4   Minerva Project, Technical Guidelines for Digital Cultural Content Creation Programmes, 2004.

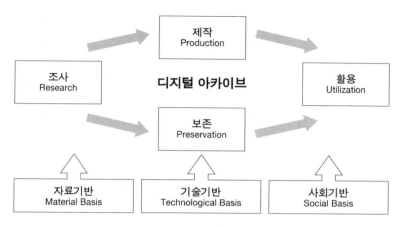

〈그림 5-2〉 기반과 디지털 아카이브

    첫 번째 단계는 조사단계이다. 원자료의 소재조사, 원자료 개요의 확정, 디지털화 혹은 디지털 아카이브를 만들기 위한 제작 사양 결정 등을 수행하는 단계로, 말하자면 제작 전(preproduction) 조사단계이다.

    다음은 제작단계이다. 원자료의 디지털화, 혹은 디지털 데이터를 가공하는 단계이다. 본 모델의 특징은 제작단계와 병행하여 보존단계를 설정한 것이다. 보존단계는 그동안 디지털 아카이브의 과정이나 모델에서 중시되지 않았다. 이 단계는 원자료에 대해 보호 혹은 보존처리를 하는 단계이다.

    마지막 활용단계는 데이터를 공개하고 활용하는 과정이다. 필자의 연구실은 디지털 아카이브를 순환 시스템 안에서 파악하려고 했으며, 이것은 제작 후(postproduction) 단계라 할 수 있다. 이상의 단계들은 앞서 말한 세 가지 기반에 대응하는데, 〈그림 5-2〉의 왼쪽 부분이 자료기반, 가운데가 기술기반, 그리고 오른쪽 부분이 사회기반에 해당한다.

주지하다시피 '디지털 아카이브'라는 용어는 1990년대부터 사용되었고 아카이브 또한 구현되기 시작했다. 그 결과 현재 디지털 아카이브는 다양한 기술, 다양한 모습이 개별적, 분산적으로 존재하며 모두가 반드시 효과적으로 사용되고 있지는 않다. 디지털 아카이브를 유용하게 사용하기 위한 방법 중 하나는 디지털 기술을 중심으로 한 아카이브 기술의 표준화를 추진하는 것이다. 아카이브 기술의 표준화 문제는 자료기반과 기술기반의 확립으로 이어진다.

세 번째 사회기반에서는 디지털 아카이브의 구축 및 이용 환경을 어떻게 정비할 것인가 하는 문제가 있다. 세 가지 기반은 디지털 아카이브를 구축 및 이용할 때 단계별로 중요한 역할을 수행한다. 지금까지 디지털 아카이브에서는 자료를 조사하고 디지털화하여 활용하는 과정이 중시되어왔다.

그러나 보다 중요한 것은 제작단계에서 디지털화할 역사자료 혹은 문화자원을 어떻게 보존할 것인지를 검토하여 실행하는 것이다. 이를 위해 사료보존학의 지식을 충분히 활용할 필요가 있다. 그리고 이때 기술기반이 제작과 보존단계를 뒷받침하게 된다.

▌디지털 아카이브의 이해관계자

이상의 세 가지 기반에 공통되는 관련 요소로 디지털 아카이브의 이해관계자에 대해 검토할 필요가 있다. 디지털 아카이브의 이해관계자로는 적어도 1차제작자, 소장자, 2차제작자, 이용자의 네 가지 주체가 존재한다.

1차제작자는 원자료를 제작한 사람이고 소장자는 이를 소장한 사람을 지칭한다. 1차제작자와 소장자가 같은 경우도 있으나 다른 경우도

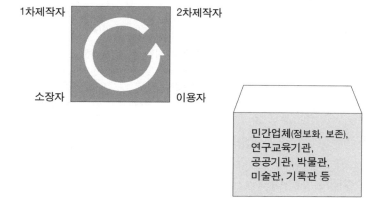

〈그림 5-3〉 디지털 아카이브의 이해관계자

있다. 또 2차제작자는 디지털 아카이브를 구축하는 사람이며 우리는 여기에 해당한다. 그리고 중요한 것은 이용자도 디지털 아카이브의 이해관계자 중 하나라는 점이다.

2차제작자에는 연구교육기관뿐만 아니라 박물관, 미술관, 기록관, 도서관 등이 해당된다. 또한, 디지털 아카이브는 이미 비즈니스로 확립되어 있기 때문에 보존 및 디지털 기술을 보유한 민간업체, 국가와 지방자치체 등이 해당되기도 한다. 이 관계를 도식화한 것이 〈그림 5-3〉이다. 그림 안의 화살표는 디지털 아카이브가 반복되는 순환형임을 이미지로 나타낸 것이다.

본래 대학은 교육과 연구의 중심 기관이라고 일컬어져 왔다. 디지털 아카이브에 있어서도 대학은 이 두 가지 역할을 수행해야 한다. 교육의 관점에서는 디지털 아키비스트 양성, 연구의 관점에서는 디지털 아카이브의 대상이 되는 문화자원 연구나 디지털화 기술 연구가 중요하다.

대학에서 디지털 아키비스트 양성을 고려할 때는 디지털 아키비스트의 자격, 직업, 식견과 기능, 지식 등이 문제가 된다. 애당초 디지털 아키비스트라는 독립된 개념, 독립된 자격은 필요하지 않으며 기존에 확립된 사서나 학예사라는 자격 속에 디지털 아키비스트로서의 소양이 요구될 것이다. 디지털 아카이브 사업, 그리고 이를 수행하는 인적자원에 의해 도서관, 박물관, 미술관, 기록관은 횡적으로 연결될 것이다.

2. 디지털 아카이브의 구축

▌야스다 젠이치로 은판 사진의 디지털 복원

세 가지 기반과 네 가지 이해관계자의 상호관계성을 전제로 지금까지 우리 연구실에서 어떤 아카이브를 구축해왔는지 대표 사례를 설명하고 앞으로의 과제를 논하고자 한다.

가장 먼저 살펴볼 디지털 아카이브 프로젝트는 '야스다 젠이치로 은판 사진의 디지털 복원'이다. 야스다 젠이치로(安田善一郎, 1824~?)는 1860년 미일수호통상조약의 비준서 교환을 위해 에도막부가 워싱턴으로 파견한 견미사절단의 일원이다. 이 프로젝트의 주요 대상은 야스다가 은판 사진가로 유명한 찰스 D. 프레드릭스(Charles De Forest Fredricks, 1823~1894년)의 뉴욕 사진관에서 촬영한 사진이었다.

이 은판 사진은 도쿄대학 사료편찬소에서 발견되었는데 발견 당시 은판 사진의 표면은 열화가 진행 중이었으며 이미지의 많은 부분이 인식 불가능한 상태였다. 은판 사진은 가장 오래된 사진기법 중 하나로 일본인이 찍은 것은 지금까지 14점밖에 발견되지 않았다. 매우 귀중한 역사자료임에도 불구하고 사진을 충분히 인식할 수 없었기 때문에 디지털 기술로 복원하게 되었다.

▌ 다이센지 엔기에마키의 디지털 복원

다음으로 '다이센지 엔기에마키(大山寺縁起絵巻)의 디지털 복원'을 진행했다. 이것 역시 도쿄대학 사료편찬소의 프로젝트 중 하나이다. 다이센지(大山寺)는 지금의 돗토리(鳥取) 현에 해당하는 나라 시대 호키노쿠니(伯耆国)에 창건된 고찰(古刹)로 엔기에마키(縁起絵巻)는 무로마치 시대 초기에 제작되었다. 그러나 1928년 원본이 소실되어 현재 직접 볼 수 있는 이미지는 사료편찬소가 소장하고 있는 유리건판이다.

엔기에마키는 제2차 세계대전 이전에 중요미술품으로 지정될 정도로 귀한 작품이었다. 이에 흑백 유리건판의 이미지 데이터를 통계적으로 처리하여 원래 색을 추정하고 디지털 기술로 복원했다.

이 유리건판의 디지털 복원은 앞에 나온 은판 사진의 복원과 동일하게 자료 한 점에 시간과 비용을 투자한다는 의미에서 말하자면 '일점호화'적인 디지털 아카이브이다. 사료편찬소에는 이 외에도 다양한 이유로 원본을 잃어버린 자료의 유리건판이 있다. 우리는 그중 특히 중요하다고 생각되는 자료 61점을 디지털화했다. 디지털화한 자료 중에는 손상된 것, 혹은 유화액이 벗겨지기 시작한 것이 있어 복원 작업을 함께 진행했다. 이것이 우리가 세 번째 프로젝트로 진행한 '유리건판 디지털 아카이브'이다. 사진 자료는 결코 많지 않았지만 일점호화주의가 아니라 다수의 자료를 대상으로 한 디지털 아카이브 프로젝트였다.

▌ 고지도 디지털 아카이브

● 프로젝트의 전체 개요: 다음으로 에도 시대에 제작된 고지도를

대상으로 한 디지털 아카이브 두 가지를 소개한다. 역사지리학에서 고지도 연구는 중요한 과제로 이를 통해 많은 사실이 밝혀진다. 예를 들어, 고지도에 그려진 의장(意匠)을 해독하여 당시 사람들의 지지(地誌)적, 지리적 관념을 설명할 수 있다. 그런데 연구대상인 지도가 한 점뿐인 경우에는 큰 어려움이 없을지 모르지만 복수의 지도를 비교조사하려면 많은 어려움이 발생한다. 동일한 소장자나 소장기관의 지도라도 옆에 펼쳐놓고 비교하려면 공간이 필요하며 오차가 발생하기 쉽다. 그렇다고 지도를 겹쳐놓고 비교하는 것은 자료 보존상 좋지 않다. 더욱이 다른 소장자나 기관에 소장된 지도를 비교할 경우, 원자료끼리 비교하는 것은 거의 불가능하며 인쇄된 지도나 복사본 등을 비교하게 되므로 정확성이 떨어진다. 고지도 비교연구에서는 이런 어려움이 연구의 큰 장애요인이다.

고지도 연구의 장애를 극복하기 위한 효과적인 방법이 디지털 아카이브이다. 각지에 현존하는 고지도를 촬영하여 디지털화하면 컴퓨터로 이미지 파일을 쉽게 재생하여 비교 연구할 수 있다. 현재는 연구에 의해 가치를 인정받은 지도를 다시 촬영하여 고해상도의 디지털 이미지를 제작하고 있다. 하지만 연구의 첫 단계인 소재조사나 현지조사 때부터 디지털화를 염두에 두면 고지도 연구도 쉽게 진행될 것이다. 특히 연구이용을 목적으로 한 디지털 아카이브는 연구과정과 디지털 아카이브의 제작과정을 병행하는 것이 중요하다. 조사·연구하는 연구자와 디지털 아카이브를 제작하는 기술자, 자료 소장자 혹은 소장기관이 협력하여 일련의 연구 및 작업을 수행하는 것 또한 중요하다.

여기서 반드시 주의해야 할 점은 디지털 아카이브의 품질이다. 연구이용을 목적으로 한 디지털 아카이브는 웹사이트 공개목적보다 해상도가 높은 고화질 디지털 데이터가 필요하다. 그러나 고화질이란 단어가 의미하는 구체적인 품질 조건은 결코 명확하지 않다. 게다가 인문과학의 연구목적과 방법은 연구마다 다르고 표준적인 방법이 존재하지 않는다. 특히 디지털 아카이브를 이용한 연구는 초기 단계로 연구자들 사이에서도 시행착오가 빈번한 실정이다.

따라서 디지털 아카이브의 품질이나 사양을 결정할 때에는 자료에 정통한 연구자와 기술에 정통한 기술자의 협력이 필수적이다. 연구자는 연구에 필요한 품질을 제안하고 기술자는 해당 품질을 실현하기 위한 기술을 개발하는 협력관계가 반드시 필요하다. 반대로 기술자가 연구자의 연구목적을 듣고 기술방법을 제안할 수도 있을 것이다.

● 구니에즈(国絵図) 디지털 아카이브 프로젝트: 우리 연구실에서는 고지도 연구에 있어 앞서 말한 여러 문제를 해결한 디지털 아카이브를 구축하기 위해 노력했다. 대상으로 한 고지도는 모두 에도 시대에 제작된 난키문고(南葵文庫) 「구니에즈(国絵図)」와 「세키스이즈(赤水図)」이다.

구니에즈란 에도 시대 막부의 명으로 여러 다이묘(大名)들이 작성한 각 나라의 지도이다. 예전 기이(紀伊)의 번주(藩主) 도쿠가와 요리미치(德川頼倫)가 도쿄대학 부속도서관에 기증한 난키문고에는 구니에즈 37점이 포함되어 있다. 이 자료는 1923년 관동대지진으로 소실되었던 도쿄대학 부속도서관이 재건에 힘쓸 당시 기이도쿠가와가(紀伊德川家)가 도쿄대학에 기증한 것이다.

기증받은 구니에즈는 크기가 매우 커서 한 변이 10미터에 이르는 것도 있는데 은염 카메라로 촬영하고 디지털화를 실시했다. 이 프로젝트에서는 단순히 디지털화하는 것에 그치지 않고 열람용 뷰어 개발과 어

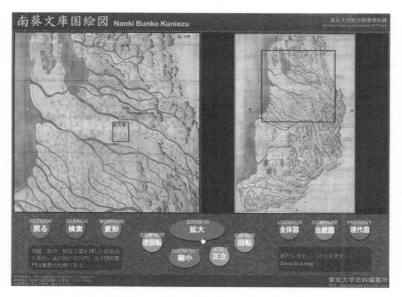

〈그림 5-4〉 난키문고 구니에즈 디지털 아카이브

플리케이션 개발도 동시에 진행했다(〈그림 5-4〉).

　난키문고 구니에즈의 디지털화는 자료를 스캔하는 것이 아니라 필름 카메라로 촬영하여 필름을 스캔했다. 최근에는 기자재의 성능이 향상되어 자료를 스캔하거나 디지털 카메라로 촬영하는 것이 일반적이다. 한편, 디지털 기술의 혁신은 너무나 빨라 디지털 데이터의 정밀도 가치가 상실되는 속도가 빨라지고 있다.

　예나 지금이나 디지털 데이터의 보존성이 실제로 증명된 적은 없다. 따라서 안정된 매체임이 보장된 고화질 은염 필름으로 촬영하고 필름을 스캔하여 디지털화해야 한다고 생각했다.

　그리고 디지털 데이터에 대한 이미지 처리작업을 최소화하기 위해 촬영단계에서 되도록 정확히 촬영하고자 했다. 디지털 이미지 처리에 많이 의존하면 원자료의 느낌이 사라져버린다. 지도의 크기와 촬영의 정확도를 감안하여 8×10인치 크기의 대형 카메라로 촬영했다. 구니에 즈를 촬영한 필름은 총 94장에 달하며 디지털화는 필름 스캐너를 사용하여 입력 해상도 2000dpi로 스캔했다.

이 프로젝트는 역사학 및 지리학 연구에서 활용할 것을 목적으로 했으므로 완성한 디지털 데이터 이용을 위해 연구지원 도구 iPalletnexus를 개발했다. 무료로 사용할 수 있고 기술사양이 공개된, 그리고 연구에 필요한 기능을 충분히 가진 범용성이 있는 도구 개발이 목표였다. 역사학 및 지리학 연구의 목적과 방법도 연구마다 달라서 기능이 고정된 기존 뷰어는 개별연구에 대응하기가 어렵다. 연구자가 자신의 연구 목적에 따라 커스터마이징할 수 있는 것이 중요하다. 따라서 Java, XML, JPEG를 키워드로 하여 연구자의 요구사항을 반영한 도구를 개발하고자 했다.

iPalletnexus는 이미지 데이터의 확대, 축소, 이동, 회전 등 뷰어의 가장 기본적인 기능을 가지고 있다. 또 모든 연구에 공통적으로 필요한 비교기능과 메모기능을 갖추었다. 비교기능으로는 복수의 이미지 데이터를 나란히 표시하고 연동하여 기본기능을 사용할 수 있도록 했다. 메모기능으로는 전자 메모기능을 탑재했다.

전자 메모기능을 이용하여 구니에즈에 표기된 주요 지명, 자연 지명, 건물명과 해설을 데이터베이스화했다. 그리고 전시용 인터페이스를 통해 도쿄국립박물관에서 개최한 특별전 『시간을 초월한 이야기(時を超えて語るもの)』의 3부 디지털 뮤지엄(2001년 12월 11일~2002년 1월 27일)과 도쿄대학 종합연구박물관에서 개최한 『디지털 뮤지엄 Ⅲ』(2002년 1월 12일~2월 24일)에 전시했다. 이 프로젝트는 일본 전국의 디지털

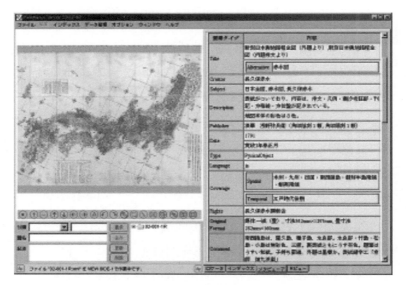

〈그림 5-5〉 세키스이즈 디지털 아카이브

아카이브 프로젝트로 이어졌고 더욱 고도화된 기능을 가진 뷰어 어플리케이션을 개발하는 성과를 낳았다.

● 세키스이즈 디지털 아카이브 프로젝트: 구니에즈의 디지털 아카이브에서 얻은 지식과 기술은 그다음 세키스이즈 디지털 아카이브 프로젝트로 계승되었다(〈그림 5-5〉). 세키스이즈(『改正日本輿地路程全図』)란 에도 시대 지리학자인 나가쿠보 세키스이(長久保赤水, 1717~1801년)가 작성한 지도로 당시에는 일본 영토가 아니었던 홋카이도와 오키나와를 제외한 일본 지도이다. 일본 전도로는 이노 다다타카(伊能忠敬)가 작성한 이노즈(伊能図,『大日本輿地全図』)가 유명한데, 이노즈는 막부가 소장하여 일반인은 볼 수 없는 비공개 지도인 데 비해 세키스이즈는 길

거리 책방에서 판매되어 메이지 시대 초기까지 일반인이 사용하던 지도였다.

세키스이즈는 1779년 초판이 간행된 이후, 에도막부 말기까지 판을 거듭했고 세키스이즈의 모방판이나 정식 출판절차를 밟지 않은 해적판 등 세키스이즈 관련 지도로 보이는 다양한 종류의 지도가 판매되었다. 이들의 계통을 밝히기 위해서는 일본 각지에 현존하는 세키스이즈와 관련 지도를 비교 검토할 필요가 있는데 세키스이즈는 일본뿐만 아니라 해외에도 유출되었고 개인이나 기관 등이 분산 소장하고 있기 때문에 모든 세키스이즈를 한 곳에 모아서 비교하는 것은 거의 불가능하다.

때문에 기존 연구에서는 지도의 간행연도나 취급 서점 등을 기록한 간기(刊記)의 유무, 기재내용을 비교하여 세키스이즈의 계통을 추적하는 작업을 해왔다. 그 결과, 세키스이즈의 정규판은 초판부터 5판까지 간행되었고 구리야마 노부미쓰(栗山信充, 1794~1870년)가 저술한 『병가기문(兵家紀聞)』(1846년 간행)의 부록으로도 수록되었음을 알게 되었다.[5] 또 해적판 지도에는 간기가 보이지 않았으며 지도에 기재된 지명

---

5 지금까지의 세키스이즈에 대한 연구와 분류에 대해서는 馬場章, 「地図の書誌学: 長久保赤水『改正日本輿地路程全図』の場合」, 黒田日出男・メアリ・エリザベス・ベリ・杉本史子編, 『地図と絵図の政治文化史』, 東京大学出版会, 2001, pp.383~430; 馬場章, 「赤水図の書誌学」, 大崎真末, 「幸福な学者・幸福な地図」, 以上『高萩市市民文化誌 ゆずりは』 no.8, 2002, pp.58~63 참조. 나가쿠보 세키스이의 전기는 住井すゑ, 『日本地理学の先駆長久保赤水』 上・下巻, 筑波書房, 1978와 長久保光明・長久保片雲의 저서가 있다. 최근에는 橫山洸淙, 『清學の士 長久保赤水』, ブイツーソリューション, 2010이 간행되었다.

을 비교하여 모방판을 전기와 후기로 분류할 수 있었다.

그러나 간기의 유무나 기재내용의 비교, 게재지명의 비교는 지도연구 본래의 비교방법이라고 할 수 없다. 왜냐하면 일본 전도인 세키스이즈에서 가장 중요한 정보는 지도의 본체, 즉 지형이나 지세에 있기 때문이다.

따라서 다양한 세키스이즈를 비교하기 위해서는 지형이나 지세를 비교해야 한다. 지형을 정확히 비교할 수 있으면 판차에 따른 분류가 아닌 인쇄 횟수를 고려한 계통화가 가능해질 것이다. 그렇기에 지형이나 지세의 차이를 명확히 하기 위한 방법으로 디지털 아카이브를 구축했다.

세키스이즈의 촬영 작업은 2002년 10월과 2003년 10월에 실시했다. 디지털 아카이브 작성 시의 촬영 데이터는 일반에 공개하지 않는 경우가 많다. 그러나 연구이용을 목적으로 하는 디지털 아카이브의 신뢰성을 보장하기 위해서는 촬영 데이터를 공개하는 것이 바람직하다. 왜냐하면 연구자가 촬영 데이터를 기반으로 디지털 아카이브의 정확성을 확인하고 이용범위를 판별할 수 있기 때문이다. 이 프로젝트에서는 구니에즈 프로젝트와 동일하게 8×10인치 크기의 카메라를 사용했다.[6]

2003년에는 세키스이즈 원본을 촬영했다. 원본은 지명과 지형이 안료로 덧칠되어 여러 차례 수정되었으므로 근적외선 촬영도 실시했다.[7]

---

6 馬場章·谷昭佳·吉田正高·研谷紀夫·津田光弘·肥田康·奥村泰之·川瀬敏雄, 「デジタルアーカイブを利用した地図の書誌学: 長久保赤水製作『改正日本興地路程全図』の場合」, 情報処理学会シンポジウムじんもんこん二〇〇三論文集, 情報処理学会, 2003, pp.119~126.

그리고 촬영에 이어 8×10인치 필름을 스캔하여 디지털화했다.

디지털화 자료의 열람을 위해 앞서 구니에즈 프로젝트에서 개발한 iPalletnexus를 개선하여 사용하기로 했다. 구체적으로는 iPalletnexus 에 ① 투과기능 추가, ② 메타데이터 표시 및 편집기능, ③ 대량 전자 메모기능, ④ 네트워크 기능, ⑤ 인터페이스 개선 등을 실시했다.

먼저, 투과는 여러 장의 지도 이미지를 겹쳐서 표시하는 기능으로 투과도를 파라미터로 표시하여 조절할 수 있도록 했다. 투과기능은 지도의 지형과 지세를 비교하는 데 꼭 필요한 기능이다. 지도의 이미지 데이터에 첨부하는 메타데이터로 더블린 코어(Dublin Core)[8]를 채택하고 편집기능도 부가했다. 그리고 기존의 전자 메모기능을 확충하여 대량의 메모에 대응할 수 있도록 디렉토리 구조로 정리하기 쉽게 했다. 그리고 연구자원의 공유화를 위해 iPalletnexus를 네트워크에 연결시키는 동시에 열람 이미지를 보기 쉽게 하기 위해 인터페이스를 개선했다.

특히 투과기능의 추가는 고지도의 비교연구에 필수적인 기능이다. 앞 절에서 언급한 개선 작업을 거친 뒤 이미지 데이터와 서지 데이터를 iPalletnexus에 저장했다. 이때 서지 데이터에 메타데이터를 부여하기로 하고 더블린 코어의 요소집합(element set)을 채택했다. 더블린 코어는 원칙적으로 웹 사이트에서의 이용을 염두에 두고 설계되었다. 따라서 고지도에 적용할 때 각 요소의 해석기술내용 등을 상세하게 검토한

---

7 근적외선 촬영 데이터는 다음과 같다. 카메라: 마미야 RZ67 Pro II, 렌즈: 90mm, 촬영배율: 10:1, 사용카메라: Kodak Professional DCS Pro Back Plus.

8 http://www.dublincore.org.

후에 서지 포맷으로 적용하기로 했다.

그러나 더블린 코어의 기본항목을 단순 적용한 것만으로는 연구에 필요한 상세 정보를 기술할 수 없다. 또 디지털 아카이브의 서지 데이터에는 원자료에 관한 정보 이외에도 디지털 데이터의 제작자, 날짜, 권리관계 등의 정보를 기술할 필요가 있다. 즉, 서지 데이터의 기술에는 ① 더블린 코어, ② 현 자료의 상세정보, ③ 디지털 데이터에 관한 정보가 필요하다. 따라서 서지 데이터도 이 세 가지 부분으로 구성하기로 했다. 구체적인 기술에는 XML을 사용하여 네임스페이스를 ①, ②, ③의 세 개로 나누고 각각 정보를 기술했다. 이런 방법으로 ①의 스페이스에는 더블린 코어의 규정에 입각한 서지 데이터를 기재하고, ②와 ③의 스페이스에는 ①에서 다 기입하지 못한 현 자료와 디지털 데이터에 관한 상세한 정보를 기재하여 ①부터 ③까지 디지털 아카이브에 필요한 서지 데이터로 저장했다.

세키스이즈 디지털 아카이브를 이용하여 지형 및 지세를 상호 비교했더니 기존 간기의 기재내용이나 지명의 유무, 기재방법을 비교할 때는 몰랐던 중요한 차이가 드러났다.

이와 같이 '야스다 젠이치로 은판 사진의 디지털 복원'부터 '세키스이즈 디지털 아카이브'에 이르기까지 인문학 연구에 있어서 디지털 아카이브의 본질, 디지털 아카이브 구축과정의 모델화, 연구와 전시의 양면에서 활용 가능한 뷰어 어플리케이션의 개발, 그리고 표준적인 메타데이터의 채택 등 여러 가지 과제에 직면했고 이를 해결해왔다.

한편, 지금까지의 디지털 아카이브는 자료의 형태나 그룹에 따라 개별적으로 구축되었다는 문제가 있다. 본래 여러 형태의 자료를 디지털 데이터로서 통합적으로 다룰 수 있는 점이 디지털 아카이브가 가지는 최대의 장점이므로 디지털 아카이브에서는 시대나 형태, 내용과 장르 등을 초월하여 취급할 수 있도록 하는 것이 바람직하다. 따라서 이 문제를 해결하기 위해 자료를 통합적으로 다룰 수 있는 디지털 아카이브의 구축을 추진했다.

3. 문화자원 통합 디지털 아카이브

▌문화자원 통합 디지털 아카이브의 개요

자료를 통합적으로 저장하는 아카이브를 실현하기 위해 우리 연구실에서는 2006년쯤 21세기 COE '차세대 유비쿼터스 정보사회기반의 형성'[연구책임자: 사카무라 겐(坂村健) 교수]의 일환으로 새로운 디지털 아카이브 시스템을 구축했다. 시스템의 키워드는 '통합'으로 '문화자원 통합 디지털 아카이브 시스템'이라 명명했다. 공통 아카이브 혹은 횡적 아카이브라는 용어가 이미 존재했지만 의도적으로 통합이란 단어를 사용했다. 문제는 누가 무엇을 어떻게 통합할 것인가에 대한 것이었다.

수행주체로는 대학이 적절했으나 대학은 아직 단독으로 시스템을 구축할 만한 자신이 없었다. 그래서 대학을 포함한 순환형 디지털 아카이브, 즉 '함께 만드는 디지털 아카이브'를 지향했다.

다음으로 '무엇'을 통합할 것인가라는 문제를 해결하기 위해서는 각기 사양이 다른 디지털 아카이브와 다양한 형태의 데이터를 하나로 모을 필요가 있었다. 예를 들어 2차원, 3차원의 다른 데이터를 하나로 통합하거나 음성, 정지화상, 동화상 등 다양한 데이터를 하나로 통합하는 것이다. 간단히 말해 '제각기 만들어진 분산적인 디지털 아카이브를 하나로 통합한다'는 것이다.

또한 디지털 아카이브에 저장된 자료는 지금까지 자료를 일람하거나 문자로 검색하는 것이 일반적이었다. 그러나 역사자료의 경우 자료와 관련된 시대, 인물, 사회조직, 역사적 사건 등 다양한 사물의 관계성을 파악하면서 자료를 탐색하는 것이 이상적이다.

자료에 부여된 메타데이터는 공개 후에 데이터 내용을 수정 혹은 추가해야 할 필요가 있다. 따라서 아카이브를 구축하는 측뿐만 아니라 이용하는 이용자도 다양한 관점에서 메타데이터 정보를 확인하여 정확도를 확보하는 것이 바람직하다. 또 다양한 자료를 사용하여 다각적으로 분석한 화상자료 등에 대해서 이용자가 새로운 사실이나 해석을 부여할 수 있는 경우가 있다. 때문에 이용자가 자료에 관한 의견이나 지적을 피드백할 수 있는 기능을 만들어야 한다. 이런 기능을 마련함으로써 자료에 관한 기술의 정확도를 더욱 높일 수 있다고 생각한다.

이와 같은 이유에서 문화자원 통합 디지털 아카이브는 다음과 같은 세 가지 과제를 만족하는 시스템으로 구축하고자 했다.

① 다양한 형태 및 내용의 자료를 하나의 디지털 아카이브에 통합적으로 저장한다, ② 자료와 관련된 시대, 장소, 인물, 조직, 물건 등 사물의 관계성을 파악하면서 관련 자료를 선택할 수 있도록 한다, ③ 자료 및 메타데이터에 대해 이용자가 정보제공이나 정보교환을 할 수 있도록 한다.

■ 문화자원 통합 디지털 아카이브의 대상자료

이 디지털 아카이브의 대상 자료는 ① 에도막부 말기부터 메이지 시대에 걸쳐 나가사키에서 사진가로 활약한 우에노 히코마(上野彦馬, 1838~1904년)가 촬영한 역사사진(고사진)을 중심으로 한 역사사진자료,[9] ② 메이지 시대 인류학자, 고고학자로 야요이식 토기를 발견한 쓰보이 쇼고로(坪井正五郎, 1863~1913년)에 관한 쓰보이 쇼고로 자료,[10] ③ 쓰보이 쇼고로의 자녀이자 저명한 암석학자 쓰보이 겐타로(坪井健太郎)가 건설한 다이쇼 시대의 문화주택 쓰보이 저택 건축자료, ④ 에도 시대의 지리학자 나가쿠보 세키스이가 작성한 일본전도 세키스이 자료[11]의 네 가지 자료군이다. 지금까지 네 자료군의 디지털 아카이브가 각각 구축되었으나 프로젝트에서는 이를 통합하여 하나의 디지털 아카이브를 구축하기로 했다.

▌디지털 아카이브의 전체 구성

문화자원 통합 디지털 아카이브를 구축함에 있어 먼저 통합성을 실현할 전체구성과 기본기능을 디자인했다. 디지털 아카이브의 기본기능으로 자료일람, 사물·연관검색, 지도·연표검색, 문자검색, 게시판이란 다섯 가지 기능을 설정했다. 우선 자료일람에는 모든 자료를 일람할 수 있는 기능을 만들어 각 자료군이나 자료형태에 상관없이 한 번에 볼 수

---

9 디지털 아카이브 구축에는 우에노 이치로(上野一郎)와 학교법인 산교노리쓰 대학으로부터 지도와 협조를 받았다.

10 디지털 아카이브 구축에는 佐川春久·長久保片雲·長久保保·橫山功·若松建一·大崎宥一·大崎真末 등과 (이바라키 현) 다카하기(高萩) 시 역사민속자료관 및 나가쿠보 세키스이 기념회(顯彰会)로부터 지도와 협력을 받았다.

11 디지털 아카이브 구축에는 쓰보이 마사미치(坪井正道)와 쓰보이 나오미치(坪井直道)로부터 지도와 협조를 받았다.

있도록 했다. 또 이미지 자료의 열람에는 앞서 설명한 iPallet/Lime[12]을 사용하기로 했다. 그다음 사물·연관검색에서는 다양한 사물의 관계를 파악한 후에 필요한 자료를 탐색할 수 있는 기능을 만들었다. 여러 가지 사물은 주로 자료와 관련된 사람, 조직, 시간, 공간, 물체, 추상개념 등으로 구성되며 각각의 관계가 가시화된 차트 등을 확인하면서 관련 자료를 선택하는 기능을 마련했다. 또 지도·연표검색에서도 자료의 형태나 자료군의 차이에 상관없이 자료를 지도나 연표상에서 매핑(mapping)할 수 있는 기능을 만들었다. 이에 따라 다른 형태나 다른 자료군의 자료라도 지리, 시간원근 등 새로운 시점으로 그룹화(grouping)할 수 있게 되었다. 문자검색에서는 네 가지 자료군 모두를 통합 검색할 수 있게 하고 관련 사물에 관한 정보도 표시되도록 했다. 마지막으로 게시판에서는 자료군 전체나 각 자료, 사물에 관한 해설 등에 대해 관리자 또는 등록된 이용자가 코멘트를 입력하거나 자료에 관한 논의를 할 수 있는 기능을 구현했다.

▌ 메타데이터의 디자인

자료를 통합하여 저장하는 데 가장 중요한 요소는 모든 자료에 대해 범용성 있는 메타데이터를 설계하는 것이다. 문화자원 통합 디지털 아카이브의 대상 자료는 자료군이 다르며 저장하는 자료도 사진, 지도, 그림, 문자자료(서간, 서적, 메모, 노트, 원고), 입체물, 영상, 음성 등 다양하다. 때문에 이런 다양한 자료에 공통적으로 적용 가능한 범용적인 메

---

12 http://www.ipallet.org. iPalletnexus 시리즈는 쓰다 미쓰히로(津田光弘), 주식회사 호리우치 컬러(堀內カラー)가 공동 개발했다.

타데이터 요소를 설정할 필요가 있다.

자료군별로 구성된 개별 디지털 아카이브에서는 기존 아카이브 내에 각 자료군의 다양성과 향후의 통합을 가정하여 범용성이 더 높은 더블린 코어를 중심으로 한 메타데이터를 부여해왔다.[13·14·15·16] 이 아카이브에서도 이런 방법을 적용하여 더블린 코어의 15항목을 중심으로 메타데이터 요소를 구축함으로써 다른 아카이브를 효율적으로 통합할 수 있었다. 또한 여기에 물리적인 형태나 관리정보를 게재하는 항목으로 기법, 형태·형식정보, 게재잡지명, 자료군명, 입력물, 입력일, 독음, 소유자, 보존 구분, 보존구조, 크기·용량, 전시·게재이력 등의 요소를 추가했다. 이로써 기본기능 중 하나인 자료일람에서 형태나 자료군의 차이에 상관없이 모든 자료를 하나의 뷰어로 열람할 수 있게 되었다. 또한 문자검색 기능에서는 모든 자료를 동시에 검색할 수 있다.

---

13 研谷紀夫·倉持基·馬場章, 「歴史写真研究のためのデジタルアーカイブの設計と構築」, 『ディジタル図書館』ディジタル図書館ワークショップ, no.27, 28, 2005, pp.40~48.

14 研谷紀夫·馬場章, 「建築資料を対象としたリアル·デジタルアーカイブの構築」, 『アーカイブズ学研究』no.4, 2005, pp.50~70.

15 Norio TOGIYA, Mitshiro TSUDA, Akira, BABA, *Providing Metadata to Historical Material on Viewer Application iPalletnexus*, Proceedings of the International Conference on Dublin Core and Metadata Applications, 2004, pp.187~194.

16 研谷紀夫·馬場章, 「近現代個人資料へのメタデータ付与の実践と検証」, 『情報処理学会シンポジウムじんもんこん二〇〇四論文集』, 情報処理学会, 2004, pp.91~98.

■ 아카이브에서의 온톨로지 활용

● 온톨로지와 디지털 아카이브로: 문화자원 디지털 아카이브의 각 자료에는 관련된 사람, 조직, 시간, 공간, 물체, 추상개념 등에 대한 여러 가지 내용이 기재되어 각각 개별적으로 연결되어 있다. 이 연결 방식을 시스템상에 명시하기 위해 온톨로지를 채택했다. 역사적 사물의 체계화에 온톨로지를 이용한 선행사례는 세계적으로도 매우 드물다. 비슷한 예를 들면, 메릴랜드대학에서는 구술사(oral history)를 축적한 데이터베이스의 활용을 돕기 위해 등장인물 및 토지와의 관계를 온톨로지로 표현하려 했다.[17] 또 HEML(The Historical Event Markup and Linking Project)[18]에서는 세계의 수많은 역사적 사건들을 독자적인 XML로 기술하고 있다.

전자는 특정지역의 역사적 사건만을 대상으로 하고 후자는 광범위한 세계의 역사적 사건까지 기술하고 있다. 문화자원 통합 디지털 아카이브는 이런 사례들을 참고하면서도 특정 역사자료뿐만 아니라 일본 근세 및 근대자료를 대상으로 했고 또한 역사적 사건뿐만 아니라 모든 자료의 내용에 적용할 수 있도록 학문과 사상 등의 추상개념, 물체, 행위·작용, 사회조직 등을 포함한 광범위한 내용을 체계화했다.

일반적인 온톨로지에서는 고유명사나 실존 인물 등을 포함하지 않고 일반개념만으로 완결하지만 이 디지털 아카이브에서는 일반개념 아

---

17 W. White, Hyunyoung Song, and Jay Liu, *Concept Maps to Support Oral History Search and Use Ryen*, Proceedings of the 6th ACM/IEEE-CS joint conference on Digital libraries, 2006, pp.192~194.

18 http://www.heml.org.

래 역사상 실존인물, 조직, 지명 등 역사적으로 '존재'했던 인스턴스 (instance)의 하나로서 연결되는, 말하자면 확장형 온톨로지를 구축하기로 했다.

● 온톨로지의 전체 구성: 문화자원 통합 디지털 아카이브는 다양한 사물을 체계화하는 기초로 철학적인 논의 끝에 구축된 니콜라 구아리노(Nicola Guarino)의 상위 온톨로지 체계를 채택했다. 상위 온톨로지란 앞서 말한 대로 세계에 존재하는 많은 사물의 개념을 기저(시공간), 구체물(사물·과정), 추상물, 질, 양, 역할, 관계 등 다양한 요소로 나눠 체계화한 개념체계로 각각의 개념은 'is a' 나 'part of' 등의 관계로 구성되어 있다. 이 디지털 아카이브에서도 기존의 상위 온톨로지를 기초로 하여 자료에 관계된 개념을 중심으로 주로 A: 장소공간, B: 시간, C: 구체물, D: 추상물, E: 속성, F: 양, G: 역할, H: 사건, I: 표현형태, J: 행위·작용, K: 사회, L: 현상을 중심으로 자료세계에 존재하는 다양한 개념과 사물을 정의하는 체계를 형성했다. 그리고 각 개념의 연결에 대해서는 필요한 관계를 새로 설정하여 개념구성을 했다. 그 결과 자료에 관련된 시간, 공간, 인물, 조직, 유형물, 추상개념 등 여러 사물의 상호 관계성 구축이 실현되었다.

네 개의 자료에 관한 주요 인물의 주거지역 및 행동범위, 생몰년, 사회조직 및 역사적인 사건과의 관계를 연결지었다.

● 디지털 아카이브에서 온톨로지 활용: 구축된 온톨로지는 iPallet/KUMU[19] 시스템을 베이스로 하는 XML 데이터베이스에 저장되어 〈그림 5-6〉처럼 사물의 관계가 가시화된 도표로 표시되었다. 각 사물과 관

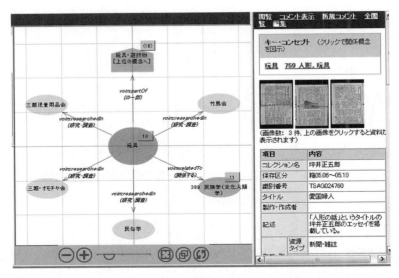

〈그림 5-6〉 핵심개념과 상관도

런된 자료는 도표상에 표시되었으며 그것을 클릭하면 자료가 나타나도록 했다. 여러 사물과의 관련성을 파악하면서 디지털 아카이브 자료를 열람할 수 있게 된 것이다. 예를 들면, 본래는 서로 다른 자료군에 속해 있는 쓰보이 쇼고로 자료와 역사사진자료를 공통의 인물로 연결시킬 수 있게 되었다.

또한 개별자료를 표시할 때는 〈그림 5-6〉에 표시된 것처럼 각 메타데이터상에 '핵심개념'란을 만들어 자료와 사물에 관한 단어(語)를 표시했다. 이 단어를 클릭하면 상관도가 나타나 그 밖의 관련사물과의 관계 유무나 원근을 파악할 수 있도록 했다.

---

19 http://www.ipallet.org.

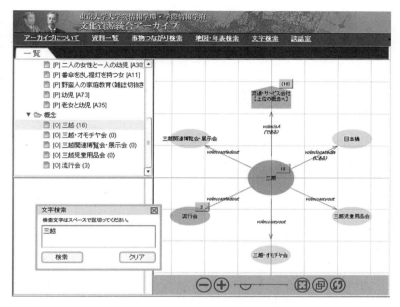

〈그림 5-7〉 검색결과로 나타난 상관도

또 검색 시에도 〈그림 5-7〉에 표시한 바와 같이 검색한 단어와 관련
된 여러 사물을 상관도 형태로 표시하여 입력어뿐만 아니라 관련 있는
다양한 사물과 자료에 접근할 수 있게 했다. 사물의 상호연계를 파악하
면서 여러 자료를 검색할 수 있도록 한 것이다. 이에 따라 다양한 사물
간의 관계화, 자료와의 연계가 가능해졌다.

▌ 커뮤니티 기능의 구축

문화자원 통합 디지털 아카이브에서는 온톨로지에 저장한 각 사물이
나 메타데이터에 관한 내용에 실수가 있거나 추가사항이 필요한 경우, 등
록제 커뮤니티를 통해 정보를 교환하는 기능을 만들었다. 이 기능과 가

장 비슷한 사례로 미국의 드렉셀 디지털 뮤지엄 프로젝트(The Drexel Digital Museum Project)[20]가 있다. 이 프로젝트에서는 복식 이미지를 저장한 아카이브에 커뮤니티 기능을 추가하여 각 자료에 대한 코멘트를 쓸 수 있다. 이런 기능을 가진 디지털 아카이브는 세계적으로 아직 사례가 드물다.

1차 자료 중에 그림, 사진자료 등은 추후 새로운 정보를 추가하거나 수정이 필요한 경우가 많다. 문자자료도 잘못된 번각이 나중에 발견되기도 한다. 따라서 메타데이터에 관한 정보의 신뢰성을 높이기 위해 커뮤니티의 피드백 기능을 부여하기로 했다.

커뮤니티 기능으로 각 이용자들이 글을 쓸 수 있는 게시판과 각 자료에 코멘트를 기입할 수 있는 전자 메모기능의 두 가지를 만들었다. 게시판은 저장된 자료 전체에 관한 주제, 각 자료에 관한 주제, 그리고 온톨로지에 관한 코멘트의 세 가지 카테고리로 나눴다. 전자 메모기능은 각 자료 위에 메모를 남기고 싶은 부분을 선택하면 작성 양식이 보이는데 거기에 코멘트를 써서 보존할 수 있는 기능이다. 코멘트는 다른 등록회원이 열람할 수 있으므로 게시판에서 전자 메모에 기입된 내용에 대해 논의할 수도 있다.

게시판과 전자 메모기능을 설치하자 이용자 간의 논의가 활발해져 시범운영 기간 중에 약 200건에 달하는 코멘트가 달렸다. 일부 메타데이터나 온톨로지는 게시판에서의 논의를 기반으로 수정되었다.

이와 같이 디지털 아카이브에 저장된 지식정보의 활용은 미래의 디

---

20 Kathi Martin, *The Role of Standards in Creating Community*, Proceedings of the 13th international World Wide Web conference, 2004, pp.35~41.

지털 아카이브 구축이 안고 있는 중요한 과제이다. 따라서 앞으로도 다양한 실증사례를 통해 디지털 아카이브의 이념을 비롯하여 보다 진전된 기술이나 방법론을 확립해 나갈 필요가 있다.

우리는 문화자원 통합 디지털 아카이브 시스템이 향후 '지식복합체'로 발전할 것이라고 생각한다. 앞으로 '디지털 아카이브'란 용어는 사라질 것이며 새로운 콘텐츠와 시스템으로 변모해 있을 것이라 기대한다.

4. 디지털 아카이브의 과제와 전망

▌우리가 추진한 디지털 아카이브의 개요

우리 연구실에서는 2000년부터 10여 년에 걸쳐 야스다 젠이치로 은판 사진의 디지털 복원에서 문화자원 통합 디지털 아카이브까지 여러 디지털 아카이브를 개발해왔다. 그 특징은 다음과 같이 요약할 수 있다.

첫째, 처음에는 하나뿐인 원자료에 시간과 경비를 투자하는 이를테면 일점호화주의였으나, 그 뒤로는 한 번에 복수의 원자료를 취급했다. 즉, 초기에는 고해상도의 디지털 데이터 획득과 이를 이용한 복원연구에 주안점을 두었다.

둘째, 처음에는 자료의 디지털화가 중심이었으나 이후 열람 소프트웨어 iPalletnexus 시리즈를 개발했다. 즉, 디지털 데이터의 획득뿐만 아니라 효과적인 이용도 포함하게 된 것이다.

셋째, 연구목적 버전과 공개 버전이라는 두 가지 목적에 기반한 디지털 아카이브와 소프트웨어를 개발했다. 연구목적의 디지털 아카이브에는 최고의 품질이 필요하다. 디지털 아카이브에 기반한 연구 성과와 함께 디지털 아카이브의 해상도를 운용 단계까지 내려 공개용으로 했다.

넷째, 이 장에서는 소프트웨어의 기술사양에 대해서 충분히 설명하지 못했으나 독립실행형(stand-alone)으로 사용하는 소프트웨어를 네트워크 대응 소프트웨어로 발전시켰다.

다섯째, 색인용 메타데이터를 응용하여 범용적인 메타데이터와 개별적인 메타데이터를 양립시켰다. 다시 말해, 범용 메타데이터인 더블린 코어를 기본으로 하면서도 그를 더욱 확장하여 새로운 메타데이터의 요소를 설정했다.

여섯째, 첫 번째부터 다섯 번째까지를 통해서 디지털 아카이브학의 구축과 전문적인 인재양성을 지향했다.

▌ 남겨진 과제

지금까지 우리의 디지털 아카이브 구축이 순조롭게만 진행된 것은 아니다. 디지털 아카이브의 추진은 곧 디지털 아카이브에 대한 고민이었다. 그 고민이란 다음의 일곱 가지 과제를 말한다.

첫째, 디지털 아카이브 추진 과정에서 원자료의 보존이 경시되었다. 디지털 아카이브의 구축 사례는 많지만 반드시 자료의 보존이나 관리 향상, 복원으로 이어지지는 않았다.

둘째, 디지털 아카이브가 도처에 구축되고 있으나 효과적으로 이용되지 않고 분산적으로 존재하여 비효율적이다. 최근에는 문화유산 온라인[21]이나 국립국회도서관 디지털 아카이브 포털[22] 등 디지털 아카이브를 통합적으로 열람, 참조하도록 하는 시도들이 계속 나오고 있다. 이러한 플랫폼을 확충하고 적극적으로 활용하여 디지털 아카이브의 통합 이용을 촉진해야 한다.

셋째, 디지털 아카이브는 많은 비용이 필요하므로 비용 대비 효과의 비효율성을 들 수 있다. 정보기술은 일취월장의 속도로 진화한다. 따라서 디지털화와 공개 등에 필요한 사용기기나 어플리케이션은 더 성능이 좋은 제품이 계속 출현하므로 비용이 감소되지 않는다. 그러나 디지털 아카이브와 같은 공적인 문화정보자원에는 많은 조직이 참여할 수 있도록 경비를 절감해야 한다.

넷째, 디지털 데이터의 진부화가 가속되고 있다. 디지털 기술이 급속도로 발전하고 있으므로 디지털화 당시 최고급이었던 고해상도 이미지가 1, 2년 후에는 구식이 되어버린다. 또 특정 기술이나 환경에 의존하게 되면 개발이나 사용지원이 중지된 이후에는 디지털화된 문화자원을 활용할 수 없게 된다.

다섯째, 기술적인 사양의 공개와 표준화이다. 대부분의 디지털 아카이브는 어떤 사양에 기반하고 어떤 기기나 어플리케이션을 사용하여 개발된 것인지 충분한 정보를 공개하고 있지 않다. 또 디지털 데이터를 저장한 시스템의 사양이 표준화되지 않아 각각 다른 규격으로 작성되었다는 문제가 있다. 예를 들어 이미지 파일은 비교적 단순하여 범용적인 파일형식이 존재한다. 그러나 이미지 파일조차 모든 파일을 모든 소프트웨어에서 사용할 수 있는 것은 아니다.

여섯째, 데이터의 신뢰성이다. 우리는 디지털 아카이브의 화려한 겉

---

21 http://bunka.nii.ac.jp.
22 국립국회도서관 디지털 아카이브 포털은 현재 국립국회도서관 서치(国立国会図書館サーチ)의 전신임. https://iss.ndl.go.jp/ _옮긴이

모습이나 우수한 모양새에 넋을 잃는 경우가 많다. 그러나 진정 원자료를 충실하게 재현했는지에 대한 신뢰성이 없으면 학술연구에 사용하기 힘들다. 따라서 색이나 형상 등에 관해 원자료와 어떤 차이가 있는지 수치화된 기준을 만들어 평가할 필요가 있다.

일곱째, 기술진보에 대한 대처가 미흡하다는 점이다. 이것은 우리 자신에게 해당되는 문제이기도 하다. 디지털 데이터는 이론상으로는 열화하지 않지만 그것을 취급하는 사람은 열화하므로 한 명의 연구자나 기술자가 영구적으로 새로운 기술을 취득하는 것은 불가능하다. 따라서 새로운 기술에 대응하는 인재를 계속 육성할 수 있는 교육체제 혹은 전문교육을 받은 인재를 활용할 수 있는 시스템을 정비해야 한다.

디지털 아카이브의 대상이 되는 문화자원의 측면에서는 서양사, 동양사, 일본사, 그리고 고고학이나 미술사 등의 전문가가 있다. 기관 측면에서는 도서관의 사서, 박물관 및 미술관의 학예사, 기록관의 아키비스트 등의 전문직이 존재한다. 그러나 디지털 아카이브에는 존재하지 않는다. 바꾸어 말하면 디지털 아카이브는 앞서 언급한 기존의 전문인력들에게 디지털화 관련 공통지식과 기능을 요구한다고도 할 수 있다. 또한 전문인력의 재교육 기회를 마련하는 것도 필요하다.

마지막으로 이 장에서 논한 것을 요약하면 다음과 같다. 첫째, 디지털 아카이브는 도서관, 박물관, 미술관, 기록관을 통합할 수 있으며 그에 대처하는 것이 당면 과제이다. 둘째, 디지털 아카이브가 성립하기 위해서는 자료기반, 기술기반, 사회기반이라는 세 가지 기반이 필요하며 각각의 표준화와 정비가 필요하다. 셋째, 개별화, 분산된 디지털 아카이브가 통합되어 이용단계에 이를 경우 세 가지 기반이 서로 밀접한 관련을 갖는 것이 중요하다.

넷째는 인재육성이다. 고등교육기관에는 사서 및 학예사 양성과 연계하여 디지털 아키비스트 양성과 디지털 아카이브 연구를 추진할 수 있을 것이다. 이 장에서 제시한 디지털 아카이브 구축의 표준모델이 디지털 아카이브 구축에 실제로 활용될 뿐만 아니라 이를 구현할 디지털 아키비스트 육성 커리큘럼에도 반영되기를 바란다.

6장

학술활동 지원을 위한 지식의 구조화

이시카와 데쓰야

도서, 실물자료, 미술품, 공문서는 지적 활동의 성과물이다. 이용자는 이러한 성과물을 열람, 감상, 조사 등에 이용하여 자신의 지적 활동을 자극하기도 하고, 지적 활동으로 발생한 결과가 옳은지 확인하는 데 필요한 재료로 활용하기도 한다. 도서를 소장하는 도서관, 실물자료를 소장하는 박물관, 미술품을 소장하는 미술관 그리고 문서를 보관하는 기록관은 지적 활동의 성과물을 보관하는 장소(기관)로서 없어서는 안 되는 존재이다. 이들이 필수 기관인 만큼 소장자료 관리의 질적 제고 및 사용의 편리함이 요구되는 것이다. 그렇다면 일본의 도서관, 박물관, 미술관 그리고 기록관은 이러한 기대에 부응하고 있을까?

현재 각 기관은 여러 가지 상황으로 인해 각자의 노력으로는 해결할 수 없는 많은 문제에 직면하고 있다. 무엇보다 현재 각 기관의 운영 및 전문직원 양성은 어떻게 이루어지고 있는지 살펴볼 필요가 있다. 2007년 2월 17일 「지식의 구조화와 도서관, 박물관, 미술관, 기록관: 연계에 기여하는 대학의 역할」을 주제로 개최한 심포지엄은 그러한 문제점을 종합적으로 검토하고 해결의 실마리를 찾기 위한 것이었다.

6장에서는 이 심포지엄의 개최 목적인 '지식의 구조화'를 위해, MLA 연계에 관한 기대를 담아, 특히 도서관 상황을 예로 들어 '다소 과격한' 주장을 펼치고자 한다.

6장의 구성은 다음과 같다. 먼저 연구 활동의 '고유한 현상'을 해석한 뒤 교육의 나아갈 방향에 관해 논하고, 해당 심포지엄의 개최 의도를 다시 한 번 고찰하고자 한다. 다음으로 도서관, 박물관, 미술관, 기록관에 속한 기관은 아니지만 도쿄대학 '사료편찬소'의 목적을 간단하게 정리하고, 필자가 현재 주력하고 있는 '역사지식학' 연구를 바탕으로 도서관, 박물관, 미술관, 기록관의 필요성을 재인식하고자 한다. 마지막으로 관련성이 많은 자료임에도 각 기관의 이용 조건이 다르기 때문에 자유로이 이용할 수 없는 등 교육 연구 활동을 원활히 지원받기 어려운 현재의 문제점에 대한 개선방안을 제시하고자 한다.

1. '지식의 구조화'의 필요성

연구개발 활동은 '이것은 무엇일까? 왜 그럴까?'에서 '이러면 좋을 거야! 이렇게 하면 어때!'라는 의문을 품고, 현상의 원인과 대상의 특성을 밝히며, 해결책을 강구하는 행위를 기본적인 과정으로 한다. 그리고 연구개발 활동의 성과를 가르치는 것이 대학교육이다.

연구개발의 성과는 공표를 통해 처음으로 인지되므로 공표하지 않으면 어떠한 의미도 없다고 할 수 있다. 연구자의 일상은 조직에 소속되어 활동하는 것이므로 연구자 활동에 대한 평가는 곧 성과주의로 이어진다. 인정받을 수 있는 부분은 신규 성과뿐이다. 이렇게 되면 다수가 새로운 성과를 추구하기 위해 '틈새의 성과'를 목표로 하게 된다. 바로 이것이 틈새 산업(niche industry) 현상이며, 수치한정 발명 특허(parameter patent) 현상이다. 자연히 연구대상은 세분화되고, 점점 사물을 깊이 꿰뚫어 보는 눈이 필요해진다. 바로 '지식의 세분화' 현상이 발생하는 것이다. 이러한 현상은 '숲을 보고 있는 한' 결코 나쁜 현상은 아니지만, 문제는 '연구를 위한 연구'가 발생하는 것이다. 특히 기존 기능을 고도화하는 연구에서 발생한다. 무엇을 위한 연구인가, 연구 목적이 희박해지는 현상을 '전문(專門) 바보'라고 할 수 있을 것이다. 이 현상을 나타내는 가장 뚜렷한 증거는 불필요한 기능이 생기는 것이다.

'전문 바보'가 되지 않기 위해서는 최소한 주변 분야에 대한 이해와 성과 동향을 항상 점검할 필요가 있다. 점검 분야는 넓은 영역일수록 좋다. 그러나 주변 지식을 이해하는 것만으로 연구에 응용하는 것은 불가능하다. 자기 분야의 지식과 관련지어 이해할 필요가 있으며 이러한 관련짓기를 '지식의 구조화'라고 할 수 있다.

관련짓는 능력, '지식을 구조화하는' 능력은 개인의 지식과 노력에 의존한다. 하지만 실제로 개인의 힘만으로는 한계가 있으므로 지식을 제공해주는 기능이 필요하다. 이 기능을 수행하는 것이 바로 '도서관, 박물관, 미술관, 기록관'이다.

2. 도서관, 박물관, 미술관, 기록관의 현황: 도서관 사례를 중심으로

심포지엄 장소인 도쿄대학 야요이 강당은 토요일, 게다가 저녁에 비가 오고 추워진다는 일기예보에도 불구하고 금세 만석이 되었고 입석 참가자도 있었다. 이것만 보면 공개 심포지엄은 대성공이었다고 할 수 있다. 하지만 '왜 이렇게 많은 사람이 참가했을까'라는 의문이 지금도 이따금 머릿속에 떠오른다. 더불어 '뭔가 도움이 되긴 했을까' 조금 꺼림칙하기도 하다. 요즘에는 '무언가 바뀌긴 했을까'라는 생각도 한다.

필자가 관여했던 '도서관' 관련 단독 심포지엄과 패널 토론이 이만큼 성황리에 개최된 적은 지금까지 두 번뿐이었다. 약 15년 전의 '전자도서관 시범 프로젝트' 성과보고회와 2006년 '제8회 도서관종합전' 세션[1]을 제외하고는 없었다.

'전자도서관 시범 프로젝트'는 당시 통상산업성의 프로젝트[2,3] 성과발표회였으며 도서관계는 물론 산업계도 참석한 자리였다. 필자는 프로젝트 추진 멤버로 참가했다. 이 프로젝트는 1990년대에 들어 미국에서 시작한 고속통신망(Integrated Service Digital Network, ISDN) 정비의 일환으로 1993년에 앨 고어(Al Gore) 부대통령이 제창한 정보 슈퍼하이웨이 구상에 의해 촉발되었다. 도서관계보다는 차세대 디지털 통신

---

1   井上真琴発表, 「達人に学ぶレファレンス: インターネット利用を焦点に」, 第8回 図書館総合展, 2006年 11月.

2   http://www.kantei.go.jp/jp/it/990422ho-7.html.

3   石川徹也編著, 『電子図書館はどうなる 人文学と情報処理 別冊1』, 勉誠出版, 1999, p.152.

과 멀티미디어 기술 산업 육성에 주력하는 개발연구형 산업계가 높은 관심을 보였던 프로젝트였다.

'도서관종합전' 세션은 인터넷 시대에 '도서관 참고서비스의 나아갈 방향'을 생각하는 것이 목적이었으며 『도서관에 물어보세요!』[4]를 집필한 이노우에 마코토(井上真琴)의 강연으로 인해 '입장 불가'일 정도로 성황리에 열린 모임이었다. 필자는 해설자로 참가했다.

위와 같은 두 모임이 성공했던 것은 '시류를 탄' 과제였기 때문이다. 그에 비해 이번 모임은 '무엇 때문이었을까'. 다음과 같은 개최안내 팸플릿의 표어 중 어느 부분이 기대를 불러일으킨 것일까.

- 고미야마 히로시(小宮山宏) 총장이 제창한 '지식의 구조화'에 관심을 가진 것일까?
- '도서관, 박물관, 미술관, 기록관의 연계'에 흥미를 느낀 것일까?
- 도쿄대학이 '대학의 역할'을 하기 위해 '도서관, 박물관, 미술관, 기록관'을 대상으로 무언가를 시작하려고 하는 것에 관심을 가진 것일까?

모임이 끝난 뒤 몇몇 분의 소감, 이후에 받은 이메일 연락 등에서 들은 참가 목적은 세 번째 '기대'가 대부분이었다. 소감을 보낸 분들은 도서관 직원 또는 문헌정보학 전공 교수들이었다.

왜 세 번째일까? 그분들의 생각은 대략 다음과 같았다. 도서관이라

---

4 井上真琴, 『図書館に訊け!』, 筑摩書房, 2004.

는 영역에 몸담은 사람으로서 도서관의 현재에 막막함을 느끼고 있고, 나아가 도서관의 장래에 대한 전망을 그리기 어렵다. 이로 인해 자신의 위치에 대한 위기감에서부터 도쿄대학이라는 브랜드 대학이 '무엇인가를 시작함으로써 미래가 보일 수도 있다'는 절실한 생각으로 참가했다는 것이었다.

이 막막한 느낌이란 무엇일까, 그리고 전망을 그릴 수 없는 것은 왜일까? 그 이유는 의견 주신 분들의 진심 어린 '소감'을 통해 다음과 같이 요약할 수 있다.

- 공공도서관 직원: 최근 도서관의 이용 형태가 급격히 바뀌었다. 무료로 제공되는 도서대여점, 독서실이라는 이야기는 이미 오래 전 일이 되었고, 최근에는 휴식 공간, 영화관이라고 한다.

- 대학도서관 관계자: 이용자가 리포트 작성을 위해 컴퓨터를 지참하고 오지만 자료를 찾는 모습도 보기 어렵고, 질문하는 일도 적다고 한다. 그 이유는 결국 인터넷과 휴대전화로 대표되는 다양한 모바일 기기가 보급되고, 전자책으로 대표되는 여러 가지 디지털 콘텐츠를 확충함으로써 '조사하거나 즐겼던' 일들이 도서관을 가지 않아도 충분히 달성될 수 있게 된 점, 더욱이 '유비쿼터스 정보 접근(ubiquitous information access)'[5]을 누릴 수 있게 된 점이다.

- 대학교수: '지정관리자 또는 PFI 제도' 도입과 더불어 최근에는 도서관 사서 채용이 거의 제로에 가깝다. 파견업자에 의한 채용은

---

5   Zhang, D., "Web Content Adaptation for Mobile Handheld Devices", *Communication of the ACM*, 50(2), 2007, pp.75~79.

있지만 모두 계약직이다. 대학 경영문제와 학생을 배신하는 듯한 기분(= 취업 기회가 적은 자격에 대한 교육)이 들어 떳떳하지 못함을 느끼면서 스트레스를 받는다.

서장에서 언급한 바와 같이 일본에서는 연간 약 1만 명의 사서자격증 소지자가 배출된다고 한다. 필자가 아는 한 전국에서 35명밖에 채용되지 않았던 때도 있었다. 지금은 지정관리자와 PFI 제도의 도입으로 사서자격증 소지자 채용이 조금 늘었다고 한다. 하지만 취업조건은 시간제 계약직으로 취직할 곳으로는 바람직하지 않다.

도서관을 둘러싼 현황과 대조적으로 박물관 및 미술관의 변혁 양상, 또한 신설 개관 및 특별전시가 그때그때 화려하게 보도되고 있다. 도서관의 궁색한 모양과는 비교가 되지 않는 느낌이다.

도서관, 박물관, 미술관, 기록관은 서로 다른 종류의 기관이지만 공통점이 많다. '지식의 구조화'에 대한 필요성이 제기되고 있는 지금 도서관, 박물관, 미술관, 기록관이 맡은 역할에 대한 기대가 크다. 다음 절에서 필자의 현재 연구과제를 통해 '학술활동 지원을 위한 지식의 구조화'에 대한 필요성을 살펴보고자 한다.

3. '사료편찬소'의 목적

도쿄대학의 부속연구소인 '사료편찬소'는 사료를 기초로 887년부터 메이지유신(1871년경)까지 약 980년간 일본에서 일어난 또는 일본에 관한 '정치적인 일과 사건 등'을 편찬하는 업무를 수행하고 있다(〈그림

1) 목적 … 메이지유신기를 포함한 전근대 일본역사 사료편찬 및 일본사 연구
2) 개소(開所) … 1793년 화학강담소(和學講談所) → 1888년 제국대학 국사과 창설 및 이관
3) 사료편찬사업 개시 … 1885년 사료조사 및 모집 등을 개시
　　　　　　　　　　　1901년 『대일본사료』, 『대일본고문서』 발간

● **사료의 편찬** … 정치사

- 사료를 기반으로 사건의 시계열 편찬(편년작업) → 편년사료 = 『대일본사료』
- 사료의 체계화(유찬) → 유찬사료 = 『대일본고문서』, 『대일본고기록』

고대사료 부문 … 가마쿠라막부 멸망(1333년)까지 ⎫
중세사료 부문 … 에도막부 성립(1603년)까지 　⎬ 편년
근세사료 부문 … 폐 번치현(메이지 4년, 1871년)까지 ⎭
고문서(편지), 고기록(일기) 부문 　　　　　　　⎫
특수사료 부문 … 수결(花押) 및 외국관계 사료 　⎬ 유찬

● **사료조사 및 모집** … 복본작성(원본은 전래보존이 원칙 = 따라서 수집은 원칙적으로 하지 않음)

〈그림 6-1〉 사료편찬소의 목적

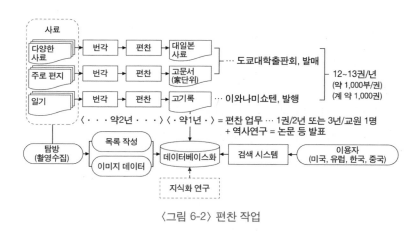

〈그림 6-2〉 편찬 작업

6-1)). 이 작업은 〈그림 6-2〉와 같이 사료의 소재 조사에서 시작하여 촬영 수집, 해서로 새기는 번각, 해당 사항의 요지를 정리하는 강문(綱文) 작성, 표출원고를 작성하는 편찬, 교정, 간행본 출판으로 진행하여 완결된다. 모든 작업은 사료의 내용해제를 기반으로 한다. 이 '해제능력'이야말로 편찬자(교수)의 '역사지식의 효과적인 활용' 그 자체라고 할 수 있다. 간행본 출판 후에는 공개검색 시스템(Shiryo Hensanjo Information Processing System, SHIPS)을 통해 간행본의 본문 이미지를 데이터베이스로 제공하고 있다.

4. '역사지식학' 창성(創成) 연구에서 본 '지식의 구조화' 필요성

▌연구의 목적

2006년 4월에 사료편찬소의 부속연구조직으로 설립된 '전근대 일본사 정보 국제센터'는 편찬 작업을 보다 효율적이고 고도화하는 것을 주목적으로 하고 있다. 센터 규칙에 규정된 센터의 목적은 다음과 같다.

센터의 목적(제2조)

① 일본사 사료의 역사정보론 연구 추진 → 역사정보학의 확립

② 사료 데이터베이스의 지식베이스화 추진 → 역사지식학의 창성

③ 사료 연구, 편찬, 출판용 새 시스템의 구축

④ 역사정보의 국제적 호환

'편찬'을 '보다 효율적으로 수행하는 장치'에 대한 연구를 수행하는

것이 목적이라고 할 수 있다. 구체적인 사명은 '역사지식의 활용'을 고도화하는 것이다. 이를 필자가 진행하는 연구과제의 기축으로 삼았다.

①은 사료의 효율적인 관리 및 효과적인 이용방법을 확립하는 것이다. 현재 '역사정보학'에서 사료 관리는 서지데이터 수준의 관리, 이용은 실물의 디지털화(PDF화) 수준에 머무르고 있다. 또한 각 기관이 보유한 사료 정보는 각 기관이 개별적으로 제공하는 데 그치고 있다. 예를 들어 대학도서관 소장데이터 네트워크인 NACSIS-CAT과 같은 전국 규모의 통합 데이터 제공 방식에는 이르지 못하고 있다.[6] 이런 상황으로 인해 이용자는 사료의 유무와 소재를 찾는 것부터 시작해야 하고 많은 수고가 따른다.

②는 사료 해제에 동반하는 역사적 지식, 예를 들어 역사적 사항의 5W1H를 축적하여 제공하는 방법을 확립하는 것이다. 이를 위해 사료의 번각 지원, 정보 추출, 추출사항의 지식화 및 지식 연계 방식 등의 확립이 필요하다. 예를 들어 사료에서 5W1H 정보를 추출하지만, Why와 How는 현시점에서는 곤란하다. 이러한 연구활동을 '역사지식학의 창성'이라고 한다(〈그림 6-3〉).

어떤 일에 관한 현상 해명, 그리고 그 현상에 대한 대응책을 생각해 내는 것이 바로 인간의 지적 활동이라고 할 수 있다. 해명과 대응책에 '잘못'이 있다면 아무런 소용이 없다. 따라서 그릇된 판단을 하지 않으려면 다양한 지식이 필요하다. 그러나 인간 '지식의 정리, 기억, 이용'이 반드시 정확한 것은 아니며 항상 '위험'이 따른다. 연구자에게는 전문

6　文部科学省科学研究費補助金基盤研究(S)(研究代表者: 安永尚志) 2001~2005 年度研究成果報告書.

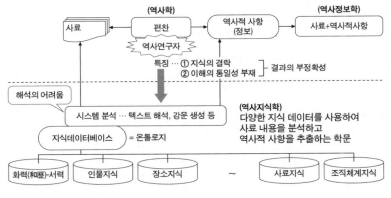

〈그림 6-3〉 역사지식학의 위상

지식이 그와 같을 것이다. '위험'을 보완하는 '장치'가 '지식 데이터베이스'라고 할 수 있다. 대표적인 '지식 데이터베이스'에 해당하는 것이 백과사전이다.

③은 편찬, 간행작업의 고도화를 목적으로 ②에서 구축된 지식 데이터를 효과적으로 이용할 수 있도록 하는 것이다.

그리고 ④는 ②에서 구축된 지식 데이터를 국제적인 연구자 및 기관에 제공하는 것이다. 말하자면 지식 공유화의 촉진인 셈이다.

'편찬 작업'은 사료의 발견 → 사료의 수집(사료의 촬영) → 번각 → 편찬(주기 등의 삽입) → 공개(출판, 데이터베이스)라는 과정 가운데 번각에서는 '사료를 해석하는 지식'이, 편찬에는 역사지식이 구사된다. 역사학 전문가가 이러한 작업을 수행하며 편찬 결과의 질은 당연히 전문가의 역량, 지식량에 좌우된다. 편찬 결과는 역사학 연구의 재료가 되므로 질적으로 마땅히 최고여야 하고 또한 균질해야 한다. 하지만 사람이 이를 보증할 수 없으므로 시스템적으로 해결할 필요가 있다. 다음에서는 이상의 사명을 완수하기 위한 구상으로서 '지식 데이터베이스' 구축에 대해 소개한다. 실제 연구 수행에는 현실적인 문제에 직면하게 된다. 그러므로 현실적인 문제를 우선하여 연구를 추진하고 있다.[7·8·9·10·11·12·13]

▌ 역사지식 데이터베이스의 구축에 관한 연구

● 역사지식의 세 가지 측면: '역사적 사항(주로 정치적인 일과 사건)'을 '지식 데이터베이스'로 이용할 수 있도록 정리, 축적하려면 '무엇을

7 石川徹也, 北内啓, 城塚音也, 「歴史オントロジー構築のための史料からの人物情報抽出」, 『自然言語処理』vol.15, no.1, 2008, pp.3~18.

8 石川徹也, 「歴史ontology構築の研究: その理論と実際」, 『情報文化学会』vol.15, no.1, 2008, pp.6~11.

9 石川徹也, 伊藤直之, 前沢克俊, 「編纂資料の検索システム構築のためのデジタル化」 2008年度画像電子学会 第36回 研究大会, 2008, p.8.

10 Tetsuya Ishikawa, "The Historical Knowledge Database System of the Historiographical Institute at the University of Tokyo", Association for Asian Studies' the 2008 Annual Meeting, 2008, 口頭発表.

11 石川徹也, 伊藤直之, 松本征二, 新堀英二, 「『明治前日本科学史』を対象とする歴史知識の構造化: 検索·参照システムの構築研究」, 情報処理学会·人文科学とコンピュータシンポジウム2007予稿集, 2007, pp.17~22.

12 石川徹也, 「(基調講演)情報Ubiquitousの進展を担うOntologyの役割: 歴史知識学の創成研究を例に」, 情報文化学会 第15回 全国大会予稿集, 2007, pp.7~14.

13 石川徹也, 伊藤直之, 松本征二, 新堀英二, 北内啓, 城塚音也, 「歴史知識学の創成を目指して: 『明治前日本科学史』の検索システム, 人物情報抽出システムの構築研究」, 東京大学史料編纂所前近代日本史情報国際センター主催·公開研究会口頭発表, 2007.

기준'으로 할 것인가 하는 어려운 문제가 따른다. 따라서 다음과 같은 세 가지 측면을 전제로 연구를 추진하고 있다.

① 역사적 사항에 대한 인식은 사료의 기술된 내용 해독을 기반으로 한다. '일과 사건'에 관한 기술은 기본적으로 5W1H로 표기된다. 사료에서 5W1H를 읽어내어 역사적 사항을 표출할 수 있다. 미술품이 아닌 '회화, 지도'에도 똑같은 방법을 적용할 수 있다. 그러나 Why에 해당하는 '왜(이유, 근거)' 와 How에 해당하는 '어떻게(방법, 방식)'는 사료에 기록되어 있지 않은 경우가 많다. 따라서 통상적으로 Why와 How는 표출되지 않으며 표출할 수도 없다. 이로 인해 역사적 사항은 다음과 같은 구조로 표현한다. 이 구조는 '사실 데이터'의 영역에 있다.

[V했다(누가, 무엇을, 언제, 어디서)]

② 사료에 '왜(이유, 근거)' 및 '어떻게(방법, 방식)'에 관한 사항의 기술이 없는 경우, 역사학에서는 이 사실이 왜 일어났는지, 어떻게 이루어졌는지를 탐구하고 유추한다. 이 과정에는 '그 사람이 당시 어떤 업무를 담당했는지', '집권조직은 어떤 조직이었는지'와 같은 '배경지식'이 필요하다. 나아가 당시 '관직의 직무 및 직권'에 대한 지식이 필요하다. 따라서 Why와 How를 유추하는 재료가 되는 배경지식 추출이 필요하다. 배경지식은 다음 구조와 같이 표출한다. 대표적인 예는 '지명사전', '인명사전' 등이다.

(인명(관직(직무, 직권), 시대) (관직(직무, 직권), 시대)…)

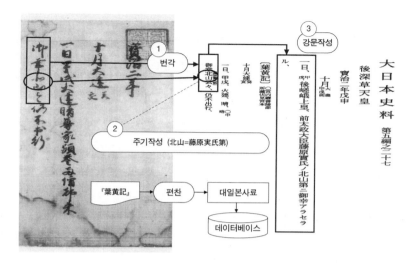

〈그림 6-4〉 편찬의 실제

③ 왜 일어났는지, 어떻게 이루어졌는지를 해명하려면 ②의 '배경지식'만으로는 곤란하다. 당시의 '상황이해'가 필요하다. 대부분 '상황이해'는 추측의 범주에 있다. 전례의 해명 데이터를 참고하는 것이 가장 확실하며, 일반적인 방법이기도 하다. 단, 이 '사례지식 데이터'의 표기는 매우 어렵다.

위와 같이 ①의 데이터를 이용해서 ②를 채우는 작업은 표층적인 지식이용이며, ①을 이용하여 ③에 왜, 어떻게를 추가하는 작업은 심층적인 지식 이용이 된다.

● 연구사례: 편찬 작업에서는 ②의 배경지식 및 ③의 상황지식을 구사해서 ①의 강문을 표출한다.

〈그림 6-4〉의 왼쪽 문서는 사료의 원문 이미지이다. 이를 번각하고

(①의 작업), 편찬한 것이 오른쪽 문서이다. '北山'이라는 곳에 '(藤原実氏弟)'라는 주기가 있다. 주기는 편찬자의 지식(②의 배경지식)에 근거하여 기재된 것이다. 주기의 필연성은 차치하더라도 주기는 문서가 의미하는 내용을 요약하는 데 있어서(③ 강문 작성) 필수적인 지식 데이터이다. 이 지식 데이터, 즉 '배경지식 데이터'의 많고 적음이 편찬의 질을 좌우한다. 따라서 '배경지식 데이터'를 사료에서 추출하고 모으는 것은 중요한 과제이다. 이러한 과제 해결을 목표로 하는 '학문'이 '역사지식학'이라고 할 수 있다. 즉, 다음을 자동생성하는 방식을 확립하는 것이 역사지식학의 구체적인 연구과제가 된다.

'御幸北山云々' → '幸北山(藤原実氏弟)云々' … 주기 자동 삽입
'御幸北山云々' → '後嵯峨上皇, 前太政大臣藤原実氏ノ北山第二御幸アラセラル' … 강문 자동 생성

● 실제 사례: 실제로 기존 편찬 결과를 데이터로 이용한 사례는 다음과 같다(〈그림 6-5〉).

① '역사 지식데이터 추출과 주기 삽입' 처리 개요
● 번각 결과문 해석에는 형태소 해석용 사전이 필요하지만 구축 비용이 많이 들어 비용 대비 효과를 고려하면 실제로는 구축이 불가능하다. 따라서 문자 n-gram방식으로 단어를 분할한다.
● 어휘 지식데이터는 번각문의 분할된 단어 단위로 기존 사료의 번각 텍스트 데이터를 전수 점검하고, 예를 들어 다음과 같이 자동으로 취득한다.

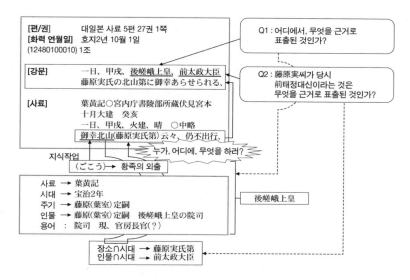

< 그림 6-5> 지식데이터 추출의 실제 사례[Q1, 2의 해석(점선 앞)]

北山 → 바로 다음의 괄호 안은 주기로 판단 → 北山(藤原実氏弟)

이 때 취득 문서의 기술 연월일을 채록하고 세트로 입력한다.

北山(藤原実氏弟)(宝治二年一〇月)

● 주기 삽입의 적합성 판단은 향후 과제로 남겨두고, 여기서는 어휘
지식데이터에 존재하는 것을 표출한다.

② '강문 자동 생성' 처리 개요

● 번각 결과문 '御幸北山云々'의 형태소 해석 → '御幸 北山 云々'

● 어휘 지식데이터의 예

御幸(황족(p), to(y)) (yyyy, mm, dd)

北山(藤原実氏弟) (yyyy, mm, dd)

云々((x) 관여하지 않음)

↓

황족 지식데이터와의 대조 및 지명 지식데이터 결과에서

御幸(황족(p=後嵯峨上皇), to (y=藤原実氏弟))

(yyyy, mm, dd=寶治二年十月一日)

↓

강문 생성 → 표기 지식데이터 御幸(アラセラル)와 대조

'後嵯峨上皇, 藤原実氏第二御幸アラセラル'

↑

평가 … 실제 강문과 자동 생성 실제 강문 비교

실제 강문 = '後嵯峨上皇, 前太政大臣藤原実氏ノ北山第二御幸ア
ラセラル'

자동 생성 실제 강문 = '後嵯峨上皇, 藤原実氏第二御幸アラセラル'

▷ '藤原実氏'의 관직 불명 ← 명시하는 것이 바람직함

▷ '藤原実氏弟'의 장소 불명 ← 명시하는 것이 바람직함

5. '지식의 구조화'를 위한 도서관, 박물관, 미술관, 기록관의 역할

앞 절에서는 필자가 현재 주력하고 있는 '지식 창조활동을 지원하는 기능 연구(구체적으로는 역사학, 사료학을 대상으로 하는 역사지식학 연구)'에 관한 개요를 제시했다. 연구개발 대상은 말하자면 인문사회과학 분야의 과제이지만, 과제해결을 위한 목표, 즉 연구개발 활동은 '(역사학, 사료학을 대상으로 하는) 지식의 창조지원, 지식의 유통지원, 지식의 이

용지원'을 실현하는 것이다. 시스템과학 등을 포함하는 정보학의 방법론이 이 지원기능들의 실현에 기반이 되고 있다. 한편 '주로 지식의 성과를 축적하는 기능'은 도서관이며, 박물관, 미술관, 기록관이다.

'지식의 창조지원, 지식의 유통지원, 지식의 이용지원' 기능에 관해서는 현재 추진하고 있는 연구 발표와 더불어 그 의의 등에 대해 소개한 바 있다.[14] 이에 여기에서는 '지식의 성과를 축적하는 기능'을 목적으로 설치된 '도서관, 박물관, 미술관, 기록관'의 기본적인 역할을 이해하고, 그중 도서관을 예로 들어 직면하고 있는 문제점에 대해서 분석하여 '지식의 유통지원, 지식의 이용지원'을 효과적이고 지속적으로 추진하기 위한 방안을 고찰한다.

▌도서관, 박물관, 미술관, 기록관의 역할

도서관, 박물관, 미술관, 기록관은 일반적으로 '인간의 지적 활동의 성과물을, 즉 도서관은 도서, 박물관은 실물자료, 미술관은 미술품, 그리고 기록관은 문서를 중심으로 각각 보관하고 이용에 이바지하는 장'이라고 이해된다. 타인의 성과물은 지적 활동을 자극하고, 성과의 옳고 그름을 확인하기 위한 재료가 된다. 따라서 성과물의 효율적인 보관과 제공을 계속해 나가는 것이 필요하다.

이처럼 네 기관은 매우 중요한 역할을 수행하지만, 오늘날 그 역할 자체에 의문이 제기되고 있으며, 동시에 운영위기에 직면하고 있다. 대략적인 이유는 다음 항에서 고찰한다. 그 전에 네 기관의 각 기능을 좀

---

14 6장의 각주 7·8·9 참조.

<그림의 제목>〈표 6-1〉 도서관, 박물관, 미술관, 기록관 비교

도서관	『広辞苑』	도서, 기록, 기타 자료를 수집, 정리, 보관하고 필요한 사람의 이용에 이바지하는 시설
	Longman Dictionary of Contemporary English	1. a room or building containing books that can be looked at or borrowed by members of the public or by members of the group or organization that owns the library
	위키백과	도서, 잡지, 시청각자료, 점자자료, 녹음자료 등의 매체 및 정보자료를 수집, 보관하며 이용자에게 제공 등을 하는 시설 또는 기관
박물관	『広辞苑』	고고학자료, 미술품, 역사적 유물, 기타 학술적 자료를 널리 수집, 보관하고 이를 조직적으로 진열하여 공중에게 전시하는 시설. 또한, 수집품 등에 대한 조사 및 연구를 수행하는 기관
	Longman Dictionary of Contemporary English	a building or room where objects are kept and used, shown to public because or their scientific, historical, and artistic interest
	위키백과	특정 분야에 대해 가치 있는 사물, 학술자료, 미술품 등을 수집, 보존하고 그것들에 관해 전담 직원(학예사, 큐레이터 등)이 연구와 함께 방문자에게 전시하는 시설. 영어를 사용하여 뮤지엄(museum)으로 부르기도 함. 대부분 자연사, 역사, 민족, 미술, 과학, 기술, 교통, 해사(海事), 항공, 군사, 평화 등과 같이 한 분야를 중심으로 구성되며 수집 자료에 근거한 연구 성과 발표와 함께 방문자가 해당 분야에 관해 폭넓은 지식을 습득할 수 있도록 함
미술관	『広辞苑』	미술품을 수집, 보존, 연구, 진열하여 일반의 전시, 연구에 이바지하는 시설. 연구와 기획전시만을 수행하는 시설을 가리키는 경우도 있음. 박물관의 일종.
	Longman Dictionary of Contemporary English	(생략)
	위키백과	미술작품을 중심으로 한 문화유산, 현대의 문화적 소산을 수집, 보존, 전시하고 더불어 문화에 관한 교육, 보급, 연구를 수행하는 시설. 미술관에 해당하는 말로 art museum이 있는 것과 같이 전문박물관의 한 분야로 미술품을 주 대상으로 하는 것이며 유럽에서는 박물관 개념에 포함됨. 역사적으로 종합적인 박물관에서 미술 전문 박물관이 분리되었고 특화한 경위로부터 박물관을 붙이지 않고 '미술관'이라는 일본어가 정착했음. 박물관

		이라는 특성으로 보면 축적 기능이 중요하지만, 전시 기능을 중심으로 하는 시설로는 갤러리가 있음. 단, 미술관과 갤러리의 경계는 불분명하고, 중간적인 시설도 많음. 유의어로 회화관(de. Pinakothek)이 있음. 박물관을 영어로 번역하면 museum(뮤지엄)이고, 이것은 그리스 신화에 등장하는 학예의 신 무사(Musa)에서 유래함.
기록관(공문서)	『広辞苑』	국가 또는 지방공공단체의 기관, 또는 공무원이 직무상 작성한 문서(를 보관하는 시설)
	Longman Dictionary of Contemporary English	(a place for storing) historical materials, such as old papers, letters, and reports concerning a government, family, organization, etc. kept esp. for historical interest
	위키백과	역사적인 사료로서 공문서(조약, 선언, 외교문서, 정부 관계자의 보고서 및 전달 메모 등)를 보관하고 공개하는 기관 및 시설. 간행된 도서를 수집하는 도서관, 비문서 자료를 수집하는 박물관과는 구별됨. 도서관 사서(librarian), 박물관 학예사(curator)와 같이 공문서관에는 자료를 수집, 정리, 연구하는 전문직으로 아키비스트가 있지만, 일본의 경우 사서 및 학예사와 달리 자격의 법제화가 이루어지지 않았고 사회적 인지도도 낮음.

더 명확히 하고자 한다. 〈표 6-1〉은 네 기관을 일본어사전[이와나미쇼텐의 『広辞苑』(제6판)], 영어사전(Longman사의 Dictionary of Contemporary English)과 인터넷(위키백과 일본어판)에서 찾아본 것이다(일부 생략).

각 매체의 기능상 해석에 장단이 있지만 내용 및 시점이 미묘하게 다름을 알 수 있다. 네 기관의 역할을 재고하기 위해 다음의 시점을 기준으로 각각을 간단히 비교해보겠다.

- 시점 1: 일본어사전과 영어사전의 비교를 통해 네 기관에 대한 일본과 서양의 이해에 차이가 있는지 확인하고, 차이가 있다면 무엇이 어떻게 다른지, 그리고 일본에서의 위상은 어떤지 고찰한다.
- 시점 2: 네 기관은 이용자가 존재함으로써 성립한다. 그렇다면 이

용자는 네 기관을 어떻게 이해하고 있을까. 시점 1에서 본 식자의 견해(사전의 정의)와 이용자의 관점(인터넷 무료 백과사전 콘텐츠를 이용)에 차이가 있는지 확인하고, 차이가 있다면 무엇이 어떻게 다른지 주체자(주로 행정)의 의식 문제를 생각한다.

(1) 시점 1에 입각한 고찰

① 도서관: 기본적인 차이가 없지만 일본어사전은 "이용에 이바지한다"고 한 데 비해 영어사전에는 "looked at or borrowed"라고 직접적으로 표현하고 있다. 이것만 보아도 일본어와 영어에서 언어표현의 차이를 알 수 있어 흥미롭다. 언어표현의 차이는 기관의 운영, 특히 서비스의 차이에 크게 드러난다. 대표적인 예가 대학도서관의 참고서비스이다. 열람과 대출 서비스를 제공하는 이상 가장 적합하게 장서를 제공하려는 '집념'이 느껴진다. 이 '집념'은 주로 장서에 대한 지식, 즉 도서관 직원의 주제지식에 근거를 두고 있다. 유감스럽게도 일본의 대학도서관(주로 중앙도서관)에서는 고도의 주제지식을 가진 도서관 직원이 전무하다.

② 박물관: 일본어사전에서는 수집품에 대하여 '조사, 연구를 수행하는 기관'이라고 한 것에 비해 영어사전에서는 이러한 명시가 없다. 서구에서는 '공적으로 제공하는 이상 개개 전시품에 대한 깊은 조예에 기반을 둔다'는 전제가 있으며 조사 및 연구 성과에 특화된 제공 형태가 없는 것, 즉 제공한다면 전문적인 이해에 바탕을 두는 것은 당연하므로 설명할 필연성이 없는 것이다. 이러한 보편적 이해가 없는 일본에서는 '조사 및 연구'가 괴리된 느낌이다.

그런데 심포지엄 안내 자료에는 '도서관, 박물관, 미술관, 기록관'이라는 형태로, 네 기관을 각각 다른 목적을 가진 기관인 것처럼 나란히 표기했다. 이는 안이한 표기 방식이었는지도 모른다. 영어사전에는 미술관이라는 표제어가 없고 '박물관'의 일종으로 대상이 설명되어 있을 뿐 두 기관을 구별하지 않는 것을 알 수 있다.

③ 기록관: 일본어사전에는 '기록관'이라는 표제어가 없고, 공문서가 있다. 공문서는 '공무원이 직무상 작성한 문서'라고 매우 한정되어 있다. 공문서의 영문명은 불분명하지만 'Archives'라고 한다면 일본어사전과 같은 한정적인 표현은 찾을 수 없다. 'Archives'가 기록관이라고 이해할 수 있다.

(2) 시점 2에 입각한 고찰

일본어사전과 위키백과 일본어판을 비교한다. '위키백과 일본어판'에서는 도서관을 제외한 세 기관 모두 일본어사전보다 약 2배 이상의 길이로 설명하고 있다. 주요 특징은 다음과 같다.

① 도서관: 대상 자료를 "도서, 잡지, 시청각자료, 점자자료, 녹음자료 등의 매체 및 정보자료"로 하여 다양한 것을 명시하고 있다('정보자료'는 무엇을 가리키는 것인지 짐작할 수 있지만 불확실한 용어이다).

② 박물관: 대상 분야를 설명하고, '전담 직원(학예사, 큐레이터 등)', '연구 성과를 발표한다'는 것을 명시하고 있다.

③ 미술관: '미술관'은 '박물관'의 일종으로 설명하고 있다.

④ 기록관: 사서, 학예사와 나란히 아키비스트라는 전문직이 있는 점을 설명하고 있다.

위와 같은 도서관, 박물관, 미술관, 기록관의 특징을 간단히 정리하

〈표 6-2〉 도서관, 박물관, 미술관, 기록관의 유사점과 차이점

	도서관	박물관	미술관	기록관
보관대상	도서(출판물)	실물자료	미술품	공문서
일반인의 입수가능성	가능	일반적으로는 불가능	일반적으로는 불가능	불가능
목적	수집, 공개	수집, 공개	수집, 공개	공문서 관리
설치자	공적, 사적 기관	공적, 사적 기관	공적, 사적 기관	공적 기관
전문 직원	사서	학예사 (연구업무)	학예사 (연구업무)	아키비스트 (연구업무)

면 〈표 6-2〉와 같다.

▌도서관, 박물관, 미술관, 기록관의 위기: 현황과 이유

(1) 위기 현황

도서관, 박물관, 미술관, 기록관 이외에 지적 활동의 성과물을 보관하고 이용에 이바지하는 기관은 이 세상에 존재하지 않는다. 더욱이 전문가에 의한 조직적 수집, 장기 보관부터 이용을 보증하는 절대적인 장이라고 할 수 있다. 그러나 오늘날 그 존재와 유지는 다음과 같은 사유로 인해 위기를 맞이했다.

인터넷의 확산으로 인해 정보검색 시스템, 네트워크 시스템 및 브라우저와 같은 도구, 시스템 기기의 고도화 및 고기능화가 이루어졌고, 정보입수 및 콘텐츠 감상에서 정보처리까지도 인터넷 이용을 통해 가능하게 되었다. 인터넷은 어느새 전기, 가스, 상하수도, 도로, 교통기관과 함께 생활을 위한 공공물이 되었다. 인터넷 없이는 업무도 일상생활도 성립할 수 없게 된 것이다. 게다가 무선 네트워크의 확산과 휴대전

<표 6-3> 도서, 실물자료, 미술품, 공문서의 이용 목적과 제공 형태

	도서관	박물관	미술관	기록관
보관대상	도서(출판물)	실물자료	미술품	공문서
이용 목적	① 내용 감상 ② 정보 입수 (정보원)	① 감상 ② 조사 분석 (대상물)	① 감상 ② 조사 분석 (대상물)	① 조사 분석 (정보원, 대상물)
복제물의 대체 가능성	기본적으로 복제물로 대체 가능	대상물의 존재를 알기 위한 목적에 한해 복제물로 대체 가능	대상물의 존재를 알기 위한 목적에 한해 복제물로 대체 가능	기본적으로 복제물로 대체 가능

화로 대표되는 다양한 모바일 기기의 출현에 따라 쓰기 편리한 '유비쿼터스 정보 접근'이 실현되고 있다. 접근 대상은 소비재 정보에서부터 도서, 실물자료, 미술품, 공문서에 이르고 있다. 〈표 6-3〉에 도서, 실물자료, 미술품, 공문서 이용(자)의 목적과 복제물이 이용 목적을 충족할 수 있는지 제시했다. 복제물은 인터넷을 통해 실물(외적 형태)에서 콘텐츠(내용)를 디지털화하여 제공할 수 있다. 기본적으로 콘텐츠형 미디어, 즉 도서 및 공문서는 복제물, 디지털 콘텐츠를 이용하는 것으로 충분하지만, 실물자료 및 미술품은 역으로 실물 관람이 필요하므로 소재 및 소장기관의 정보를 정확히 제공할 필요가 있다.

현재는 모든 것이 디지털로 전송되고 있지 않지만, 앞으로는 유료화 문제와는 별도로 대부분 디지털 전송이 될 것이다. 실물을 확인하려면 수집 기관을 직접 방문해야 하지만, 내용 확인은 인터넷을 통해 검색하는 것으로 충분하다. 그 결과, 특히 도서관과 기록관은 존립의 의의가 문제시되고 있다. 또한 네 기관은 장소는 물론, 이용시간과 이용절차도 물리적, 인적, 제도적인 제약으로 인해 유비쿼터스 정보 접근에 대응하지 못하고, 이용자가 감소하는 상황이다. 도서관, 박물관, 미술관을 공적

<표 6-4> 도서관의 종류와 문제점

종류	역할	이용자
학교도서관	초등, 중등교육 지원을 목적으로 초중고교에 설립한 도서관	(이용자 한정) 초중고교 학생
공공도서관	사회교육지원을 목적으로 각 지자체에서 설립 운영하는 도서관	국민 누구나 가능
대학도서관	대학교육 및 대학에서 학술활동 지원을 목적으로 설립한 도서관	(원칙상 이용자 한정) 학생 및 교직원
전문도서관	기업, 기관 등의 목적을 지원하기 위해 설립한 도서관	(원칙상 이용자 한정)

자금으로 운영하는 의미가 있을지에 대한 의문이 계속 제기되고 있다.

그러나 어느 경우든 연구개발 활동에서 필요한 자료는 가까우면서도 확인할 수 있도록 보장하는 것이 바람직하다. 모든 도서가 전자책으로 전송되지 않는 이상 도서관의 활성화가 요구되는 것이다.

(2) 공공도서관의 위기

① 위기의 원인: 공공서비스의 이념, 그에 수반하는 운영 의무와 재원은 상반 관계에 있다고 할 수 있다. 국민은 공공서비스에 과한 기대를 품고 무한한 서비스를 요구한다. 그에 비해 재원은 한정되어 있다. 따라서 목적 투자, 중점 투자 역시 필연적이다. 요구와 재원의 관계를 어느 지점에서 매듭짓는 것이 타당한가. 특히 도서관, 박물관, 미술관, 기록관과 같은 '지식에 대한 욕망'과 관련한 공공서비스 투자는 만족도에 개인차가 있기 때문에 결정이 어렵다.

<표 6-4>와 같이 공립 학교도서관을 제외하고, 이용자가 한정된 도서관은 목적에 대한 이용자의 합의를 얻기 쉽다. 그러나 시민을 대상으로 하는 공공도서관은 이용자가 다양하며 여간해서는 합의를 이끌어내

기 어렵다. 당연히 운영자 측의 판단으로 운영하게 된다. 그 결과, 다음과 같은 문제가 발생한다. 모두 재원 부족으로 인한 문제이다.

- 도서구입비의 삭감: 장서의 미비 문제
- 인건비 삭감 = 사서교사, 도서관직원 부족: 도서관 서비스의 질 저하 문제

한편, 인터넷 확산으로 인한 도서관 이용의 변화 양상과 맞물려 공공도서관의 필요성에 의문을 제기하는 사람도 있다. '지식의 유통지원, 지식의 이용지원'을 위해 필수적인 공공도서관을 더욱 활성화하려면 무엇을 어떻게 해야 하는가, 다음에서 논하고자 한다.

② 대책: 지방자치단체의 재정 사정은 파탄을 초래한 지자체도 있듯이 다수가 책무 초과 상황에 있고, 재건을 목표로 하고 있다. 이러한 상태를 야기한 것은 소위 '버블 시대'이며 과도한 공공 투자에 기인한다. 어떠한 조직이든 재정 재건을 위한 첫 번째 대상은 과도 투자 부분이며 개인도 마찬가지이다. 전기, 가스, 상하수도와 같은 기간 공공서비스 사업은 축소하거나 철수할 수 없지만, 오락시설을 필두로 한 복지, 교육 관련 사업은 축소 및 철수 대상이 되는 것이 일반적이다.

기록관을 제외한 도서관, 박물관, 미술관은 대부분 지자체가 설립한 기관이다. 다른 공공서비스 사업(예: 공원, 체육관, 수영장 등)과 함께 서비스의 질이 저하되지 않고 지속되려면 시설, 인력, 운영비 등의 삭감이 어려워 지자체의 재정으로 유지해야 할지가 토론의 대상이 된다. 공원, 체육관, 수영장 등과 같이, 앞서 '(1) 위기 현황'에서 서술한 이용자

수의 감소로 인해 축소 대상이 되고 있다.

필요성 측면에서는 '관둘래야 관둘 수 없는' 상태이나 공공서비스 사업에는 지역 및 지역 간 문제(요점은 비슷비슷해야 한다는 의식)도 있어서 근본적인 대책 마련은 하지 못하는 상황이다.

이러한 위기 극복을 위해 다음의 두 가지 정책이 시행되었다.

(i) PFI(Private Finance Initiative): 민간의 자금과 경영 노하우, 기술력을 기초로 공공시설 등의 설계, 건설, 수리, 갱신, 유지 관리 및 공공사업 운영 일체를 수행하도록 하는 공공사업이다. 1999년 7월에 PFI법을 제정, 2000년 3월부터 시행되었다. 공공도서관 중 PFI에 의한 운영이 처음 도입된 곳은 미에 현 구와나 시(三重県桑名市) 도서관이다.

(ii) 지정관리자 제도: 민간의 능력을 '공적 시설'의 관리운영에 적극적으로 도입하려는 목적으로 민간사업자 및 NPO법인, 자원봉사단체 등과 같은 단체에 관리운영을 맡기는 제도이다. 2003년 9월에 지방자치법 제244조 제1항을 "주민의 복지를 증진할 목적으로 이용에 제공하기 위한 시설"로 개정하고 시행되었다.

PFI와 지정관리자 제도 모두 민간의 지혜를 이용한 주민 서비스의 향상과 사업 경비의 절감 도모를 목적으로 하고 있다. 전자는 주민의 반응에 따라 평가가 이루어지지만 후자는 경비 절감 정도에 의해 평가된다. 그 결과 효과만 먼저 얻으려는 경향이 보인다. 애초에 사업비를 삭감하거나 삭감한 상태에서 지금까지 하지 못했던 사업을 요구하는 행태가 있어 입찰이 성립되지 못하거나 사업을 중도 철회하는 경우도 나타나고 있다.

▌해결책: 무엇을 해야 하는가

공공도서관이 직면한 문제는 공공박물관, 미술관에서도 발생하는 문제일 것이다. 이들 문제는 현재 여러 정세로 인해 각 기관의 노력으로는 해결할 수 없으며 연구개발 활동에 특히 큰 장애가 된다.

① 대상(특히 역사자료)이 '분산' 되고 있다.
② 공공시설임이 틀림없는 데도 네 기관의 이용 조건이 다르다.
③ 직원은 전문직임이 분명하지만 실제로는 일반 사무직과 다를 바 없다.

네 기관은 공통점이 많은데도 불구하고 이용은 참으로 불편하다. '지식의 통합화'를 위해 네 기관의 담당 역할이 크다. 위 세 가지 문제를 개선하기 위해서는 '도서관, 박물관, 미술관'을 먼저 통합하여 '지재관(知財館)'이라 명명하고, 이용기능을 일원화해야 한다. '지식의 구조화'에는 '시설의 구조화'도 필요하다. 마찬가지로 사서, 학예사, 아키비스트 양성도 일원화할 필요가 있다.

지식의 성과를 축적하는 '도서관, 박물관, 미술관, 기록관'에서 한발 나아가 '지식의 유통지원, 지식의 이용지원'을 기대한다. 네 기관에 개별적으로 이러한 기대를 하는 것이 아니다. 왜냐면 지적 활동을 하는 과정에서 '도서관, 박물관, 미술관, 기록관'을 구별하여 의식할 수 없기 때문이다. 하지만 현실은 그렇지 않다. 네 기관의 사이에는 이용에 뚜렷한 차이가 있다. 따라서 이용자는 항상 개별적으로 네 기관의 문을 두드려야 한다. 실로 불편함의 극치라고 할 수 있으며 신뢰도 하기 어렵다.

이번 심포지엄은 지적 활동에 있어서 편리성을 확보하기 위해, 즉 '지식의 구조화'를 위한 네 기관의 융합을 기대하고 개최한 것이라고 생각한다. 그렇다면 앞으로 어떻게 하면 좋을까.

● 문제 1: 연구과제에 필요한 자료는 도서 혹은 실물자료와 같이 한 종류만 있는 것이 아니라 도서, 실물자료, 미술품, 공문서 등 다양한 경우가 많다. 이럴 때 도서관을 방문한 다음에 박물관을 방문하고, 또 미술관을 방문하고 게다가 공문서관을 방문하는 일은 매우 번거롭다.

● 문제 2: 귀중서, 미술품 또는 문서 등 본래는 일체 또는 일련의 자료였던 것이 그 후 어떤 경위로 인해 분할되어 현재 각기 다른 기관에 보관되어 있는 경우가 많다. 일괄 조사할 경우, 각 기관을 순서대로 방문할 필요가 있어 불편하기 그지없다. 〈그림 6-6〉이 대표적인 예이다.

그림 가운데 '독립행정법인 국립박물관'은 '규슈 국립박물관'이며 소장품 중 약 1만 4,000점은 현재 국가 중요문화재가 되었다. 따라서 다른 기관의 소장품도 동일한 중요성을 가진다. 그러나 막상 이용하려고 하면 '중요문화재'라는 이유만으로 각 기관의 이용이 엄격하게 제한되어 일반적으로는 관람할 수 없다. 매우 불편하기 짝이 없다.

○ 문제 1, 2의 개선책 - 관종의 장벽 제거: 일본에서는 도서관, 박물관, 미술관, 기록관의 소장 목록 데이터베이스화가 진전되어 검색 서비스를 제공하고 있다. 인터넷을 매개로 통합 검색을 통해 소재 확인을 할 수 있게 되었다. 그러나 유감스럽게도 목록 데이터의 항목 및 표기는 아직 통일되지 않은 상황이어서 검색의 신뢰도는 결코 높지 않다. 이러한 문제를 해소하기 위해 네 기관은 데이터 항목 및 기술 형식 등을 통일할 필요가 있다. 각각의 고유한 데이터 항목은 필요하지만 〈표

쓰시마 종가문서 보관소의 변천 (2011년 3월 현재)

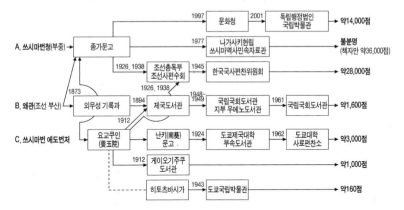

* 田代和生, 『新·倭館 鎖国時代の日本人町』ゆまに書房, 2011. 『쓰시마 종가문서』는 에도 시대의 쓰시마번(현 나가사키 현 쓰시마 시)의 번주 종가에 전해오는 문서이다. 종가는 무로마치 시대부터 에도 시대에 걸쳐 일본과 조선의 외교 실무와 무역을 독점하고 일본과 조선 관계 역사상 매우 중요한 역할을 했다. 규슈 국립박물관이 소장하고 있는 14,078점이 2005년 6월에 국가 중요문화재로 지정되었다.

〈그림 6-6〉『쓰시마 종가문서』소장기관

6-5〉와 같이 기본적인 데이터 항목은 통일할 수 있을 것이다. 이러한 기본항목이 일반적인 검색대상 항목이 된다. 더블린 코어 메타데이터 이니셔티브[15]의 구상이 이를 위한 것이다.

● 문제 3: 공문서를 제외하고, 도서는 저작권 문제, 실물자료와 미술품은 방문자 수(입장료)에 영향을 미치므로 보관대상 대부분이 디지털화되어 있지 않다. 실물 확인을 위해서는 소장기관 방문이 당연하지만 내용 확인은 인터넷을 통해 디지털 데이터 열람을 할 수 있게 해야

15 http://ja.wikipedia.org/wiki/Dublin_Core.

〈표 6-5〉 도서, 실물자료, 미술품, 공문서의 공통 데이터 항목 예시

데이터 항목의 종류	공통 데이터 항목	데이터 예
형태(외형식) 데이터 항목	작자명 (+작자 속성, 파생데이터) 작품명 (+작품명의 파생데이터)	속성데이터 예: 생년월일, 국적 등등 파생데이터 예: 원저자명, 애칭(약식 명칭) 등
내용(내형식) 데이터 항목	작품소개	도서의 경우: 내용 소개
관리 데이터 항목	소장번호	

할 것이다.

● 문제 4: 일부 이미지 데이터가 제공되고 있지만, 일련의 자료라도 각 기관의 방침에 따라 제공되고 있기 때문에 동일한 뷰어에서 같은 화질로 열람할 수 없다. 내용 이해에 오해가 생길 수 있다.

○ 문제 3, 4의 개선책 - 관종의 장벽 제거: 공립 도서관, 박물관, 미술관은 적어도 사회교육의 임무를 다하기 위한 목적으로 설치, 운영되고 있으므로 '매상 우선'이라는 관점을 배제한다면 지적재산권을 침해하지 않으면서 디지털 데이터를 제공하기 위해 노력할 필요가 있다. 이를 위해 네 기관 공통의 기준을 만들고 적용할 필요가 있다. 그리고 같은 품질로 제공할 수 있도록 통일성을 도모해야 한다.

● 문제 5: 일본에서 사서, 학예사 양성을 위한 전문교육과목은 법에 규정되어 있다. 아키비스트 전문과목의 규정은 아직 없다. 사서, 학예사는 모두 전문직이다. 사서는 공공도서관 직원을 위한 자격이지만 실제로는 사서자격증이 없는 사람이 도서관 직원으로 사서자격증 소지자와 차이 없이 직무를 하는 경우도 있다. 한편, 〈표 6-2〉와 같이 학예사

는 연구직으로서의 임무도 부과되어 있으므로 직책에 관해 자격이 없는 직원과 차이가 있다.

동질의 동일한 대상을 보관하고 이용 서비스를 제공하는 이상, 네 기관에서 동질의 운영과 제공이 이루어지지 않으면 연구 활동에 필요한 사항에 부족함이 생길 수 있으며 연구 성과의 신뢰성에 영향을 미칠 수밖에 없다.

ㅇ 문제 5의 개선책 - 사서, 학예사, 아키비스트 양성의 일원화: 도서관 직원으로서의 사서, 박물관 및 미술관 직원으로서의 학예사, 기록관 직원으로서의 아키비스트 양성교육의 정비를 서두를 필요가 있다.

이용자, 특히 연구자에게는 도서관, 박물관, 미술관, 기록관의 이용 목적에 차이가 없다. 필요한 실물이 충분히 갖추어져 있고 정상적으로 관리되는 것으로 족하다. 미국의 대학도서관 사서처럼 이용목적을 묻고, 최적의 실물을 안내할 수 있는 소장자료에 관한 전문 지식을 갖춘 직원이 필요한 것이다. 전문적 지식을 갖춘 직원은 적어도 연구자와 동질하지 않으면 대응할 수 없다. 연구자와 동질하려면 해당 직원은 학위 취득자가 되어야 하며, 학교교육을 목적으로 하는 사서교사를 제외한 네 기관의 직원은 학사, 석사, 박사에 따라 직무를 분담할 필요가 있다.

한편 네 기관이 공공 운영일 경우에는 공공정책, 공공서비스, 시설관리, 안전대책, 지적재산관리, 프라이버시 대응 등은 기관별로 다르지 않으므로 사서, 학예사, 아키비스트 양성과정에서 공통과목으로 교육해야 한다. 부가적으로 대상물인 도서, 실물자료, 미술품, 공문서 특론을 선택과목으로 한다면 대학에서 사서강좌, 학예사강좌와 같은 개별 교육을 하지 않아도 될 것이다.

6. 심포지엄의 역할

'공공도서관은 무엇인가'에 대해 지금 다시 한 번 생각해보자. 그 전에 '공공도서관은 얼마나 가깝고, 필요한가'를 묻고 싶다. 시민은 공공도서관을 어느 정도 필요로 하고 있는가. 어쩌면 기득권 위에 앉은 관련자만이 그리고 도서관 서비스에 의한 피해자만이 소란을 피우는 것일지도 모른다. 피해자란 장서의 대상이 되는 각종 자료를 만드는 사람(저작자, 집필자, 출판사, 인쇄사), 판매자(유통업자, 서점 등)와 지적 활동을 위해 진실로 이용을 바라는 사람들이다. 무료의 도서대여점과 다르지 않은 그리고 점점 오락적으로 변하는 공공도서관의 '고객'인 이용자는 쾌적한 환경, 난해한 도서를 제외한 장서(책, 영상 및 음성비디오)의 내실화, 24시간 개관과 같은 이용환경의 무한한 향상을 바라고 있을 것이다. 이러한 기대는 도보권 내의 이용자에 한한 것일지도 모른다(필자는 버스나 지하철을 타지 않으면 갈 수가 없다).

지금 시대에는 감사하게도 공공도서관에 가지 않거나, 이용하지 않는다고 해서 지적 활동 및 생활을 할 수 없는 것은 아니다. 기분 나쁘게 들릴지 모르지만 미술관, 박물관, 기록관도 마찬가지일 것이다. 즉, 음악을 라이브로 듣지 않아도 살 수 있으며 그림의 실물을 보지 않아도 살 수는 있고 심지어 실물 책을 보지 않아도 살 수는 있다. 마찬가지로 책을 대상으로 조사하지 않더라도 지적 활동은 나름대로 가능하다. 필자도 매년 점점 이러한 경향으로 변하고 있다.

마음의 안정제가 되기도 하는 예술품을 제공하는 미술관, 박물관, 음악홀은 절대적인 생활필수품이라고 생각하지만 공공도서관은 비용 대효과에 맞는 가치 있는 존재일까. 학교도서관, 대학도서관, 전문도서관은 이용자를 한정하여 목적지향형 운영을 할 수 있지만 공공도서관은 만인을 대상으로 한다. 만인의 만 가지 요구에 부응할 수 있을 리가 없다.

자동판매기에서 캔이나 병에 든 주스를 구입할 수 있게 되면서 믹서기는 생활필수품에서 빠지게 되었다. 서류 작성은 컴퓨터를 이용할 수 있게 되어 손으로 직접 쓰지 않게 되었다. 이와 같이 연구개발 성과에 따른 신기능의 출현에 따라 기존 기능은 새로운 기능으로 대체된다.

'책을 읽고, 필요한 것을 찾아보는' 일도 인터넷을 매개로 충분히 가능해졌다. 공공도서관도 이러한 이용 범위에서는 더 이상 필요하지 않다.

그러나 지적 활동을 지원하는 기능으로서 은퇴해서는 안 된다. 과거의 도서를 보관해주지 않으면 곤란하다. 더욱이 지역의 다양한 정보를 수집하고 이용할 수 있도록 해주지 않으면 곤란하다. 요컨대 여전히 중요한 기관인 것이다.

따라서 거기서 일하는 도서관 직원인 사서에게도 학예사, 아키비스트와 동등한 기능이 기대된다. 아키비스트 양성의 제도화에 맞추어 사서교육의 내실화를 서둘러야 하는 것이다.

도서관, 박물관, 미술관, 기록관이 서로 다른 종류의 기관이라 해도 공통점이 많다는 점을 인식했지만, 지금까지 개별 자격의 교육문제나 취업 후의 연수문제 등은 함께 인식하지 못했다. '지식의 구조화'의 필요성을 인식한다면, 먼저 '우리'가, 즉 해당 분야의 교육연구를 담당하고 있는 사람들이 적어도 한자리에 모여 문제해결을 향해 움직일 필요가 있다고 생각한다.

7장

문화자원학 입장에서의 제언

사토 겐지

    지금까지의 내용을 바탕으로 지식의 구조화라는 공통과제에 대해서 생각해보자.

    4장 '고구려 고분 벽화의 모사자료'는 단지 역사적인 사례 보고로만 받아들여서는 안 될 것이다. 오히려 이 책의 전 주제에 날카롭게 파고들며 지식의 매우 중요한 활동, 즉 '복제하기'에 대한 문제를 부각시키고 있다. 주지하다시피 사상가 발터 벤야민(Walter Benjamin)이 기계화와 대중화가 이루어지기 시작한 1930년대에 '기술복제 시대'라는 논점을 발표했다. 그는 기술의 혁신이나 진보가 사회에 미친 영향만을 지적한 것은 아니다. 복제에 관한 문제 제기는 인간의 인식 및 사상과 깊이 관련된다는 점에서 매우 현대적이다.

    5장 '디지털 아카이브에서 지식복합체로'에서 제기된 '통합하다'라는 동사도 현재 상식적으로 사용하고 있는 의미 그대로 받아들여도 좋을지 이 시점에서 다시 생각해볼 필요가 있다.

통합이라고 하면 일반적으로 하나의 커다란 체계 안에서 자리매김하는 것으로 간주하게 된다. 때문에 각종 정보를 한 곳에 수집하고, 분산되어 있는 것들의 장벽을 없애고 결합시킨다는 점이 강조되기 마련이다. 이러한 사고방식을 결정하는 것은 아마도 우리의 인식이나 사고에서 작용하는 산업화의 힘일 것이다. 현대 산업사회에서는 국가, 관료제, 기업을 포함한 인간 조직 및 집단의 규모가 커지고 건축에 의해 구성되는 공간이나 도시도 거대해져 자원 및 상품 시장이 전 세계에 확산되고 있는 것이 현실이다. 이런 사회에서는 내버려두면 개별 현장에서 각각 분해되어 버리는 정보를 일원적으로 파악하고자 하는 욕구가 돌출되기 쉽다. 하지만 그러한 경향 그대로를 통합으로 받아들여도 좋은지 의문이다.

6장 '학술활동 지원을 위한 지식의 구조화'에서 효율적인 이용이라는 맥락에서 논의된 공용화 문제도 '복제'나 '통합'을 재정의함으로써 새로운 가능성을 엿볼 수 있다. 실제로 기관과 연구자마다 역사자료를 취급하는 규정이 달라 발생하는 '동상이몽의 문제'가 날카롭게 지적되고 있는 가운데, 함께 이용한다는 이상을 실천하기 위해서는 무엇이 필요할 것인가. 기술 도입이나 방법 개발만으로 해결할 수 있는 문제는 아니라고 생각한다. 여기에는 리터러시를 구비한 인재 육성이라는 교육 과제가 중첩되어 있다. 6장에서 지식 데이터베이스에 대한 구상 중 '지원한다'는 것은 정보의 이용과 공존·공영·공익·공감·공제(共濟)[1]·공통·공액(共軛)[2]·공화(共和)[3]·공범(共犯) 등과 같은 많은 의미와 활동

---

1 힘을 합하여 서로 도움, 공동으로 일을 함. _옮긴이

2 긴밀히 결합하여 상호간에 전화(轉化)하는 두 개념을 나타내는 말. _옮긴이

을 함께 한다. 이러한 의미들은 교육을 통해서 이식되고 육성되는 이념이기 이전에 각각의 경험 가운데 탐지되어야 하는 것이며 그 발견을 돕는 시스템이야말로 6장에서 논하고자 한 장치가 아니었을까 생각한다.

'복제하다', '통합하다', '지원하다'라는 동사들은 각각 의미하는 범위가 다르다. 하지만 모두 매우 중요한 문제를 제기하고 있다. 이번 심포지엄의 기본적인 이념인 '지식의 구조화'를 어떻게 모습으로 형상화할 것인가라는 문제와 깊이 관련되기 때문이다. 이에 대해 문화자원학의 입장에서 세 가지 측면을 논하고자 한다.

1. 통합이 갖는 권력

필자는 논의를 어디서 시작하더라도 결국은 한 가지 요점에 도달한다고 생각한다. 그러므로 먼저 지식의 '구조화'가 현재 통용되고 있는 '통합'이 아니라는 점부터 말하고자 한다. '문화자원 통합 디지털 아카이브'시스템에 관해 논한 5장에서는 지향해야 할 통합이 공통화도 아니고 횡단도 아닌, 바로 구조를 만들어내는 것이라고 했다. 이 미묘한 차이를 좀 더 명확히 할 필요가 있다.

앞서 말한 바와 같이 '통합'이라고 하면 모으는 것, 연결 짓는 것, 포개어 합치는 것과 같이 기본적으로 긁어모아서 한데 합하는 것을 떠올리게 된다. 하지만 그러한 '통합'에는 결정적인 부족함이 있다. 언뜻 '분

3　여러 사람이 공동으로 일함. _옮긴이

해'처럼 보이는, 잘라 나누고 풀어헤쳐서 분류하는 프로세스도 사실은 '통합'을 실현하는 데 빠뜨릴 수 없는 작업일 것이다. 실제로 따로따로 떼어내거나 붙어있는 것을 떨어뜨리고 나누는 행위가 필수적이다. 한 자어인 '분석(分析)'도 일본어인 'わかる(알다, 헤아리다)'도 절단의 힘을 중심으로 한다는 점에서 공통적이다. '분별(分別)'과 '판단(判斷)'을 제대로 포함하지 않은 방대한 수집이나 결합이 가지는 취약함에 대해서 생각할 필요가 있다. 스스로를 성립시키는 요소와 구조를 제대로 의식하고 고려하지 않으면 '통합'은 매우 안이하고 형식적이면서 기술적이고 강압적인 구호가 되어버린다.

예를 들면, 역사적으로 '활자'의 보급은 당시에는 생각조차 할 수 없을 정도로 광범위하게 사회적인 통합을 만들어냈다. 활자 인쇄의 산업화가 야기한 복제력이 없었다면 도서관의 증가와 보급도 사회에 광범위하게 침투할 수 없었을 것이다. 일찍이 개별적인 필사 자료로만 유통되었던 지식이 표준화된 복제 활자의 세계로 통합됨으로써 공통적으로 참고할 수 있는 표현과 표상의 공간이 시작되었다. 지식은 필사된 문자의 개성을 잘라내고 기호화하는 작용을 통해서 주체의 평가(주체에 의한 평가이면서 동시에 주체에 대한 평가이기도 하다)를 포함하지 않는, '정보'라 일컬어지는 무미무취한 존재로 바뀌어왔다. 그러한 프로세스를 통해서 인쇄된 것, 즉 신문에 보도된 것이나 책에 기재되어 보존된 것은 새로운 수준에서 의미를 획득하게 되었다. 즉, 인쇄되고 제시된 정보 자체가 어떤 종류의 권위를 포함하여 사람들의 경험 가운데에 뿌리내리게 된 것이다. 때로는 확실한 지식인 것처럼 받아들여 신용할 만한 사실로 유포되기도 했다.

이러한 '근거 없는 진실' 또는 '의도하지 않은 권위'의 생성에 관해서 기술결정론에 가까운 단순논리로 설명하는 경우도 있다. 예를 들면, 활자로 인쇄된 정보의 고정성이 잘못된 정보나 의심스러운 지식을 정정하는 행위를 경직시켰고, 늘 새로운 지식으로 즉시 수정할 수 있는 인터넷 환경의 전자미디어 정보 세계에서는 이러한 문제가 일어나지 않는 것처럼 여겨지기도 한다. 물론 이것은 많은 사람이 경험을 통해 알고 있듯이 잘못된 설명이다. 인터넷 시대에 '잘못된 정보'나 '의심스러운 지식'은 결코 줄어들지 않고 있다. 또한 디지털 사회에서 의도하지 않은 권위화가 극복되고 있다고도 할 수 없다. 평판이라는 불확실한 것에 의지하여 자각이 없는 존재조차 권위화가 이루어지는 현재의 구조 자체가 변하지 않았기 때문이다. 오히려 알아보기 어려운 형태로 당연히, 마치 공기처럼 신빙성이 높아지고 퍼져나갈 위험성이 커졌다고도 할 수 있다.

문제는 독자가 어느 정도의 비판력을 가지고 독해력(literacy)을 기를 수 있을 것인가인데 안이하게 낙관할 수만은 없다. 종이 매체에 의한 인쇄가 만들어낸 정보세계에서도 단순한 오자부터 착각이나 억지, 날조에 이르기까지 모든 차원에서 '잘못'이나 '실수'가 있을 수 있다. 정보의 가치는 필사물과 실제 관찰을 포함한 다른 기록과 자료에 의해 뒷받침되고 있는지 심사하고 비판하면서 확인되어야 한다. 인터넷 공간에 떠도는 지식정보에 대해서도 이러한 자료비판이 필요한 것은 두말할 필요도 없다.

2. 모사하는 경험에 대한 주목

다음은 실제로 독자의 자료비판 활동과 깊이 관련된 4장 고구려 고분 벽화를 소재로 한 모사의 의의에 대하여 생각해보고자 한다.

4장에서는 세키노 다다시(関野貞)를 리더로 하는 연구 그룹의 모사 또는 도면 작성 작업을 살펴보고 그러한 기록이 남아 있는 의미에 주목했다. 대상을 정밀하고 선명한 사진으로 촬영할 수 있게 되었으니 모사 작업은 이제 불필요한 과정일까? 그렇지 않다. 모사한다는 것은 오늘날 우리가 직관적으로, 어쩌면 자르고 축소하여 이해해버리는 단순한 '정보의 복제'가 아니다. 다른 말로 하자면 모사작업이 만들어내는 것은 수작업을 통해 만들어낸 정확한 모사물뿐만이 아니다. 상세히 관찰해서 완벽하게 그대로 모방하여 베끼는 경험과 함께 그러한 작업에 주체적으로 임하는 시간이 발생하게 된다. 일정 기술을 가진 주체가 베껴쓰는 활동에 포함된 고유의 가치를 빠뜨려서는 안 될 것이다. 모사의 프로세스를 통해 신체에 각인된 경험은 실제로는 명확하게 언어화되지 않은 채로 장인의 암묵지를 만들어내고 있기 때문이다. 오늘날 자료의 데이터베이스화는 과연 그러한 경험까지 거슬러 올라가는 리터러시를 얼마만큼 육성하려는 것일까. 오히려 기술적인 대체가 불가능한 영역으로 여기고 있는 것 같다.

오해하지 않기를 바라지만 필자는 결코 체험지상주의와 같은 개별적, 배제적 입장에 있는 것은 아니다. 즉, 실천해봤던 사람밖에 알 수 없는 지식이 있다고 말하려는 것은 절대 아니다. 그것은 체험과 경험의 안이한 권위화이며 위험한 절대화에 지나지 않는다. 예를 들어, 현장을 체험하더라도 둔감하고 상상력이 없는 사람은 현상이 의미하는 바를 알 수 없다. 반면 '사진'이 대상을 정밀하게 광학기계로 찍는 한순간과 '모사', '임사(臨寫)'[4] 또는 '위조'가 필요로 하는 눈과 손의 협동 시간이 절대 다를 수 있다는 점도 인식하고 있다. 따라서 기술의 속도와 특성에 의존만 할 것이 아니라 그와 관련된 인간의 경험을 통해 생성된 의미까지 포괄하여 생각할 필요가 있을 것이다.

3. 손을 통한 복제와 눈을 통한 복제

다시 한 번 서두에 언급한 벤야민의 '기술복제시대'론을 살펴보자. 벤야민의 저서 『기술복제 시대의 예술작품』에 다음과 같은 구절이 있다.

> 석판에 의해 그래픽이 매일, 일상적인 사건을 삽화로 만들게 되자 활자 인쇄와 보조를 맞추기 시작했다. 하지만 석판인쇄가 발명된 지 십 수 년이 지나자 이번에는 사진기술에 의해 추월당했다. 사람의 손은 사진기술로 인해 형상 복제 프로세스상의 가장 중요한 예술적 역할에서 처음으로 해방되었고, 그 역할은 대물렌즈를 향하는 눈이 담당하게 되었다. 사람의 눈은 손이 사물을 스케치하는 것보다 빨리 사물을 파악한다. 당연히 복제 프로세스는 매우 신속해져서 말하는 속도와 보조를 맞출 수 있게 되었다.[5]

---

4 글자 따위의 본보기를 보고 그대로 옮겨 쓰거나 그림. _옮긴이

5 ヴァルター・ベンヤミン, 『複製技術時代の芸術』, 佐々木基一編集・解説, 著作集 2, 晶文社, 1970, p.11(발터 벤야민, 『기술복제 시대의 예술작품: 사진

우리는 여기서 마셜 매클루언(Marshall Mcluhan)의 미디어론과 비슷한 날카로운 통찰을 확인할 수 있다. 즉, 인간의 '손'에 의한 복제와 달리 대물렌즈를 통한 '눈'에 의한 복제가 우위를 점하는 '역사'에 대해 의구심이 드는 것이다. 이것은 최근 1세기도 채 되지 않는 사이에 일어난 역전 현상이며 우리의 일상적인 사고로는 이것이 초래한 중요한 결과를 알아차리지 못하고 있다. 눈을 통한 복제의 우월성으로 인해 대체 무엇을 잃게 된 것일까.

굳이 단순하게 말한다면 우리가 잊어버리게 된 것은 '예술'이든 '작품'이든 '역사자료'든 간에 그것이 어떤 신체적인 활동에 의해 생산되어 사물로서 사회에 각인되는 과정이다. 완성된 형상이라면 일찍이 상상도 할 수 없었을 정도로 정밀하게 스캔하거나 사진을 통해서 시각적으로 복제할 수 있게 되었다. 하지만 그것은 결과를 평면적으로 복제하는 것에 지나지 않으며, 기계적이고 광학적인 한순간에는 대상이 만들어 낸 여러 가지 프로세스를 보여주지 못한다.

'복원'을 학술자원 관련 연구로 볼 경우, 복원이라는 작업에는 어딘가에서 잃어버린 생산 프로세스까지 거슬러 올라가는 상상력이 필요하다. 단지 성과물로서의 작품 복제가 아니라 생산 과정에서의 경험을 복원하게 되는데 어딘가에서 그 경험이 떠오를 수밖에 없다. 텍스트와 역사자료가 사물로서 갖는 의미에는 지식 내용으로서의 정보뿐만 아니라 형식과 형태로서의 정보도 있다. 따라서 생산 프로세스를 상상했을 때 보이는 것이 실질적인 '분석'이 되는 것도 드문 일은 아니다. 물론 우리

의 작은 역사 외』, 최성만 옮김, 2008, 서울: 길).

는 지금 남아 있는 자료에서 출발할 수밖에 없다. 그렇기 때문에 모사를 위해서는 낱낱이 해체하고, 그리는 순서를 모방해보고, '겹친 부분'을 '형성 과정'으로 벗겨가는 작업 등이 필요하며, 신체를 사용해서 행하는 주체가 필요하게 된다. 고구려 고분 벽화의 연구에서도 모사한 사람이 느끼고 발견한 부분이 매우 컸을 것이다. 유감스럽지만 모사한 당사자가 느끼고 발견한 것이 직접 도면에 새겨져 있지는 않을 것이다. 어떤 의미에서는 사진도 마찬가지이다. 사진을 찍은 사람이 생각한 것이나 본 것이 화면에 언어로 표현되지는 않는다. 하지만 손으로 베끼는 작업이 필요로 하는 시간의 축적은 어딘가에 그 흔적을 남긴다. 추체험[6]하거나 재구성할 수 있는 경우도 적지 않다. 여러 가지 흔적들이 텍스트가 되고 그 시간의 층을 한 꺼풀씩 벗겨갈 수 있을 거라 생각한다.

통합이라는 용어의 의미로 돌아가 첫 번째 논점을 정리해보자. 통합된 데이터베이스가 필요하고, 통합된 지식 구조를 만드는 것이 바람직하다고 할 때 그것이 무언가 답을 집약하고 완성된 해결에 이르는 것으로 단정하는 것은 위험하다. 통합된 데이터베이스는 오늘날 학생들이 인터넷상의 지식에 너무나도 쉽게 의존하는 것처럼 그저 거대한 결론으로, 결과의 효율적인 집약으로 존재하는 것이 아니다. 오히려 의구심을 자아내거나 의문을 제기하는 운동과 같은 것으로 존재한다. 이렇게 생각할 때 비로소 학술지원의 진정한 역할에 대해 적극적으로 생각할 수 있을 것이다. 데이터를 일람할 수 있는 편리함은 소중하지만, 그 편리함은 계속적인 검토 수정을 거침으로써 비로소 누릴 수 있다. 이러한

---

6 다른 사람의 체험을 자기의 체험처럼 느낌. 또는 이전 체험을 다시 체험하는 것처럼 느낌. _옮긴이

장치를 구축하는 것이 통합의 첫 번째 목적이다. 6장의 공용화 관련 내용도 그러한 효용을 만들어내는 힘이 매우 중요하다고 지적한 것이다.

4. 관계의 설정

두 번째로 화면을 통해서 정보를 시각적, 언어적으로 집약하는 디지털 아카이브만 고려해도 좋을 것인가 하는 문제가 있다. 표현이 적절할지 모르겠지만 구체적이고 물질적인 형태, 그리고 그 형태를 참조할 수 있게 하는 물리적인 아카이브와의 '관계(relation)', 즉 관련짓기의 중요성에 대해 명확히 의식할 필요가 있다. 필자가 '관계형 데이터베이스의 구축'이라고 한 논점이 여기에 해당한다. 이러한 논점을 제대로 보완해 두지 않으면 현실적인 장으로 존재하는 도서관, 기록관, 박물관, 미술관, 문학관, 민속자료관 등의 고유하고 개별적인 의미가 퇴색되고, 단지 '디지털화'라는 이름의 '시각화'만 자각 없이 강조된다.

대상을 표상하는 '시점' 또는 '관점의 구조'는 중요하다. 예를 들면 미술전 도록에는 그림만 실려 있지만, 실제 공간에서는 그림이 액자에 들어있다. 그러한 트리밍(trimming), 즉 절단된 시야의 설정에서 '미술'이라는 보이지 않는 제도가 작용한다. 그렇다면 우리는 이러한 시점의 구속에 대해 좀 더 깊이 검토해봐야 할 것이다. 다른 관점에서 보면 가상 공간에서 시각 이미지로 제시된 화상 데이터에만 사고가 한정되어서는 안 된다는 것이다. 바꾸어 말하면 정보로서만이 아니라 물질로서 파악하는 관점이 필요하다는 것이다. 이것이 바로 문화자원학의 입장이기도 하다.

필자보다는 이 책을 읽고 있는 실무경험자가 정보와 사물의 통합을 둘러싼 문제를 피부로 느끼고 있을지도 모른다. 도서관, 박물관, 미술관은 수집자료 분류체계와 관리기술을 19세기 말부터 모색해왔다. 이러한 근대의 발전 위에 20세기 말 디지털 기술이라는 도구가 한 가지 더 추가되었다. 그렇지만 이것을 '진보'나 '혁신' 또는 '통합'이라고 일률적으로 말하기는 어려울 것이다.

도서관은 관리 대상의 기본적인 특질이 텍스트 데이터를 중심으로 하며 목록 기술도 성숙 단계에 이르렀기 때문에 기호 기술인 디지털 기술의 수용에 기본적으로 유리한 조건을 가지고 있을지 모른다. 2장에서 논한 것처럼 서지학의 기초를 포함하면서 발전한 도서관학이 문헌정보학으로 옷을 갈아입은 것도 이러한 초기 조건을 통한 혜택이 있었기 때문이다. 물론 그 가운데 서지학의 구체적인 지식이 주변부로 밀려나 사물로서 '쓰여진 것'을 다루는 자료학의 깊이가 계승되기 어려워진 것도 같은 맥락일 것이다. 실제 CPU의 고속화와 기억매체의 대용량화 등 이미지 처리능력이 향상되기까지 박물관과 미술관 자료의 통합 및 공유에 디지털 기술이 본격적인 영향을 미치는 일은 없었다. 이러한 의미에서 디지털 정보처리기술을 어떻게 자리매김할 것인가는 앞으로의 과제이다. 목록 및 대출 업무의 전자화라는 차원에서 '대체'에 그치지 않고, 도서관이라는 문화자원 이용 시스템을 어떻게 설계해갈 것인가라는 근본적인 문제가 내포되어 있다고 생각한다.

필자가 기술적 가능성에 대한 해박한 지식을 가지고 있거나 향후의 전망에 관한 심층적 연구를 한 것은 아니다. 하지만 현 단계에서 덧붙여 두고 싶은 것은 새로운 기술의 습득이 자료비판능력을 얼마나 지원할 수 있는지를 조사하고 토론하는 것이 중요하다는 점이다. 기술혁신은 도서관, 박물관, 미술관의 자료관리에만 한정하여 논의되어왔다. 하지만 연구와 학문의 기초인 데이터 비판, 즉 데이터의 신뢰성 검토와 자료 비판의 중요성이라는 측면에서 지식의 구조화를 뒷받침하는 가장 중요한 작용으로서 기술혁신을 자리매김하고 재고할 필요가 있을 것이다.

5. 인터페이스 공간 설계

사실 시각적인 기술복제 시대에서는 수정 자체가 쉽지 않다. 시각적인 프레젠테이션 소프트웨어인 파워포인트 사용이 활발한 오늘날, 그림으로 전달하는 것이 유행하는 만큼 고쳐 그리는 것의 의의에 대해 자각하지 못하게 되었다. 시각의 직관적인 작용에 기댄다면 2차원 화면에 표현된 구조 이미지의 구속을 받게 되는 것이다. 5장에서 자료기반, 기술기반, 사회기반, 인적기반과 같이 다차원적인 관점으로 설정하고자 한 점은 시스템 설계에 있어서 매우 의욕적인 문제라고 생각한다. 때때로 세 가지 또는 네 가지가 되기도 하는 융통성이 앞으로의 과제임이 분명하며, 아카이브 시스템 설계 문제는 매우 중요하다.

하지만 자료기반, 기술기반, 사회기반을 preproduction, production, postproduction이라고 설명하는 것은 다소 성급한 도식화가 아닌가 한다. 이미 말한 것처럼 프로덕션, 즉 생산 프로세스의 중요성을 좀 더 검토해볼 필요가 있다. 이는 이론과 방법론의 틀에 관한 문제인 동시에 실제 그림에서는 그리는 방법의 문제이며 화면으로 나타나는 인터페이스 공간 설계의 문제라고 생각한다.

필자의 연구와 관련하여 말하자면 '독서공간'이라는 발상이 이 인터페이스 설계 문제와 중첩된다. 필자는 민속학자로 알려진 야나기다 구니오(柳田国男)의 방법을 졸저 『독서공간의 근대』[7]에서 독서공간이라는 개념과 연결 지어 제시했다. 여기서 말하는 독서공간은 인간으로서 신체를 가진 독자와 서적이라는 사물이 접하여 교신하고 제어하는, 말하자면 인터페이스 공간이며 거기에서 생성된 근대에 초점을 두었다. 간단히 요약하면 야나기다 방법의 핵심은 '쓰여진 것'이 만들어낸 거대한 정보의 집적을 읽는 경험이다. 같은 방법으로서 목소리로 '말하여진 것'과 몸짓의 '행해진 것'으로 대상을 넓히고 있다. 즉, 책에서 문자기호의 집적을 해독하는 방법 그대로 일상생활에서 관찰할 수 있는 사물과 관습, 말이나 형태로 텍스트를 확대한 곳에 이른바 '민속학'이 성립된 것이다. 즉, 텍스트를 읽는 것처럼 사람들의 실천이 이루어진 일상 세계를 수집하고 참조하여 비교함으로써 해독한다. 세계는 한 권의 책에 비유된 것과 같은 구조를 가진다. 그러한 독서의 방법성을 자각한 인물로 야나기다 구니오를 묘사한 것이 필자의 시점이 갖는 독창성이었다. 즉, 현장 과학이라고 여겨지는 민속학이나 인류학 또한 실제 도서관에 축적된 책의 혼(魂)과 깊이 연결된다. 현장에 나가 관찰하고 기록해서 분석하는 필드워크의 방법이 쓰인 것을 읽는 방법과 별개의 것이 아니라 오히려 근대에서 확대되고 있는 독서공간을 관통하는 것으로 존재한다는 입장이었다. 그 연장선에서 사회학이 대상으로 하는 사회도 하나의 텍스트 집합체가 아닌지를 논했다. 역사사회학의 방법을 다룬 저작에서 독서공간이라는 비유보다 자료공간으로서의 사회를 논한 것은

---

7 佐藤健二, 『読書空間の近代: 方法としての柳田国男』, 弘文堂, 1987.

그 때문이다. 이때 자료공간의 이미지는 자료가 단지 나열되어 있는 것이 아니다. 전체가 관계형 데이터베이스처럼 대응과 참조의 구조를 갖는 것으로 묘사하고자 했다.

6. 자원이라는 사상

6장에서 이시카와는 도서관, 박물관, 미술관, 기록관을 어떠한 형태로 '통합'하여 하나의 구조로 만들 것인가라는 문제의식을 갖고 있다. 이것은 의욕적이면서 동시에 역사를 재검토하고 재선택하는 철저함이 필요한 문제이다. 도서관과 박물관은 근대에 역사적으로 만들어진 공간이며 사회조직이면서 제도이다. 그러한 제도가 학술문화자원을 각각 어떠한 방식으로 대상화해왔는지에 대해서는 아직 논의되지 않은 부분이 많다. 조직의 법적 근거에 차이가 있다는 문제뿐만 아니라 이념이나 인재육성의 전통, 나아가 방법론이나 분야도 다르다. 거기에 어떠한 '관계', 즉 상호참조체계의 설정이 가능할 것인가. 이것은 아이디어나 의욕의 문제 이상으로 현실을 규정하는 역사 인식 측면의 과제일 것이며, 재선택과 구축의 재시행이라는 문제일 것이다.

'도서', '미술', '문화재', '사료'와 같이 대상을 형상화하는 기본개념 자체를 자원으로 재정의하는 철저함이 필요할 것이다. 단순히 형식적이고 공허한 일반화 및 추상화에 의한 것이 아니라(즉, '모든 것이 자원'이라는 내용 없고 무력한 통합에 의한 것이 아니라), 구체적이며 현실적인 형태를 추상화하지 않는 관계, 또는 구체성 및 현실성으로 늘 돌아갈 수도 있는 관계를 포함해야 할 것이다. 예를 들면 도서, 즉 서책 형식의 물체와 판화 및 그림엽서와 같은 한 장짜리 인쇄 자료를 함께 다룰 수 있는 참조관리 방법의 모색은 구체적으로 가능할 거라고 생각하지만 꼭 일반적인 것은 아니다. 또는 미술작품과 일과성(一過性) 볼거리를 똑같은 의미의 매체 자원으로 다룰 수 있는 인터페이스도 어딘가에서 구상되어 실용화되고 있는지도 모르지만 쉽게 볼 수 있는 당연한 것은 아니다. 적절한 예는 아닐지 모르지만 인터페이스가 어떠한 관계구조를 창출할 수 있을 것인가는 야나기다 구니오가 민속학을 탄생시킨 것처럼 학문 그 자체로서의 성립을 함축할 수 있는 혁신이며 개혁인 것이다.

개혁을 위한 단서는 이념이나 의욕에 있는 것이 아니라 경험과 실천 가운데에 있다. 새로운 슬로건을 만들기보다 기존의 여러 연구 실천 가운데 이루어지고 있는 구체적인 노력에서부터 문제를 명확하게 하고 해결의 실마리를 얻을 수 있을 것이다. 이미 우리의 사회생활 자체가 여러 가지 차원에서 관계형 데이터베이스 구조를 내장하고 있기 때문이다. 매클루언의 범미디어론[8]의 이화(異化) 효과, 옹의 도구로서의 말에 대한 깊은 고찰,[9] 아이젠슈타인에 의한 인쇄 도서를 매개로 한 기술혁신력에 대한 주목[10]도 단지 단독적인 미디어 분석이 아니라 관계형

---

8 マーシャル・マクルーハン, 『人間拡張の原理: メディアの理解』, 後藤和彦, 高儀進訳, 竹内書店, 1967(마셜 매클루언, 『미디어의 이해: 인간의 확장』, 김상호 옮김, 2011, 서울: 커뮤니케이션북스).

9 ヴァルター・J・オング, 『声の文化と文字の文化』, 桜井直文, 林正寛, 糟谷啓介訳, 藤原書店, 1991(월터 J. 옹, 『구술문화와 문자문화: 언어를 다루는 기술』, 이기우, 임명진 옮김, 1995, 서울: 문예출판사).

10 エリザベス・アイゼンステイン, 『印刷革命』, 別宮貞徳監訳, みすず書房, 1987(엘리자베스 L. 아이젠슈타인, 『근대 유럽의 인쇄 미디어 혁명』새 개정

데이터베이스 구조를 갖는 사회를 파악할 수 있게 한다는 점에서 독창성이 있다. 기존의 경험도 아직 명확히 언어화되어 있지 않다. 그것은 민속학의 새로운 영역일지도 모른다. 명확하게 논해지지 않은 채로 실용 차원에서 생활 가운데 침투한 디지털 혁명을 아이젠슈타인의 인쇄혁명론과 같이 넓은 틀에서 재검토할 필요가 있다.

시각적인 인터페이스에 편중하기 쉬운 디지털 아카이브만이 아니라 구체적이고 물질적인 형태 그리고 그것을 참조가능한 것으로 만드는 물리적인 아카이브와의 '관계' 설정이 필요하다는 두 번째 논점의 핵심이 여기에 있다.

7. 구조화의 난점

세 번째로 '구조화'라는 용어를 살펴보자. 그리고 '구조화' 이전에 '자원화'라고 해야 할 절단과 의미부여의 변환, 또는 탈문맥화 작용이 필요한 것은 아닌지 문제를 제기해보고자 한다. 여기서는 일본 근대사에 등장하는 '자원'의 의미와는 거리를 둘 필요가 있다.

구조라는 말에는 어딘가 공학적인 이미지가 따라다닌다. 부분을 조합하여 전체를 완성하는 것과 같이 건물의 건축이나 공장의 조립생산라인을 연상시키기 때문이다. 초기에 문화자원학은 문화공학과 같은 이름이 검토되었다. 문학부가 다루어온 철학이나 역사학, 문학 등등의 여러 학

판, 전영표 옮김, 2008, 서울: 커뮤니케이션북스).

문 영역을 잘 구조화하고자 하는 의도가 있었던 것이다. 하지만 이 문화자원이라는 말을 공학적인 이미지로 파악하면 기술혁신에 의한 한계 돌파만 있으면 무엇이든 자유롭게 만드는 경제합리, 기술합리적인 생산으로 이어질 수밖에 없다. 자칫 잘못하면 위조도 적극적인 조합으로 비추어질 수 있다. 때문에 필자는 구조화를 무언가 확정하여 유용한 부품을 조립하는 것과 같은 것으로 보지 않는다. 부분을 잘 조립하면 구조가 되는 것이 아니라 조금씩 유기적이고 가변적이며 상호적인, 생태학적인 이미지를 품고 있는 것이다. 비유하자면 여러 가지 식물이 생장한 결과로 '숲'을 만드는 것과 같은 복합성을 가지고 있는 것은 아닐까. 즉, 환경을 만드는 것과 같이 변혁하는 주체 자체가 내부에 존재하고 있기 때문에 상호적이면서 재귀적인 시스템으로 파악해야 한다고 생각한다. 도쿄대학 130주년 심벌은 '지(知)의 생명체'를 형상화한 것인데 지식의 구조화도 생명체로서의 복잡함을 가지고 있는 것인지 모른다.

　생명체는 필요하다고 해서 태어나는 것은 아니다. 오히려 우연의 혼돈 가운데 어떤 요소의 결합이 독자적으로 움직인 결과로 존재하는 것인지도 모르고, 우리가 할 수 있는 것은 그것이 성장하거나 증식하도록 지원하는 것밖에 없을지도 모른다. 하지만 지원이 현재의 필요에 따라 필연적으로 종속된 것이라고는 생각하지 않는다. 즉, 지원하는 것 또한 변혁의 힘을 내포할 수 있다.

8. 자원화한다는 것

　지금까지 문화자원학에서도 '자원'이라는 말은 '결핍'이나 '필요'와 지나치게 결부되어왔다. 자원을 이야기할 때, 늘 결핍을 의식하고 있기 때문에, 새로운 획득을 논한다는 사실은 상당히 불행한 역사를 가지고 있다. 일본어에서 자원이라는 말은 과학기술이 발달하여 그 생산력이 무기에 이르게 되고 총력전 개념이 유행 사상이 된 제1차 세계대전 후의 사상계에서 주목받게 되었다. 특히 군이라는 근대 국가의 장치가 자원이라는 말에 처음 주목하고 적극적으로 사용하면서 국책, 즉 위로부터의 정책적 의미가 강하게 각인되었다. 그리고 제2차 세계대전에 걸쳐 자원을 둘러싼 언설은 동원(動員) 사상과 깊이 연결되어 있었다. 하지만 자원의 개념 자체가 국가 총동원과 불가분하다는 이해는 새로운 해석의 가능성을 제약해버린다는 점에서 잘못되었다고 생각한다.

잘못 고정된 용법을 잘라내고 해체하여 새로운 가능성을 담은 의미로 편성할 필요가 있다. 결핍이나 필요를 전제하는 구체적인 대상만을 '자원'으로 보고, 자원화하는 것은 충분하지 않다. 자원화한다는 동사 가운데 포함된 의미 규정의 방법을 바꾸고, 지금은 잊혀진 가치를 발굴하는 힘을 자각해야 할 것이다. '자원'을 말하는 방법 속에 '필요'에 대한 재검토와 더불어 발굴하고 재발견하는 힘을 포함시키고 싶다.

기발한 예로 이 의미는 어쩌면 '자원 쓰레기'라는 용법과 가깝다. 하나하나 쓰레기가 그대로 가치를 갖는 것은 아니다. 그것이야말로 구조화될 필요가 있으며 구조를 디자인한다는 과제도 가지고 있다. 문화자원학에는 문화경영학 전공이 포함되어 있는데 여기서 경영은 경제학을 기초로 한 경영보다는 오히려 디자인이나 설계에 가깝다. 즉, 자원화하는 장치를 디자인하는 것이다. 단순한 진보와 전진, 대규모 통합을 향해 가는 단선적인 프로세스가 아니다. 현대에서 지식의 본질은 천박한 효율성에 종속되거나 산업화 이념 아래에서 억압받고 변용되어 버렸는

지도 모른다. '지식의 구조화'에 이러한 상황에 대한 변혁의 이미지도
의식적으로 더하는 것이 좋지 않을까.

제3부

과제와 제언
MLA의
공통기반
구축

제1부, 제2부에서 소개한 개요와 사례 연구를 바탕으로 MLA 연계를 위한 과제와 제언을 제시하고자 한다. 특히 도서관, 박물관, 기록관의 직원(사서, 학예사, 아키비스트 등) 양성에 관한 주제를 중심으로 도쿄대학의 현황을 예로 들어 MLA 연계에 필요한 인재 육성을 위한 '바람직한 상'에 대해 제언하고자 한다.

이시카와 데쓰야, 네모토 아키라, 요시미 순야

1. 일본의 현황과 과제

지금까지 살펴본 것과 같이 근대를 거쳐 지성을 함양하는 교육연구의 중추가 된 대학과 지성의 기반이 되는 공공 인프라로서의 도서관, 박물관, 기록관은 스스로 발견하고 인식한 지식을 기록하고 타자가 발견, 인식한 지식을 수집함으로써 지식을 정리·통합하고 보급시키는, 말하자면 수레의 두 바퀴와 같은 역할을 해왔다.

한편, 대학은 도서관, 박물관, 기록관 운영에 종사하는 사서, 학예사, 아키비스트와 같은 인재 양성뿐 아니라 그들의 자격을 인정하고, 각 기관이 도서 및 수장품(이하, 자료)을 관리할 때에 필요한 메타 차원의 학술적 인식 틀을 제공해왔다.

지식을 보관, 제공하는 장치[관(館)]는 서로 연결되어 있다. 유럽이나 미국의 국가체제에서는 이러한 연결을 비교적 일찍부터 인식하고, 통합적 지식관리 체제를 모색해왔다. 서장과 1장에서 서술한 바와 같이 영국의 국립박물관과 국립도서관, 미국의 기록관과 대통령도서관 또는 독일 도서관의 역사적인 사례에서도 이들 세 '관(館)' 사이의 경계선은 절대적인 것은 아니었다. 오히려 세 기관 모두 자료 수집과 보존, 공개가 주요 임무였다는 점에서 공통점이 더 많다. 도서관, 박물관, 기록관은 근대 국가가 국가로서의 자의식, 자국 사회에 관한 역사의식이나 타자에 관한 인식을 보전하기 위해 필수적인 인식 기반의 역할을 하고, 이들 전체가 지식복합체가 되어 조금씩 발전해온 것이다.

그러나 일본에서 대학은 제국대학이라는 형태로 메이지 국가와 함께 발전한 반면에 도서관, 박물관, 기록관의 중요성에 대한 사회적 인식은 매우 늦게 발전했다.

일본은 근대에 서양 지식과 기술을 도입하고 부국강병과 식산흥업(殖産興業), 즉 생산력 확대와 직결되는 기술력 증진에는 열심히 매진했지만, 역사에 스스로를 자리매김하고 사회의 여러 가지 측면에서 과거와의 연속성을 의식하는 것에는 매우 무관심했다. 제2차 세계대전 후에야 비로소 미국 점령정책의 영향으로 국회도서관과 지역 도서관을 시작으로 하는 도서관 정비가 추진되고, 도서관법과 박물관법 등 법 제정도 이루어졌다. 하지만 서장에서 서술한 바와 같이 도서관과 박물관만을 보더라도 법제도의 정비가 제각기 이루어지고, 전문 직원 양성과 지위에 관해서도 애매한 상태가 지속되었다. 기록관은 1977년이 되어서야 처음 법제도가 만들어졌다. 일본에서는 MLA 연계 이전에 각 '관(館)'의 기반 정비가 서양에 비해 경시되어왔다고 하지 않을 수 없다.

오늘날 디지털 정보기술의 급속한 진전과 MLA 연계라는 큰 흐름은 일본의 도서관, 박물관, 기록관의 정비가 늦어진 점, 특히 여전히 발달되지 못한 상태를 몇 배로 부각시키고 있다. 우선 첫 번째로 일본에서는 연구대상이 되는 자료가 공적으로 관리되지 않고, 개인이나 종교기관, 비영리 법인 등 외부에서 접근하기 어려운 조직의 관리 아래 있는 경우가 종종 있다. 도서관, 박물관, 미술관, 기록관에 보관되어 있는 연구자료라 하더라도 서로 밀접한 자료가 '이산가족'(분산관리) 상태가 되어 있는 경우도 흔하다. 특히 역사적인 사료와 작품은 이러한 경향이 크다. 예를 들어, 6장의 〈그림 6-6〉은 『쓰시마 종가문서』의 소장기관을 소장 이력으로 정리한 것인데 이를 보면 '이산가족' 상태가 확연히 드러난다. 게다가 '현지 조사'를 실시하려고 하면 더욱 복잡해진다. 『쓰시마 종가문서』와 같은 귀중한 역사적 문화재조차 이러한 상태이므로 자료의 중요성이 아직 널리 인식되지 않은 근대 이후의 문화재, 사료 등에 관한 일괄적 관리체제에는 더 큰 어려움이 있다.

전체가 정리되지 않은 귀중한 자료라면 분산관리가 아니라 신뢰할 수 있는 기관에서 일괄 보존하여 관리하는 것이 바람직하다. 여러 가지 이유로 곤란한 경우라 하더라도 적어도 모든 자료의 정보는 디지털 아카이브 등의 시스템을 통해서 모든 관련 기관 간에 완전히 공유되어야 할 것이다. 도서관, 박물관, 기록관의 소장자료는 형태는 다양하지만 상호 연계되고, 이 연계 속에서 자료의 가치와 의미가 다시 한 번 검증될 필요가 있다. 이러한 작업은 지금까지 개별 역사가의 일로 여겨져 왔는데 MLA 연계로 각 '관(館)' 소장자료의 디지털 데이터 공유가 진척된다면 자료의 상호 연계에 관한 이해가 심화될 것이다.

두 번째로 도서관 사서, 박물관 학예사, 기록관 아키비스트라는 직종이 전문직으로서 지위가 확립되어 있지 않고, 이들 전문가를 양성하는 대학의 체제나 자격을 사회적으로 승인하고 적절히 대우하는 체제가 정립되어 있지 않은 상태이다. 그뿐만 아니라 디지털정보기술의 발달이 진전되는 가운데 서로의 전문적인 업무가 많이 중복됨에도 불구하고 고도의 인재 양성 차원에서 상호 연계 시스템이 아직 갖추어져 있지 않다. 이로 인해 오히려 자료관리 및 정보공유 차원에서의 MLA 연계를 진전시키는 것이 쉽지 않다.

이러한 상태를 개선하기 위해서는 디지털 아카이브 기술 습득을 기초로 한 공통의 양성 과정을 기반으로 하여 도서관 사서 및 박물관 학예사의 전문성 강화와 기록관 아키비스트의 지위 확립을 추진할 필요가 있다. 앞으로 디지털 아카이브 기술과 이를 기반으로 한 인프라의 발전과 보급을 생각한다면 도서관, 박물관, 기록관 상호 연계의 필요성은 전 세계적으로 확대될 것이다. 또한, MLA 연계와 상호 정보공유의 진전에 맞추어 각 '관(館)'의 전문적인 지식을 기초로 하면서 도서관, 박물관, 기록관 전반에 걸친 폭넓은 지식과 관리능력을 가진 인재가 필요하게 될 것이다.

세 번째로 위와 같은 현황의 과제와 미래 전망을 볼 때 대학, 지역, 국가 차원에서 도서관, 박물관, 기록관을 연계시킬 통합적 기구 설치가 필요하다. 그러나 오늘날 세 '관(館)'은 각각의 영역에서, 실제로는 개별 도서관, 박물관, 기록관의 독립적인 단위로 자료의 디지털 아카이브를 추진하고 있고, 아카이빙 시스템의 표준화나 통합 방법에 관해서는 관련 학회에서 토론하는 데 그치고 있다. 그러므로 전국에 산재되어 있는 이 기관들이 보유한 문화, 지식자원을 국가 차원에서 효과적으로 활용하기 위해서는 해외 동향을 파악하고 '관'과 '관'의 벽을 넘어 협조하는 지원 시스템 속에서 각 기관의 독자적 노력을 추진하는 것이 바람직하다.

2. 자료 정보의 통합 관리

　일본의 국립박물관, 국립국회도서관 등의 소장자료는 '중요문화재'
로 지정된 경우라도 메타데이터에 해당하는 사료의 목록조차 통합적으
로 검색할 수 없는 상황이다. 그 결과, 이미 인터넷이 보급되고 각지의
박물관에서 디지털 아카이브가 구축되고 있는 데도 불구하고 실제로는
자료 조사를 위해 각 관을 하나하나 개별로 조사해야만 하는 경우가 적
지 않다. 거리가 먼 시설에 있는 사료나 도서의 소장 정보를 일괄적으
로 검색할 수 있는 기술은 이미 상당히 진전되었으므로 이용자의 편리
를 생각한다면 데이터베이스의 통합화, 이용 시스템의 일원화를 조속
히 실시해야 한다.

　오늘날 인터넷이 사회 전반에 널리 보급된 이래 사물의 관리는 '분산
관리', 사물의 정보는 '분산이용' 되는 형태가 사회적인 지식 기반을 형
성하고 있다. 그러나 이것이 도서관, 박물관, 기록관에서 실현되고 있
지 않은 이유는 무엇일까? 각 기관 차원의 설치 제도나 운용 자금 문제
도 있지만, 무엇보다 도서관, 박물관, 기록관이 유관기관이면서 그 종
사자(사서, 학예사 등)의 의식이 다른 점이 정보의 공유와 통합을 저해하
는 큰 요인이다. 그 결과, 관리체계 및 이용 방식의 차이를 낳고 이러한
차이는 이용하는 데 여전히 큰 장벽이 되고 있다.

　이러한 문제점 해소를 위해 무엇을 해야 할까? 구체적으로는 현 제
도의 틀 안에서 다음과 같은 것을 추진할 필요가 있다. 첫 번째는 사물
의 관리 및 이용은 현재와 같이 분산 방식으로 하면서 사물의 정보 형
태를 표준화하고 기관 간 통합 검색을 실시하는 것이다. 이를 위해서는
5장에서 논하고 있는 것과 같이 문헌에서 문화재까지 다양한 문화자원

에 대해 통합적인 디지털 아카이브를 구축하는 시스템이 필요하다. 이러한 방식이라면 현재 조직과 법규를 바꾸지 않아도 제도적, 기술적으로 새로운 시스템을 개발해 나가는 것이 가능하다. 두 번째로 사물 정보의 제공만이 아니라 실물 영상과 삼차원 계측값을 디지털화해서 제공하는 것이다. 디지털 박물관과 디지털 도서관 방식으로 가능한 데이터 제공 및 가시화를 시행할 필요가 있다. 세 번째로 디지털화한 아카이브 자료를 통합하고 영상 데이터를 제공할 수 있는 인재 육성이 시급한 과제이다. 지금까지의 문헌정보학과 박물관학, 기록관리학의 축적된 지식을 갖추고, 동시에 디지털 정보기술에 관한 능력을 갖춘 인재가 절실히 필요한 것이다. 그리고 네 번째로 이러한 인재 육성으로부터 자료의 통합화, 구조화, 가시화까지 모든 실제 작업의 기반이 되는 통합적인 기구가 기존 도서관, 박물관, 기록관을 연계하는 방식으로 구축되어야 한다. 이에 다음에는 도서관, 박물관, 기록관의 직원(사서, 학예사, 아키비스트 등)의 양성에 관하여 도쿄대학의 현황을 살펴보면서 '바람직한 상'을 제언하고자 한다.

3. 인재 양성 현황: 도쿄대학 사례를 중심으로

▮ 자격취득과목에 대하여

일본에서 사서는 도서관법, 학예사는 박물관법에 각각 직책이 명시되어 있다. 이로 인해 이들 전문직 양성(자격취득)에 필요한 교육과목은 각 법의 시행규칙(문부과학성령)에 규정되어 있다. 사서 양성과목은 도서관법 시행규칙, 학예사 양성과목은 박물관법 시행규칙 규정을 따른

<표 8-1> 도쿄대학의 사서 및 학예사 양성교육

과목	사서	학예사		비고
	교육학부 계: 20학점	교육학부 계: 12학점	문학부 계: 12학점	
평생학습개론	1학점	1학점	1학점	실제 학부교육(본과) 과목으로 대체 적용 가능
교육학개론	-	1학점	1학점	
전문필수과목	기타 11과목	6과목	6과목	
전문선택과목	5과목	-	-	

다. 자료관, 기록관 등에 종사하는 전문직인 아키비스트의 양성에 대해
서는 별도의 법 규정이 없다.

이와 같은 제도 아래 도쿄대학에서의 양성교육은 〈표 8-1〉과 같이
실시되고 있다(아키비스트는 양성하고 있지 않다). 도쿄대학을 예로 든 이
유는 본 대학이 일본 종합 연구대학의 전형이며, 도서관법과 박물관법
이 제정된 뒤 곧바로 사서 및 학예사 양성을 시작하여 이 분야를 개척
해왔기 때문이다. 아울러 현재 종합대학에서 사서 및 학예사 양성을 둘
러싼 다양한 어려움을 보여주는 전형적인 사례이기도 하다. 2012년에
는 사서와 학예사 모두 성령(省令) 개정에 따라 과목 수와 학점 수에 변
경이 있었다. 특히 학예사에 대해서는 기존 8과목 12학점에서 9과목
19학점으로 대폭 학점이 증가되었고, 도쿄대학에서도 이에 맞추어 학
예사 양성에 대한 체제 개정을 추진했다. 그러나 이 장에서는 종합대학
의 전형적인 사서, 학예사 양성 현황을 이해하기 위한 자료로 개정 전
까지의 상황을 제시하고자 한다.[1]

---

1   도쿄대학은 2014년 4월 교육운영위원회 교직과정·학예원 등 부회를 설치하
     여 내부규칙을 마련하고, 교직과정, 학예사, 사서, 사서교사 및 사회교육주사

특징적인 것은 사서 및 학예사를 위한 전문 과목의 모든 과목이 본과(本科) 과목을 대체 적용하고 있는 것이다. 즉, 전문 과목을 이수하지 않더라도 본과 과목을 목적에 맞게 이수하면 자격을 취득할 수 있다. 이는 다음과 같은 문제를 내포한다.

대학에서 전문직 양성을 목적으로 자격과목을 규정하고 있는 이상 자격과목은 각 자격에 특화된 교육과목이어야 한다. 의사, 법률가, 건축사 등과 같은 전문직은 대학 교육과정에서 설치한 일정한 전문 과목을 취득한 후에 국가시험 합격을 거쳐 자격을 취득할 수 있다. 그러나 사서 및 학예사 양성을 위해 특화된 전문 과정을 실시하고 있는 대학은 극히 적으며, 다른 전공을 배우면서 위 과목을 취득하면 국가시험을 치르지 않고 자격을 취득할 수 있다. 도쿄대학의 사서 및 학예사 자격교육은 후자와 같은 유형이다.

이는 1장 4절에서 서술한 바와 같이 교원, 사서, 학예사 등 범용 학지 전개형 자격이라고 부르는 것들에서 전형적으로 나타난다. 제2차 세계대전 직후 교육제도 개혁기(1949~1951년)에 만들어진 점도 그 배경이며, 당시 새롭게 설립된 대학은 국가와는 선을 그으면서 대학의 이념에 부합하도록 학(學)과 지(知)를 추구했다. 그리고 대학의 성과를 일반에 보급시키는 수단으로서 학교교육과 사회교육이 자리 잡게 되었다. 지(知)의 생성 및 유통에 국가는 개입하지 않는다는 표면상의 원칙을 내세워 교원, 사서, 학예사에 대한 자격인정은 대학이 수행하고 국가시험은 채택하지 않았다. 그러나 학교교육의 경우 1950년 전후부터

의 자격 관련 사항에 대하여 구체적인 심의 및 연락 조정 업무를 담당하게 하고 있다. _옮긴이

국가에 의한 통제가 시작되었고 교육과정에 대해서는 학습지도요령이 전국 학교의 교육내용 및 교육방법의 기준이 되었다. 또한 교원 양성에 관해서는 국가시험은 실시하지 않으나 국가(현재는 문부과학성 중앙교육심의회)에 의해 대학 교직과정에 대한 엄밀한 과정 인정(認定)이 시행되었다.

사회교육 관련, 특히 도서관과 박물관 영역은 지금까지 이러한 물살을 타는 일은 거의 없었다. 사서 및 학예사 양성이 대학에 맡겨진 만큼 대학관계자가 전문직 양성에 대한 질적인 컨트롤을 해야 하지만 그러지 못했고 오히려 사서 및 학예사는 비교적 쉽게 취득할 수 있는 국가자격으로 안이하게 다뤄지는 경향이 강하다. 교직과정에 교육학 전문가를 두는 것은 당연한 일로 여겨졌지만 사서 양성에 관계된 대학교원 중 대부분은 도서관 실무경험자였고, 학예사 양성을 담당하는 교원은 대부분 역사, 고고, 미술사, 지질, 고생물 등을 전공한 연구자였다. 연구와 현장의 역학관계를 바탕으로 한 전문직 양성과정이 되지 않는 경우가 많다.

도쿄대학의 경우 사서 양성은 교육학부에 도서관학 강좌가 설치되어 어느 정도 전문적인 대응을 할 수 있었으나 박물관학의 경우 한동안 전임 교원 없이 수업을 개설해왔고, 교육학부와 문학부는 모두 시간강사 중심의 교원으로 구성되었다. 그 후 인문사회계연구과(문학부)에 문화자원학 전공이 설치되어 박물관학에 대한 전문적인 교육 연구가 대학원 차원에서 이루어지고 있다. 양성체제 문제는 문부과학성의 양성제도 개정 관련 토론에서 진지하게 논의되었지만, 발표된 최종보고서를 보면 앞에서 말한 양성과목 및 학점 수 개정이 주요 내용으로 커다란 변화는 없었다.[2]

도쿄대学에서 중등 교사자격을 위한 교직 교육은 대학 교육운영위원회의 교직과정부회 아래에 두고 실제로는 각 학부에서 실시하고 있다. 본래 교직과정은 '교직에 관한 과목'과 '교과에 관한 과목'으로 구성하고, 전자는 교육학부가 강의를 개설하고 후자는 각 학부가 개설하여 교내 전체적으로 연계 조정하는 형태였다. 이를 현재 제도와 같이 각 학부의 강의를 종합 조정하는 형태로 변경한 것이 1973년이다. 사서 및 학예사 양성도 이러한 형태로 하는 것이 바람직하지만 그렇게 되지 못했다. 사립대학에서는 사서과정 및 학예사과정을 교내 전체적으로 연계 조정하도록 설치하고 학칙에 규정하고 있는 사례가 많다.

▌ '교육의 질 적정화'를 위하여

사서, 학예사의 전문성을 현장 실무와 비교해 어떻게 인식할 것인가에 대한 문제는 엄밀히 구분하기는 어렵지만, 업무 추진에 대해 전문교육을 받은 자격자와 무자격자 사이에 의식 차이가 있는 것이 사실이다. 이 점에서 전문교육의 구체적인 내용은 별도로 하더라도 교육의 '질'을

---

2 「사서자격 취득을 위해서 대학에서 이수해야 하는 도서관에 관한 과목의 바람직한 방안에 관하여(보고)」, 2009년 2월, 문부과학성 생애학습정책국 향후 도서관의 바람직한 방향 검토 협력자 회의, http://www.mext.go.jp/b_menu/shingi/chousa/shougai/019/gaiyou/1243330.htm,
「학예사 양성의 충실 방책에 관해서(보고)」, 2009년 2월 18일, 문부과학성 생애학습정책국 향후 박물관의 바람직한 방향 검토 협력자 회의, http://www.mext.go.jp/b_menu/shingi/shousa/syougai/014/gaiyou/1246188.htm,
제도 변경을 원하는 양성 현장의 저항이 시민 의견 공모 등을 통해서 모이게 된 결과라고 생각된다.

적정화해야 할 필요성은 부정할 수 없다. 문제는 실시 내용, 즉 교육의 질이다. 교직과정과 비교해보자면 '교직에 관한 과목'에 해당하는 각 기관을 운영하기 위한 지식 및 기술과, '교과에 관한 과목'에 해당하는 각 학문의 주제과목 지식을 구별해서 고찰할 필요가 있다. 도쿄대학은 이 두 가지 지식을 전수하는 사서 등의 양성을 위한 교육의 질 적정화를 위해 시급히 개혁을 추진해야 할 것이다.

박물관 실태를 본다면 미술관, 문학관, 과학관 등과 같은 형태별로 카테고리가 나누어져 있고, 교통박물관, 인쇄박물관, 기모노박물관 등 등 소장 대상, 주제별로도 카테고리가 존재한다(6장 참고). 이 때문에 학예사는 주제별 전문가가 아니면 업무를 완수할 수 없으므로 이러한 인맥과 관점에서 채용되어 정체성을 형성해 나가게 된다. 당연히 주제별 지식을 습득하기 위해서는 주제 관련 학부 및 학과에서 배울 필요가 있다. 학예사 자격은 지원자가 소속된 학부 및 학과와는 상관없이, 앞서 살펴본 바와 같이 자격과목을 통해 취득하게 된다. 문학부에서 실시하는 양성교육은 문학부 소속 학생들을 대상으로 하며 교육학부의 양성교육은 문학부 이외의 학생들을 대상으로 한다.

사서 양성에 있어서 학교도서관, 공공도서관 사서에게 학예사 정도의 주제전문지식이 요구되지 않는 것은 분명하다. 따라서 사서 양성이 도서관법 범위에서 이루어지는 한, 교육의 임무를 담당하는 사람으로서 도서관법에 기반한 양성도 의미가 있다. 하지만 대학도서관이나 전문도서관 사서는 학예사와 마찬가지로 주제 지식을 필요로 한다. 현재는 이 또한 각 학과가 담당하고 있다. 즉, 보다 학술적, 전문적인 도서관 직원이 되기 위해서는 학부에서 주제 지식을 익히는 것이 필요하며 도서관 운영에 대한 지식과 기술 또한 필요한데 현재는 교육학부에서 이를 제공하고 있다. 도서관법에 근거한 양성교육 측면에서 본다면 성령(省令) 개정을 통해 '전문자료론'은 필수 과목에서 선택 과목으로 바뀌게 되었다. 즉, 주제전문성의 요소가 적어지고 연구도서관이 필요로 하는 본래 요건에 대응한다고 할 수 없다.

도서관, 박물관, 기록관과 같은 문화 기관의 전문가 양성에 대해서 오랜 역사와 잘 정비된 제도를 갖춘 도쿄대학조차 이러한 상황이다. 이는 학술 연구에 주력하는 도쿄대학이기 때문에 연구 지원 및 교육 확대와 같은 아카데미즘의 외연에 위치하는 부분을 경시해온 것이라고 설명할 수 있을지도 모른다. 전국의 많은 대학은 각 대학 사정에 따라 전문직 양성을 독자적으로 추진해오고 있지만 같은 문제를 가지고 있는 곳이 적지 않을 것이다.

이러한 문제점으로 인해 도쿄대학 문학부나 교육학부와 같이 학술 연구를 기반으로 한 전문교육을 해온 곳이 사서 및 학예사 양성을 실시하는 것은 적절하지 않다고 생각한다. 교직과정이 '교과에 관한 과목'을 각 학부에 위임하면서 '교직에 관한 과목'도 대학 교직과정부회의 관할 밑으로 옮긴 것과 같이, 적어도 도서관, 박물관, 기록관 운영과 디지털 아카이브화, 학술 데이터의 구조화 및 가시화, 그 제공에 관한 지식과 기술에 관해서는 대학의 전체 관점에서 통합적인 조직 체제를 만들 필요가 있다.

일본에서도 학술 연구의 거점은 대학원으로 이동하고 있고, 학부 교육만으로는 전문직 양성에 역부족인 상황이다. 학부 교육을 전제로 한 도서관법 및 박물관법의 틀에서 학술 연구를 지원하거나 학술 연구를 기반으로 전시와 교육을 지원하는 대학도서관 및 박물관 직원 양성제도는 재검토되어야 한다.

■ 대학원 수준 양성제도의 필요성

각 기관의 일상적인 운영 관리에는 지역과의 관계, 공공정책과의 관계, 유관기관과의 연계, 외국 기관과의 연계 등이 필요하다. 따라서 도서관 사서, 박물관 학예사, 기록관 아키비스트는 지역에 대한 커뮤니케이션 능력, 정책 분석 및 입안 능력을 갖추어야 하고, 동시에 다른 범주의 기관, 즉 예를 들어 박물관 학예사는 도서관이나 기록관에 관한 충분한 지식, 그리고 디지털 아카이브를 비롯한 컴퓨터 관련 기술 능력을 습득하는 것이 매우 중요하다. 이러한 지식과 기술을 습득하기 위해서는 현 시스템을 넘어 폭넓은 전문지식이 제공되어야 하고, 이를 계속 습득하여 '기관' 운영에 적용해야 한다.

도쿄대학은 학부교육시스템을 기반으로 그 위에 대학원과 연구소, 연구센터 등과 같은 연구교육조직이 더해져 온 구조이다. 따라서 기층에 있는 학부교육은 쉽게 변화하기 어려우므로 개혁은 먼저 대학원 수준에서 시작하는 것이 현실적이다. 내용적 측면에서 보아도 앞에서 설명한 것을 체계적으로 이해하고, 각 기관 운영에 적용할 수 있는 고도의 실천 능력을 배양하기 위해 대학원 석사과정 수준의 교육 시스템을 구축하는 것이 바람직할 것이다. 전문직 교육을 대학원에서 실시하는 것이 외국의 일반적인 상황과도 부합한다.

다음으로 MLA 대학원 교육의 바탕이 되는 교육 시스템에 대해서 간략히 검토해보겠다. 먼저 문헌정보학은 도서관학이 발전한 형태지만 실제로는 일본 전국의 약 200개 대학 및 전문대학의 사서과정을 기반으로 한다. 이 때문에 학술 연구보다는 실무를 기초로 한 양성교육을 지향하는 성격이 강하다. 다만 문헌정보학은 다른 두 영역에 비교해볼 때 쓰쿠바(筑波)대학과 게이오기주쿠(慶応義塾)대학 등에 대학원과 전공 수준의 전문 연구교육 조직이 존재한다는 강점이 있다. 도쿄대학은 대학원(교육학연구과)에서 2명의 전임교원이 전문적인 연구교육을 담당하고 있다.

박물관학은 문헌정보학과 비슷하게 일본 전국에 200개가 넘는 학예사 양성과정이 있으나 대학원과정이 없었다. 근래에 문부과학성의 대학원 GP[3]의 지원으로 고쿠가쿠인(國學院)대학 대학원 문학연구과에 '고도(高度) 박물관학 교육 프로그램'이 설립되었다. 도쿄대학에서는 2장에 서술한 바와 같이 종합연구박물관을 중심으로 폭넓은 관점에서 박물관 큐레이터에 상응하는 인재 육성이 시도되고 있으며 인문사회계 연구과 문화자원학 전공에서 박물관, 미술관 학예사 양성 관련 교육을 실시하고 있다. 국립 및 도도부현립 또는 대학에 설치된 대규모 박물관, 미술관에는 전문 연구자가 반드시 있으므로 이들 조직을 포함한 양성교육의 연계가 기대된다.

기록관리학의 경우는 일부 대학에 기록관리학 과정이 설치되어 있으며 근래 공문서관리법 관련 움직임에 따라 전문직 양성의 필요성이 제기되어 가쿠슈인(学習院)대학 대학원 인문과학연구과에 기록관리학 전공이 설치되었다. 도쿄대학에서는 대학원 학제정보학부 문화인간정보학 코스에서 디지털 정보기술과 아키비스트 육성을 교육 역점의 하나로 표명해왔다. 특히 역사사료학 분야에서는 사료편찬소가 전국 역사자료관의 거점이 되어 교육적 역할을 담당해오고 있다.

---

3 GP는 문부과학성이 인재 양성을 위한 조직적, 체계적인 교육과정 및 수업 활동 개선 등 대학원 교육의 실질적인 내실을 기하기 위해 우수한 실천 사례를 지원한 대학원 교육개혁 지원 프로그램이다. _옮긴이

4. 제언: '지식의 구조화'를 위한 인재육성체계

'지식의 구조화'를 지원하기 위한 도서관, 박물관, 기록관에서 직무를 담당하는 사서, 학예사, 아키비스트 등의 역할은 중요하다. 따라서 이들 전문직 양성에 관한 과제를 다시 한 번 정리하고 21세기 종합대학이 지향해야 할 방안을 다음과 같이 제언하고자 한다.

첫째, 사서, 학예사, 아키비스트에게는 각각 전문지식과 기능이 필요하다. 해당 지식 및 기능의 기초는 대학 학부 단계에서 양성한다고 하더라도 도서관, 박물관, 기록관의 운영관리를 창조적으로 담당하기 위해서는 대학원 석사 수준의 교육이 필요하다.

세 가지 전문직 양성교육은 학부 교육이나 직무를 수행하면서(on the job) 이루어지는 교육방법에서 대학원 교육으로 전환되고 있는 것이 세계적인 추세이다. 미국에서는 일찍이 20세기 후반부터 이러한 변화가 이루어져 현재 유럽 대륙의 여러 나라가 전환 도상에 있으며 아시아에서도 같은 움직임이 나타나고 있다. 일본의 경우 21세기 초 문부과학성의 협력자회의에서 사서, 학예사에 관한 전문적인 양성교육의 필요성이 논의된 바 있지만 제도적인 전환은 이루어지지 않았다. 국제적인 전문직 양성제도의 관점에서 본다면 일본의 사서, 학예사 자격은 학사 과정에 수개월 정도의 전문교육을 더한 디플로마(diploma) 수준의 양성교육이라고 할 수 있다. 아키비스트 양성에 관해서는 법제도가 없지만 기록관리나 디지털 아카이브 기술 전문가에 대한 사회적 요구는 급속히 높아지고 있으며 제도정비가 급선무이다.

지금까지 일본에서 도서관, 박물관, 기록관 관련 전문직 양성교육이 발달하지 못한 것은 이들 기관의 전문성에 대한 평가가 낮았기 때문이라고 할 수 있다. 또한, 일본 대학교육이 배출하는 제너럴리스트가 불완전하게나마 어떻게든 기능했기 때문이라고도 말할 수 있을 것이다. 하지만 그로 인해 도서관, 박물관, 기록관 모두가 관(官)의 조직 원리에 매몰되어 문화기관다운 독자성이 충분히 발휘되지 않은 채 오늘날에 이르렀다고 생각한다. 경영이념이나 서비스의 독자성 등에서 다양한 발전이 이루어져야 마땅하지만, 인재 육성이 불충분한 수준에 그쳐 전문적인 식견 교환이나 운영 노하우 계승 등에 한계가 있었다.

학부 강의로 자격을 취득할 수 있다고 하면 비교적 취득이 용이하다고 여겨져 수단과 목적이 바뀌기 쉽지만, 대학원은 입학하는 사람의 목적이 명확하기 때문에 양성교육의 의의가 커진다. 교사와 비교하더라도 사서, 학예사, 아키비스트 업무의 의미는 이해하기 쉽지 않으므로 대학원에서 인재의 전문성을 강화하는 교육 프로그램을 설치한다면 사회인을 포함하여 그 사회적 가치를 이해한 사람을 폭넓게 모을 수 있을 것이다. 이와 같이 대학원에 강의를 개설하여 폭넓게 인재를 모으고, 대학을 졸업한 사람이나 이미 사회에 나온 사람을 재교육시켜서 미래 사회의 문화 기반에 이바지하는 담당자를 육성하는 것이 바람직하다.

둘째, 도서관 전문직은 사서, 박물관 전문직은 학예사, 그리고 기록관 전문직은 아키비스트로 대응시키고 있지만, 이들 사이에 공통적인 부분도 적지 않다. 대학원에서는 이 공통부분을 커리큘럼으로 만들어 제공해야 할 것이다. 이때 현행 사서 및 학예사 자격의 관계에 대해서는 충분히 고려하여 상충되지 않도록 정리해야 한다.

먼저 MLA의 공통점으로 ① 공적인 기반 위에 운영되는 서비스 기관이라는 점, ② 자료를 수집, 보존, 정리, 조직화, 제공(전시)하는 유사한 처리 프로세스를 갖는 점, ③ 물리적인 자료를 디지털화함으로써 공통

네트워크 기반에서 다룰 수 있는 디지털 아카이브를 구축한다는 점을 지적할 수 있다. 그리고 이 공통점은 그대로 커리큘럼의 핵심이 될 수 있다. 즉,

① 공공경영론(MLA경영론, MLA법제도론, 공공서비스론 등)
② 자료관리론(MLA자료론, 자료조직론, 자료보존론, 자료제공(전시)론 등)
③ 디지털 아카이브론(정보기술론, 디지털자료론, 데이터베이스구축론, 지적재산권론 등)

과 같은 세 가지가 중심 커리큘럼이 되는 것이다.

기존의 사서 자격 취득자 또는 학예사 자격 취득자의 경우는 이미 학습한 내용이 있으므로 그만큼 경감 조치를 취할 필요가 있다. 반대로 대학원에 들어와 새롭게 사서 자격이나 학예사 자격을 취득하고자 하는 학생에게는 위 과목들을 자격과목의 일부로 대체 적용하여 부담을 경감시킬 수 있을 것이다. 이와 같이 현행 자격과의 연계를 위한 조정도 필요하다.

종합대학은 문헌정보학, 박물관학 등의 교육연구체제를 강화하고 그러한 토대 위에 사서, 학예사 등의 통일적인 전문직 교육을 실시해야 할 것이다. 또한 현직자를 대상으로 재학 기간을 연장한 석사과정을 실시한다든지 계속적인 교육을 받는 과목이수생 제도[4]와 같은 방안도 고려되어야 한다.

---

4 일정한 범위 내에서 수업 과목을 수강하고 학점을 취득할 수 있게 하는 제도로 한국의 학점등록제도, 시간제등록제도와 유사하다. _옮긴이

셋째, 도서관, 박물관, 기록관 연구가 더욱더 공통적인 기반에서 밀접하게 추진되어야 한다. 도서관연구(문헌정보학)의 경우에는 대학원 과정을 포함하여 어느 정도 연구의 장이 확보되었지만, 박물관연구(박물관학)와 기록관연구(기록관리학)는 정식 연구의 장이 한정되어 있다. 각 분야의 추진과 함께 MLA 연계를 계기로 모든 분야를 통합적으로 추진하는 문화경영론, 디지털 아카이브 개발과 같은 연구를 진척시킬 필요가 있다.

도서관 분야를 제외한다면 대학에서 MLA 연구거점은 비교적 새로운 현상이다. 일본 대학은 일찍이 학문과 지식(패러다임)을 중심으로 학부 및 대학원 과정을 발전시켜왔지만 근래에는 지식이나 기능을 전하는 직종(profession) 중심의 과정을 만드는 일도 있다. 이러한 가운데 MLA 각각의 연구 기반을 확립하는 것도 중요하지만 공통점을 축으로 한 연구를 추진하는 데에도 의의가 있다. 공동 연구를 추진할 때에는 앞서 기술한 커리큘럼의 세 가지 요소를 대상으로 할 필요가 있다.

먼저 MLA와 같은 교육문화기관을 중심으로 한 공공경영론의 수립이다. 스스로 경제적인 가치를 창출하지 않는 비영리기관으로서 MLA의 존재 의의는 다름 아닌 문화적 가치에서 찾을 수 있다. 여기서 MLA를 국가, 지방공공단체, 대학, 기업 등의 기관에 어떻게 자리매김할 것인가, 또는 독립적인 공익법인, NPO법인 등으로 형성할 수 있을 것인가가 문제시된다. 또한 재무, 직원, 이용자와 관람자, 경영평가 등과 같이 공통적인 연구과제도 많다. 이들 연구는 주로 경험적인 차원에서 축적되어왔으며 이론연구가 부족하므로 현장과 연계한 연구 협력이 필요하다.

다음은 자료에 관한 부분이다. 이 부분은 MLA 간에 서로 다른 점도 많지만 문화적인 가치가 있는 자료에 대해 가치를 평가해서 수집하고 장기간 보존하며 목록(메타데이터) 등의 조직화 작업을 통하여 이용자, 학습자, 관람자에게 제시한다는 점에서는 공통점도 많다. 나아가 자료를 디지털화하고 데이터베이스나 인터넷과 같은 플랫폼에 구축하기 위해 기술 연구개발이 불가결하다는 동일한 과제를 가지고 있다.

대학에 부속도서관을 설치하는 것은 필수 사항으로 여겨져 왔는데 이에 더하여 최근에는 대학박물관, 대학기록관을 설치하는 추세이다. 이들 서비스 체제는 대학 전체의 연구교육체제와 연동하면서 사서, 학예사, 아키비스트 양성을 지원하는 기반이 되어야 한다. 즉, 새로운 지식 인프라에 필요한 전문가를 양성하는 인재 육성은 대학의 부속시설로 설치된 대학도서관, 대학박물관, 대학기록관 모두를 공통적인 학습 현장으로 하여 자료 관리와 디지털 아카이브화, 기관 운영에 대한 참여 및 기획을 경험하는 방식으로 이루어져야 할 것이다. 이러한 종합적인 커리큘럼을 통해 새롭게 양성되는 인재는 지금까지 도서관, 박물관, 기록관, 컴퓨터과학과 같이 별개였던 영역이 유기적으로 연결되는 커리큘럼 속에서 연수와 실무 경험을 쌓게 된다. 이를 통해 지금까지 없었던 새로운 디지털화 시대의 문화지식관리 전문가로 성장할 수 있을 것이다. 대학에서 도서관은 학교교육법 시행규칙 및 대학설치기준에 설치가 의무화되어 있다. 그러나 대부분 사무조직 중 하나로 자리매김하는 데 그쳐 전문성을 갖추고 있는지 여부가 의심스러운 경우도 있다. 이는 직원 양성체제에 문제가 있었기 때문이라고 할 수 있다. 최근 대학도서관에 연구개발실과 같은 연구조직을 설치하고, 전임 교원을 배치하여 대학 연구교육 지원 체제를 확립하는 경우도 많다. 대학도서관이 전문조직으로서 내실을 기한다면 사서 양성과 문헌정보학 교육에도 긍정적인 영향을 미칠 수 있을 것이다.

한편, 대학박물관은 일부 대학에는 있었지만 대학박물관 수가 늘어난 것은 비교적 최근이며 현재 대학박물관등협의회에 가입된 박물관은 2021년 4월 현재 41곳이다.[5] 박물관 운영에는 반드시 교수가 관여하기 때문에, 사무조직으로서 독립성이 강한 도서관과 비교하면 교육연구와의 관계가 밀접하다고 할 수 있다. 학예사 양성에서 실습과목은 필수이므로 대학박물관이 인재 양성을 위한 기반이 되는 것은 중요하다.

대학기록관 설치는 더욱 최근의 현상이다. 도쿄대학에는 도쿄대학사 사료실이라는 기관이 있어 백년사를 편찬할 때 수집한 자료를 집중 관리하고 있으나 근대적인 기록관이라고 할 수 있는 조직은 아니다. 이러한 사료보존실과 같은 조직은 훨씬 많은 대학에 존재하고 있다.

이상과 같이 대학에 MLA 조직을 설치하고 사서, 학예사, 아키비스트 양성과 밀접한 관계를 갖게 하기 위한 여건은 갖춰져 있지만 여러 가지 이유에서 그러한 체제가 실현되지 못하고 있다. 현재 실현되고 있는 것은 학예사 양성을 위한 실습 시설로서 대학박물관이 이용되고 있는 것, 사서 양성에서 정보서비스 연습을 위해 실제 도서관 자료와 데이터베이스를 이용하는 것 정도일 것이다. 대학도서관이 단순한 사무조직에서 탈피하여 교육연구와 밀접한 관계를 갖기 위해서는 자체적인 경영 개선이 필요하다. 대학박물관이나 대학기록관은 교수가 배치되어 있는 경우가 많지만 소인수 규모의 조직에 지나지 않고 자체적인 사업 이외에는 손길이 미치지 못하는 상황이다. 전문직 양성을 위한 조직

---

5 http://univ-museum.jp/

을 만들기 위해서는 모기관의 조직이 MLA를 잘 활용하고 있어야 한다.

마지막으로 인재 육성은 고용 시장의 존재 없이는 성립할 수 없다는 것을 가장 중요한 점으로 들 수 있다. 연구적인 성격을 강하게 가지고 있는 MLA의 상호 경계가 불분명한 가운데 기획이나 경영적인 업무를 담당하는 직원은 한층 더 공통점이 많다는 것을 전제로 하여 인재 시장을 개척해야 한다. 그리고 취업 기회의 확대, 취업 기회의 공평한 제공, 도서관·박물관·기록관 취업자의 유동화(流動化) 촉진을 위해서 자격취득자를 대상으로 한 '인재 은행'을 운영할 필요가 있다.

인재 육성의 첫걸음으로는 대학원의 사회인 교육, 특히 주제 지식을 이미 가지고 있고 자격을 획득하여 적어도 3년 이상 현직 경험을 쌓아 중견 경력을 갖춘 사회인을 대상으로 앞서 언급한 과목을 연구하게 하는 체제를 만드는 것이 중요하다. 또한 자격취득자는 시대 변화에 맞는 지식 습득을 위해서 관련 학회 및 협회 등이 실시하는 강습을 통해 새로운 지식 습득에 힘써야 할 것이다.

사서, 학예사, 아키비스트의 취업 기회는 많지 않다. 자격을 취득했어도 취업의 기회가 없다고 한다면 자격취득희망자는 전무할 것이다. 그러면 양성을 위한 투자도 줄고 교육내용도 저하된다. 결과적으로 도서관, 박물관, 기록관의 전문성이 와해될 수밖에 없다.

이상의 내용을 도식화하면 〈그림 8-1〉과 같다. 공통 과제는 공통 과목으로 교육하고 각 기관에 필요한 전문 과제는 전문 과목으로 교육하고 수강자를 '인재 은행'에 등록하여 각 기관에 취업기회를 촉구함과 동시에 소개하도록 한다. 또한 유동화를 위해서 희망자 등록을 하여 유동(이직) 기회를 창출할 필요가 있다.

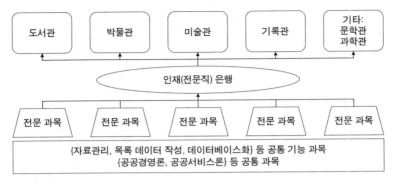

<그림 8-1> 사서, 학예사, 아키비스트 양성과 인재 공급 방식

　이상에 관하여 도쿄대학에는 해결해야 할 과제가 많다. 도쿄대학에는 대학원과 학부의 벽을 넘어 대학 전체적으로 교육프로그램을 조직할 수 있는 제도로 부국(部局)횡단형 교육프로그램이 있다. 앞으로 이러한 제도를 이용하여 낡은 껍데기를 넘어서 대학 내의 다양한 연구과와 연구소, 전공에 분산되어 있는 교육자원을 연결해 나갈 필요가 있다. 도쿄대학뿐만 아니라 많은 대학과 관련 학회에서는 도서관 사서, 박물관 학예사, 기록관 아키비스트의 다른 카테고리를 종횡무진할 수 있는 고도의 지식정보관리 전문가를 양성해갈 필요성을 인식하고 있으나 이를 구체적인 제도로 확립하지는 못하고 있다. MLA 각각의 관계자, 대학관계자, 공공기관 관계자의 연계 협력을 통해서 양성제도를 수립할 것을 제안한다.

옮긴이 후기

　최근 인쇄자료나 기록물, 유형·무형의 박물, 유물 등 다양한 지식정보자원의 디지털화 증가 추세에 따라 도서관, 박물관, 기록관 간의 특색과 경계가 모호해지고 있다. 이용자 요구 또한 도서관 자료뿐만 아니라 다른 지식정보자원을 소장하고 있는 기관의 정보까지 요구하는 정보요구의 융·복합화 현상이 가속화하고 있다.

　2004년 캐나다는 국가차원의 도서관과 기록관을 통합했고, 국제도서관협회연맹(IFLA) 등 국제기구에서도 도서관, 박물관, 기록관의 통합 또는 협력을 논의하기 시작한 지 오래다. 특히 2008년 텍사스대학 메건 윈젯(Megan Winget) 교수가 라키비움(Larchiveum)이라는 용어를 처음 사용한 이래, 우리나라에서는 도서관, 박물관, 기록관의 기능이 합쳐진 미래형 기관으로서 라키비움이라는 용어를 적극적으로 소비하기 시작했다. 라키비움은 이 책에 등장하는 MLA(Museum, Library, Archives)나 위키백과의 GLAM(Galleries, Libraries, Archives and Museums)에 상응하는 용어라고 할 수 있다.

　그러나 다양한 매체의 정보자원을 집약적으로 사용하여 종합적으로

서비스하는 기관을 지칭하는 이 용어가 우리나라에서는 장소나 시설을 뜻하는 복합문화기관으로서의 개념으로 더 많이 사용되고 있는 듯하다. 다른 기능을 가진 시설을 같은 곳, 같은 건물에 물리적으로 위치시킨다고 융·복합화가 완성되는 것은 아니다. 각 시설이 가진 인력과 서비스를 유기적으로 연결하여 통합적으로 운영할 때 융·복합 또는 통합의 진정한 의미가 있다고 할 수 있다.

이러한 상황에서 도서관, 박물관, 기록관의 연계·협력을 다각도로 논한 이 책은 우리나라에 시사하는 바가 클 것으로 생각한다. 서장에서 한국은 서양에 필적하거나 그것을 뛰어넘는 국가적인 제도를 구축하려는 움직임이 있다고 평가하고 있지만, 충분히 검토되지 않은 제도가 홀로 앞서나가 실질적으로 뿌리내리지 못한 상황도 적지 않음을 우리는 잘 알고 있다. 우리는 흔히 '사람'의 중요성을 이야기한다. 그런 의미에서 이 책이 제시하는 도서관, 박물관, 기록관, 이 세 기관의 전문인력에 대한 이론적 고찰과 일본의 사례, 그리고 새로운 제안은 특히 눈여겨보아야 할 것이다.

옮긴이들이 이 책을 번역하게 된 계기는 같은 교수님의 지도 아래 유학생활을 함께했던 경험과 관심사를 살려보고자 한 데 있었다. 이왕이면 의미 있는 일, 특히 우리가 이론적 배경이나 철학적 성찰이 부족한 면이 있다면 그 부분을 채울 수 있기를 희망했다. 번역 작업은 각자 조금씩의 경험에 기대다 보니 예상보다 오랜 시간이 걸리고 시행착오도 많았다. 또한, 이 책의 간행 이후부터 번역과 출판에 이르기까지 적지 않은 시차가 발생했다. 그러나 세 기관의 연계·협력의 필요성에 대한 기본적 인식에는 변함이 없다고 생각하여 이 책을 출간하기로 했다. 이 책이 세상의 빛을 볼 수 있도록 출판을 도와주신 한울엠플러스 관계자 여러분에게 심심한 감사의 말씀을 드린다.

　마지막으로, 향후 도서관, 박물관, 기록관의 각 분야에서 다각적인
연계·협력을 시도할 때 이 책이 도움이 되기를 바라며, 한국과 일본의
도서관계가 상호 이해와 협력을 통해 보다 나은 길로 발전하는 데 조금
이라도 기여할 수 있다면 다행이겠다.

2021년 5월 종로에서
옮긴이 일동

찾아보기

엮은이

이시카와 데쓰야(石川徹也)

(현) 쓰쿠바대학 명예교수

(전) 도쿄대학 사료편찬소 특임교수

주요 저서: 『歷史知識学ことはじめ』(共編, 勉誠出版, 2009), 「「歷史知識学」の特集」(『人工知能学会誌』25(1)(共編, 2010))

네모토 아키라(根本彰)

(현) 도쿄대학 명예교수

(전) 도쿄대학대학원 교육학연구과 교수

주요 저서: 『文献世界の構造: 書誌コントロール論序説』(勁草書房, 1998; 한국어판, 『문헌세계의 구조: 서지통정론 서설』, 조혜린 옮김, 한국도서관협회, 2003), 『シリーズ図書館情報学』1〜3巻(編著, 東京大学出版会, 2013; 한국어판, 『시리즈 도서관정보학』1~3, 오동근 외 옮김, 태일사, 2016, 2017), 『アーカイブの思想』(みすず書房, 2021)

요시미 슌야(吉見俊哉)

(현) 도쿄대학대학원 정보학환·학제정보학부 교수

(전) 도쿄대학 부총장

주요 저서: 『博覧会の政治学: まなざしの近代』(中公新書, 1992; 講談社学術文庫, 2010; 한국어판, 『박람회: 근대의 시선』, 이태문 옮김, 논형, 2004), 『親米と反米: 戦後日本の政治的無意識』(岩波新書, 2007; 한국어판, 『왜 다시 친미냐 반미냐: 전후 일본의 정치적 무의식』, 오석철 옮김, 산처럼, 2008), 『メディア文化論』(有斐閣, 2003; 한국어판, 『미디어 문화론』, 안미라 옮김, 커뮤니케이션북스, 2006), 『大学とは何か』(岩波新書, 2011; 한국어판, 『대학이란 무엇인가: 대학이라는 '미디어'의 역사 그리고 재탄생』, 서재길 옮김, 글항아리, 2014)

지은이

사오토메 마사히로(早乙女雅博)
(현) 도쿄대학대학원 인문사회계연구과 명예교수

(전) 도쿄대학대학원 인문사회계연구과 교수

주요 저서: 『朝鮮半島の考古学』(同成社, 2000), 『新羅考古学研究』(同成社, 2010)

사토 겐지(佐藤健二)
(현) 도쿄대학집행역·부총장, 도쿄대학대학원 인문사회계연구과 교수

(전) 도쿄대학대학원 인문사회계연구과 교수

주요 저서: 『風景の生産・風景の解放: メディアのアルケオロジー』(講談社, 1994; 한국어판, 『풍경의 생산, 풍경의 해방: 미디어의 고고학』, 정인선 옮김, 현실문화, 2020), 『文化資源学講義』(東京大学出版会, 2018; 한국어판, 『문화자원학』, 박동성 옮김, 보고사, 2021), 『真木悠介の誕生: 人間解放の比較=歴史社会学』(弘文堂, 2020)

도기야 노리오(研谷紀夫)
(현) 간사이대학 종합정보학부 교수

(전) 도쿄대학대학원 정보학환·학제정보학부 특임교수

주요 저서: 『デジタルアーカイブにおける「資料基盤」統合化モデルの研究』(勉誠出版, 2009)

니시노 요시아키(西野嘉章)

(현) 도쿄대학 종합연구박물관 특임교수 및 인터미디어테크관장

(전) 도쿄대학 종합연구박물관 관장·교수

주요 저서: 博物館工学三部作『博物館学: フランスの文化と戦略』(東京大学出版会, 1995),
『大学博物館: 理念と実践と将来と』(東京大学出版会, 1996), 『二十一世紀博物館: 博物
資源立国へ地平を拓く』(東京大学出版会, 2000), 『東京大学』(監修, 東京大学出版会, 2005),
『西洋美術書誌考』(東京大学出版会, 2009)

바바 아키라(馬場章)

(현) JIKEI COM Group 명예학교장 및 일본 e스포츠학회준비위원회위원장

(전) 도쿄대학대학원 정보학환·학제정보학부 교수

주요 저서: 『上野彦馬歴史写真集成』(編者, 渡辺出版, 2006)

요코야마 요시노리(横山伊徳)

(현) 도쿄대학 명예교수

(전) 도쿄대학 사료편찬소 교수

주요 저서 및 논문: 「Dutch-Japanese Relations during the Bakumatsu Period: The
Monthly Reports of J. K. de Wit」(1993), 『開国前夜の世界』(吉川弘文館, 2013)

옮긴이

조혜린

- 홍익대학교 국어교육과 학사, 일본 도쿄대학 대학원 교육학연구과 도서관정보학 석사, 동대학 대학원 박사과정 수료
- 1988년 국립중앙도서관에 입직 후 한국예술종합학교, 문화체육관광부를 거쳐 현재 국립어린이청소년도서관 정보서비스과장으로 재직 중
- (사)한국도서관협회 국제협력위원회 위원 및 IFLA 도서관사 분과 상임위원 역임
- 역서: 네모토 아키라, 『문헌세계의 구조: 서지통정론 서설』(한국도서관협회, 2003), 「국제도서관연맹(IFLA) 다문화도서관 선언 및 다문화 도서관서비스 가이드라인」, 『도서관에서 다문화를 만나다』(국립중앙도서관, 2010)

서유진

- 성균관대학교 문헌정보학과 학사, 일본 도쿄대학 대학원 교육학연구과 도서관정보학 석사, 일본 쓰쿠바대학 대학원 도서관정보미디어연구과 박사
- 성균관대학교 정보관리연구소 선임연구원, 성균관대학교 겸임교수 및 덕성여자대학교, 명지대학교, 강남대학교 문헌정보학과 강사를 거쳐 현재 전주대학교 문헌정보학과 조교수로 재직 중

김소영

- 이화여자대학교 문헌정보학과 학사, 동대학교 대학원 석사, 일본 도쿄대학 대학원 교육학연구과 도서관정보학 박사
- 이화여자대학교 문헌정보학과 강사를 거쳐 현재 동대학교 이화사회과학원 연구원으로 재직 중
- 공저서: 『探究学習と図書館』(学文社, 2012)

* 이 책은 조혜린(서장, 1장, 2장), 서유진(3장, 4장, 5장), 김소영(6장, 7장, 제3부)이 각 장의 책임번역을 맡음

한울아카데미 2315

도서관, 박물관, 기록관의 연계·협력
라키비움과 지식기반 만들기

엮은이	이시카와 데쓰야, 네모토 아키라, 요시미 슌야
지은이	사오토메 마사히로, 사토 겐지, 도기야 노리오,
	니시노 요시아키, 바바 아키라, 요코야마 요시노리
옮긴이	조혜린, 서유진, 김소영
펴낸이	김종수
펴낸곳	한울엠플러스(주)

초판1쇄 인쇄	2021년 8월 15일
초판1쇄 발행	2021년 8월 20일

주소	10881 경기도 파주시 광인사길 153 한울시소빌딩 3층
전화	031-955-0655
팩스	031-955-0656
홈페이지	www.hanulmplus.kr
등록번호	제406-2015-000143호

Printed in Korea.
ISBN 978-89-460-7315-9 93020 (양장)
ISBN 978-89-460-8092-8 93020 (무선)

※ 책값은 겉표지에 표시되어 있습니다.
※ 무선제본 책을 교재로 사용하시려면 본사로 연락해 주시기 바랍니다.